教育部基础教育课程教材发展中心组织编写
中小学学科教学关键问题指导丛书

小学科学教学关键问题指导

Xiaoxue Kexue Jiaoxue Guanjian Wenti Zhidao

浙江省教育厅教研室　研发
喻伯军　主编

高等教育出版社·北京

内容提要

本丛书由教育部基础教育课程教材发展中心组织编写。

本书从小学科学课程的核心要素、核心内容、教学策略三个方面梳理、提炼出 27 个教学关键问题，阐述了教学关键问题的理论研究，提出了可操作的解决策略。每个教学关键问题还配有案例分析及教学建议，全方位地呈现了对小学科学教学关键问题的课堂实践和指导。读者可以扫描书中的二维码观看视频（含说课、上课、反思、点评等）案例及更多文本案例。本书及配套的数字化资源有助于小学科学教师提升教学品质，发展教师专业素养，从而促进学生核心素养的培养和能力的提升。

本书为小学科学教师的培训教材，供小学科学教师自学或研修使用。本书可以作为小学科学教师资格考试的参考书，也可作为高等院校相关专业师范生的教学参考书，还可供小学科学教育研究者参考使用。

图书在版编目（CIP）数据

小学科学教学关键问题指导/喻伯军主编. －－北京：高等教育出版社，2020.10（2023.9 重印）

（中小学学科教学关键问题指导丛书）

ISBN 978－7－04－053421－4

Ⅰ.①小⋯ Ⅱ.①喻⋯ Ⅲ.①科学知识－小学－教学参考资料 Ⅳ.①G623.63

中国版本图书馆 CIP 数据核字（2020）第 016211 号

| 策划编辑 | 王文颖 | 责任编辑 | 王文颖 | 封面设计 | 王 鹏 | 版式设计 | 杨 树 |
| 插图绘制 | 邓 超 | 责任校对 | 王 雨 | 责任印制 | 田 甜 | | |

出版发行	高等教育出版社	网 址	http://www.hep.edu.cn
社 址	北京市西城区德外大街 4 号		http://www.hep.com.cn
邮政编码	100120	网上订购	http://www.hepmall.com.cn
印 刷	北京市白帆印务有限公司		http://www.hepmall.com
开 本	787mm×1092mm 1/16		http://www.hepmall.cn
印 张	17.25		
字 数	340 千字	版 次	2020 年 10 月第 1 版
购书热线	010-58581118	印 次	2023 年 9 月第 5 次印刷
咨询电话	400-810-0598	定 价	39.80 元

本书如有缺页、倒页、脱页等质量问题，请到所购图书销售部门联系调换。
版权所有 侵权必究
物 料 号 53421－00

丛书编委会

主　任：田慧生　教育部基础教育课程教材发展中心主任，研究员
副主任：刘月霞　教育部基础教育课程教材发展中心副主任
　　　　龙　杰　高等教育出版社副总编辑，编审
委　员（以姓氏笔画为序）：
　　　　马云鹏　东北师范大学教授
　　　　马玉玺　山西省教育科学研究院院长
　　　　马振行　河北省教育科学研究所所长
　　　　王　蔷　北京师范大学教授
　　　　王　磊　北京师范大学教授
　　　　方向荣　湖北省教育科学研究院院长
　　　　尹少淳　首都师范大学教授
　　　　石　鸥　首都师范大学教授
　　　　叶小兵　首都师范大学教授
　　　　吉文昌　四川省教育科学研究所所长
　　　　朱明光　人民教育出版社研究员
　　　　任学宝　浙江省教育厅教研室主任
　　　　刘恩山　北京师范大学教授
　　　　关松林　沈阳师范大学副校长
　　　　汤贞敏　广东省教育研究院院长
　　　　严必友　南京市教学研究室主任
　　　　苏伶俐　高等教育出版社副编审
　　　　李　艺　南京师范大学教授
　　　　李　波　甘肃省教育科学研究所所长
　　　　李灿莉　安徽省教育科学研究院院长

吴忠豪	上海师范大学教授
何成刚	教育部基础教育课程教材发展中心研究员
何穆彬	天津市中小学教育教学研究室主任
余芳霖	江西省教育厅教学教材研究室主任
张茂聪	山东师范大学教授
邵水潮	河南省基础教育教学研究室主任
林培英	首都师范大学教授
罗　滨	北京市海淀区教师进修学校校长
季　浏	华东师范大学教授
岳维鹏	宁夏回族自治区教育厅教研室主任
郑云清	福建省普通教育教学研究室主任
莫景祺	教育部基础教育课程教材发展中心教学处处长，研究员
徐　辉	重庆市教育科学研究院院长
徐淀芳	上海市教育委员会教学研究室主任
郭玉英	北京师范大学教授
鞠文灿	江苏省中小学教学研究室主任

本册编委会

主　　编：喻伯军

编写人员（按专题顺序排列）：

胡志林	施昌魏	陈　彤	徐孟琪	方亚琴	谢小立	吴建伟
姜向阳	万嵩海	王伟文	刘晋斌	徐春建	姚伟国	谢晓静
黎作民	林建锋	周燕娜	袁优红	沈跃群	闻蓉美	吴利坚
叶晓林	金伟平	杨春晖	袁和林	贺慈满	阮　翔	

案例提供（按专题顺序排列）：

李　晟	陈　苑	马丽杰	薛静艳	马水娟	张宁素	董银萍
蔡玲玲	黄　艳	吴惠敏	钱金明	黎作民	陈熊峰	陈　滔
郑伟明	黄　贝	周月华	徐春建	钱军红	朱阶明	张秋佳
朱徐杰	虞　芒	郭诗文	杨　玲	杨敏洁	王小梅	吴　彬
周燕娜	董必金	沈跃群	王蒙怡	吴燕婷	闻蓉美	尹　伟
方慧青	郑建华	丁建国	徐韩红	陈荣林	顾云涛	叶　军
楼森海	林飞荣	徐珊丹	李张宇	钱嘉彧		

点评专家（按专题顺序排列）：

胡志林	谢晓静	胡建浪	马水娟	方亚琴	陈晓萍	谢小立
姜向阳	万嵩海	王伟文	金奕莼	徐春建	邵锋星	姚伟国
陈梅娟	李　强	朱颂伟	黎作民	吴　彬	孟　婕	袁优红
沈跃群	苏林冲	杨春晖	吴利坚	喻伯军	金伟平	章鼎儿
饶伟慧	贺慈满					

序　言

十五年来，基础教育课程改革成效显著。主要表现在，德育为先、能力为重、全面发展的教育理念得到普遍认同，符合素质教育和时代要求的课程教材体系不断完善，教育教学改革和人才培养模式改革不断深化。为了每一个学生的发展，广大中小学教师努力在更新教育理念、改革教育方法、推进教学育人等方面进行探索。

从实施层面来看，基础教育课程改革还面临着诸多严峻的挑战。特别是在课堂教学方面。从整体上看，广大中小学教师对课程标准的理解和研究水平还不高，基于课程标准的教学实践能力还比较薄弱，新课程理念与教学实践之间还缺乏深度融合；注重知识传授、忽视学科核心素养培养的教学现象比较普遍；机械训练、死记硬背的学习方式还没有发生本质变化，自主合作探究的学习方式尚未全面推开。这些问题的存在，影响着教学改革的全面深入推进，影响着国家课程的高质量校本化实施，影响着课堂教学质量的提升。

为研究解决课堂教学面临的诸多问题和困难，教育部基础教育课程教材发展中心（以下简称"教育部课程教材中心"）在广泛征求意见并开展调研工作的基础上，于2014年正式启动了"中小学学科教学关键问题实践研究"项目。本项目紧密围绕基础教育各学科课程标准的实施，以各学科教学关键问题的梳理、提炼与解决为突破口，遵循"自上而下"与"自下而上"相结合的研究理念，广泛发动基层教研机构专业力量和中小学骨干教师，充分凝聚来自基层的实践智慧，协同攻关，着力解决，帮助中小学教师在教学实践中准确把握并贯彻落实课程标准的思想精髓和根本要求，旨在显著提升中小学教师的教学研究水平和教学水平，整体提升国家课程校本化实施水平。在研究过程中，我们充分发挥信息化手段在优质课程教学资源传播上的巨大优势，建设网络资源平台，确保开发的优质课程教学资源在更大范围内使更多的中小学教师受益。

根据当前实际情况，本项目研究分为两个阶段组织实施。第一阶段，围绕义务教育各学科教学关键问题开展实践研究。第二阶段，启动普通高中各学科教学关键问题实践研究。目前呈现给大家的是小学和初中学段各学科教学关键问题实践研究的成果。

在项目研究中，明确"教学关键问题"的内涵至关重要。课题研究组认为，必须基于课程标准，站在立德树人的高度，对"教学关键问题"的本质内涵进行界定。基于此，课题研究组认为，"教学关键问题"指的是：对培养学生核心素养有着重要影响的教学问题。这与一般意义上所指的关于具体知识点的、琐碎的、零散的教学问题有着本质区别。可以从四个方面来理解"教学关键问题"的指向:一是如何选取对学生发展最有价值、最有意义的核心学习内容;二是如何引导学生形成学科核心思想方法、核心能力及重要价值观;三是如何进行有效的教与学的活动设计,有力支持教学目标的实现;四是如何对教学进行全过程、持续性的发展性评价。教学关键问题的提炼与有效解决,为中小学教师深入理解课程标准,高质量开展基于课程标准的教学,提供了实在、具体的载体;对深化课程改革、整体提高教学效益、显著提升育人水平、促进教师专业发展,具有重要的现实意义。

为了准确提炼各学段各学科教学中的关键问题,避免随意性和主观性,经认真研究,课题研究组提出了三种互补并行的思路。思路一,认真研读义务教育各学科课程标准,特别是课程理念、课程目标、课程内容、实施建议中的重要论述,从中提炼学科教学关键问题。思路二,通过文献检索,全面总结学科核心思想与方法,特别是学科中的核心概念与原理,提炼教学关键问题。思路三,基于大样本的课堂观察、学业监测、教研活动和教师培训活动,梳理师生在课堂教与学的过程中普遍存在的难点和困惑,提炼教学关键问题。最终提炼出的教学关键问题具有内在的逻辑性,体现了系统性和整体性。

本项目对教学关键问题进行实践研究,在于力图消除理论与实践之间的"两张皮"现象,促成理论与实践之间的深度融合。一方面,重视科学理论在解决教学关键问题上的专业指导和方向引领;另一方面,更加强调通过基于多种解决方案的实践教学,进一步验证、完善并丰富理论,从而探寻解决教学关键问题的科学、管用、普遍之道。

梳理提炼、研究解决基础教育各学段各学科教学关键问题,无疑是一项专业性极强、难度颇高、任务艰巨的研究工作,不是一个团队、一个单位就能高质量完成的。教育部课程教材中心高度重视项目研究工作,专门成立了工作领导小组,由田慧生主任担任组长、刘月霞副主任担任副组长。工作领导小组负责对项目研究进行顶层规划和整体设计,指导研制项目工作方案,审定各学科项目研究成果,推动项目研究成果的推广与使用,提高研究成果的社会效益。

为确保项目研究成果质量,教育部课程教材中心组建了以国家基础教育课程标准研制组负责人或核心成员为主的学科专家指导组,遴选确定了教研能力强的省市级教研机构,委托承担不同学科的项目研究任务。在高等教育出版社的支持下,充分发挥各方优势,协同推进研究工作,确保项目研究成果质量。

在项目研究中,教育部课程教材中心充分发挥学科专家指导组的作用。学科指导专家全程参与相应学科的项目研究过程,通过各种方式指导各学科项目组梳理、提炼、研究、解决教学关键问题,审读各学科项目研究成果,确保各学科项目的研究方向和成果质量。在教育部课程教材中心及学科指导专家的指导下,具体承担各学段各学科项目研究任务的省市级教研机构高度重视,组建了学科研究团队。研究团队包括省域内外教学理念先进、研究能力突出、实践经验丰富的特级教师、国培专家、省级学科带头人等教学实践专家，教学实践专家与学科指导专家开展联合攻关，协同研究，确保了成果质量。作为项目研究的合作单位，高等教育出版社在研究经费、微课视频案例展示网络平台建设，以及研究成果编辑、出版、宣传、推广等方面提供了大力支持。

项目最终研究成果主要包括两部分：一是在明确学科教学关键问题内涵的基础上，全面系统梳理、提炼中小学各学段、各学科教学关键问题，提供指向问题解决的实践指导策略，开发与指导策略相对应的文本教学案例资源。二是视频形态的教学关键问题实践解决微课教学案例资源。每个微课视频教学案例包括说课、上课、反思和点评四部分。特别说明的是，各学科教学关键问题的微课教学案例随书赠送，可以通过扫描书中的二维码直接访问学习。

优质课程教学资源要发挥巨大的社会效益，关键在于应用。我们希望，本套资源有助于引领基础教育课堂教学方向，有助于提高中小学教师高水平实施国家课程的能力和水平，有助于整体提升区域基础教育教学质量。同时，我们认为，本套资源对于各级教研机构和教学研究人员开展教研活动，国培机构、教师培训机构开展教师培训和研修活动，师范院校创新教师培养模式，不断提高师范生教学能力，也将发挥重要的专业支持作用。

教育部基础教育课程教材发展中心
2015 年 6 月

目　录

绪言　/　1

第一部分
核心素养　/　5

教学关键问题 1–1　如何培养学生的实证意识？　/　6
　　案例　是真的吗　/　9
教学关键问题 1–2　如何培养学生的批判质疑精神？　/　14
　　案例　乌鸦喝水　/　17
教学关键问题 1–3　如何培养学生的探究能力？　/　21
　　案例　磁力大小会变化吗　/　25
教学关键问题 1–4　如何培养学生的逻辑思维能力？　/　31
　　案例　放大镜　/　33
教学关键问题 1–5　如何培养学生的问题解决能力？　/　37
　　案例　挑战大力绳　/　40
　　案例　赶羊入圈　/　43
教学关键问题 1–6　如何培养学生的创新能力？　/　49
　　案例　拯救北极熊　/　54
教学关键问题 1–7　如何融合 STEM 教育的理念？　/　58
　　案例　有趣的宝葫芦　/　61
　　案例　愤怒的小鸟　/　65

第二部分
核心内容　/　69

教学关键问题 2–1　如何实施指向大概念的教学？　/　70
　　案例　食物链和食物网　/　73
教学关键问题 2–2　如何在教学中指向物质科学领域的大概念？　/　79

　　　　案例　磁铁的两极　/　81

　　　　案例　探究西红柿的沉浮　/　86

　　教学关键问题 2-3　如何在教学中指向生命科学领域的大概念？　/　90

　　　　案例　原来是相互关联的　/　95

　　教学关键问题 2-4　如何在教学中指向地球与宇宙科学领域的大概念？　/　100

　　　　案例　地球的运动　/　103

　　教学关键问题 2-5　如何让学生领悟科学的本质？　/　107

　　　　案例　人类认识地球及其运动的历史　/　111

　　教学关键问题 2-6　如何进行技术与工程领域的教学？　/　117

　　　　案例　做个太阳能热水器　/　120

　　教学关键问题 2-7　如何渗透和培养工程思维？　/　127

　　　　案例　建纸塔　/　132

第三部分

教学策略　/　139

　　教学关键问题 3-1　如何基于学生经验开展教学？　/　140

　　　　案例　玩磁铁　/　144

　　教学关键问题 3-2　如何利用生成的资源进行教学？　/　149

　　　　案例　乌鸦　/　151

　　教学关键问题 3-3　如何引导学生提出有效的问题？　/　156

　　　　案例　机械摆钟　/　160

　　教学关键问题 3-4　如何引导学生基于证据进行论证？　/　166

　　　　案例　探索马铃薯沉浮的原因　/　170

　　教学关键问题 3-5　如何提高学生分析和解释数据的能力？　/　175

　　　　案例　拱形的承受力　/　181

　　教学关键问题 3-6　如何从低年段开始培养学生良好的科学习惯？　/　185

　　　　案例　谁轻谁重　/　191

　　教学关键问题 3-7　如何在不同学段把握对比实验的要求？　/　197

　　　　案例　谁流得更快一些　/　201

　　教学关键问题 3-8　如何运用建模开展地球与宇宙内容的教学？　/　205

　　　　案例　太阳系　/　207

　　教学关键问题 3-9　如何用评价促进学生的科学学习？　/　212

　　　　案例　科学探究能力评价　/　215

教学关键问题 3-10　如何设计兴趣小组或社团活动的课程？　/　221
　　案例　"电子工程师"课程　/　225

教学关键问题 3-11　如何实施简约而有效的课堂教学？　/　232
　　案例　电磁铁转动的秘密　/　234

教学关键问题 3-12　如何设计自制教学具促进教学？　/　240
　　案例　怎样得到更多的光和热　/　244

教学关键问题 3-13　如何提高教师的教学实践能力？　/　248
　　案例　一次"卷入式"教研活动　/　252
　　案例　一次"蓄谋已久"的培训活动　/　255

参考文献　/　259

绪 言

2017年,修订后的《义务教育小学科学课程标准》颁布,我国的小学科学教学进入了新的发展时期,受到了社会的重视。新的课程标准对小学科学的教学内容、教学方法,提出了新的要求。如何更好地基于课程标准实施教学,成为这一轮小学科学教学改革的重点之一。教学关键问题研究,就是在这样的背景和基础上展开的,其目的是帮助教师更好地实施好小学科学教学。

一、小学科学教学关键问题研究的意义

小学科学课程的总目标是培养学生的科学素养,并为他们继续学习,成为合格公民和终身发展奠定良好的基础。科学素养,包括对科学的理解、技术与工程素养、科学的思维方式、科学态度、科学精神等。如何有效地落实科学素养的培养任务,需要我们对小学科学的核心内容进行梳理,需要对当前的科学教育方式进行提炼和概括,这是小学科学教学关键问题研究的重点所在。

自我国2001年颁布《全日制义务教育科学课程标准(3—6年级)(实验稿)》以来,科学教师对小学科学教学的认识越来越深。经过10多年的探索,我国的小学科学教学,取得了长足的进步,主要表现在:教师对科学的认识,影响着教师的教学水平;科学教育不只是注重科学知识,还重视培养科学的思维方式和科学的精神;动手动脑学科学,探究式教学成为大家的共识,也成为教师的首选,读读、背背、写写学科学的方式越来越少;科学教师队伍大大增加,专职教师逐年增多;教材多样化,为教师的选择提供了方便。

小学科学教学在取得一些成绩的同时,也存在的一些遗憾,特别是教师对学科最核心的问题认识不够深,对学科最核心的教学方式认识还不足,专职教师的缺乏,学科教学不受重视等。教学关键问题的研究,将帮助教师克服一些困难,引导教师的专业成长。

教学关键问题,是指在教学过程中,对如何培养学生深入理解学科核心内容,领悟学科本质、学科核心思想与方法,形成良好的思维习惯,解决实际问题能力等关键要素中存在的疑难问题。对小学科学教学而言,主要是三个方面:一是理解学科核心内容(大概念);二是通过学科思想方法形成科学精神;三是在教学层面运用有效策略和方法。

解决教学关键问题,有以下几个意义:有利于深化课程改革,提升课程改革的效率;有利于教师的专业成长;有利于提高课堂效率;有利于学生发展。

小学科学教学关键问题研究,是教育部基础教育课程教材发展中心"中小学学科教

学关键问题实践研究"项目的子课题,国家社会科学基金十二五规划2014年度教育学国家一般课题(课题批准号 dha140087)。

二、小学科学关键问题的确定依据

小学科学教学关键问题是教学的关键,能直接反映有效的教学线索,体现出选择教学策略的合理性,实现科学教学的核心。小学科学教学关键问题的内涵是科学学科的核心素养,它的外延表现是核心内容和教学策略。

美国1996年的科学课程标准提出了核心概念的思想,为我国科学课程标准的制订提供了参考。韦钰院士在《科学教育的原则和大概念》一书中,列出了科学教育的14个大概念,提出了科学教学应该指向大概念的思想。指向大概念的教学,有利于学生知识的迁移和应用,有利于学生建立结构性、体系性的知识,对学生以后的学习和发展更为有利。关于这方面的研究,在国内已经有一些课例,也有了相关的著作。

在2017年版的《义务教育小学科学课程标准》中,新增了"技术与工程领域"的内容,工程实践成为新增内容。课程标准从科学和技术两方面的素养,对学生提出了新的要求,如何在教学中培养学生的实践能力、问题解决能力和创新能力,需要教师在工程实践教学中落实。当前STEM教育兴起,受到普遍关注,在分学科学习的基础上,如何加强整合的、跨学科的综合性学习,进行项目式学习,成为新的教学内容和教学方法。这就要求科学教师与时俱进,创新教学方法,适应时代发展的需要。

纵观当前国内的小学科学教学,还存在着一些普遍性的问题。一是科学教学中只教知识,不注重概念的形成,更缺少科学的思想和方法的呈现;二是关注零碎的科学事实的记忆、背诵,学生应付考试,而缺少动手动脑、问题解决的实践体验;三是有些教师对科学的理解不到位,在教学当中出现科学方法的错误,逻辑不严密,科学观念错误等问题,导致科学课成了非科学课;四是工程实践教学才刚刚开始,许多教师本身没有这方面的素质,对"技术与工程领域"内容的教学,缺乏一定的手段;五是一些教师特别是兼职教师教学方法陈旧,用教语文、数学这些学科的知识讲解和书面练习的方式,让学生学科学,无法把握科学课的主要特点,导致学生对科学不感兴趣,甚至对科学产生畏难情绪。这些现象对学生的发展都极为不利。

科学不仅包含科学知识,还包括科学的过程和方法,其背后是科学的思维方式,形成的是科学态度和科学精神。科学的思想方法是最关键的、最核心的内容,如果科学教师对这方面缺乏了解和体验,那么科学教学就会存在很大的隐患。

针对小学科学教学的当前实际情况,根据2017年版《义务教育小学科学课程标准》的要求,通过不断探讨和交流,我们拟定了三条确定关键问题的依据:一是根据课程标准确立对学生发展最有意义、最有价值的科学知识,其背后是科学的大概念;二是促进学生发展的科学思维方法、科学态度和精神;三是对教学改革有推进意义的教学策略和方法。

小学科学关键问题研究希望从这三个方面,帮助教师克服存在的困难,走向理想的科学教学,为我国的小学科学教学做出应有的贡献。

三、小学科学关键问题的提炼和确立

在研究过程中,我们意识到核心素养是科学课程所确立的目标,也是科学课堂教学的主要目标,需要通过教师的教学进行落实。所以把握好核心素养,对教师教学和学生学习都极为重要。课程内容的选择,要贴近学生的实际,要有利于学生体验和理解、思考和探索,因此体现核心素养的要求成为教学的关键问题。

根据当前小学科学教学的现状,我们确定了几条路径来体现小学科学教学的关键问题。一是研究核心素养的要求,从学生核心素养的发展要求中,提炼出跟科学教学有关的一些关键问题,特别指向科学的理解、科学的思想方法、思维方式、科学与社会的关系;二是从课程标准的要求出发,指向科学教育的大概念,提炼出小学科学学习的核心内容;三是基于大样本的课堂观察、教研活动、培训活动、学业监测等过程,梳理教师在教学过程中存在的普遍困难,提炼出解决这些教学疑难问题的教学策略和方法。

本书内容包括核心素养、核心内容及教学策略三大部分,总计 27 个教学关键问题。内容涉及课程标准中四个领域的内容和教学建议中的教师实际策略。特别重视在教学中体现科学的思想和方法,这对学生理解科学、理解探究,形成科学思维,发展实践能力和创新精神有很重要的帮助。

四、关于本书的编写和导读

本项目的研究历时三年,从 2017 年开始成立小学科学教学关键问题研究项目组,设计项目方案,组建项目人员。项目组成员集中了浙江省优秀的骨干教师、特级教师和优秀教研员,充分利用这些教师的智慧和经验开展研究。

在研究过程中,我们深入研讨了研究方案,梳理了教学关键问题,多次征求一线教师的意见和建议,关注一线教师普遍存在的难点、期待解决的困难,从课程标准和学生成长的角度入手,提出了适合当前教学实际的关键问题,并在实践中进行检验,特别是以关键问题为主题的教学研究、教研活动,为此书的编写提供案例。

本书精选了一些典型的优秀案例,这些案例不仅涉及内容的改进、方法的突破,更重要的是教学思想的提升、教学理念的更新,为解决教学问题的解决提供了支持。

因为课程标准的颁布与新教材的推出有时间差,为了更好地体现新课标、新教材和新实践,我们为此替换了一些案例和视频,用最新的教材来体现新课标的理念,用最新的设计体现新课标的要求,这方面的视频案例还在不断制作之中。同时,随着网络教研、网络研修的兴起,网上资源越来越丰富,教师的自主学习和选择范围越来越大,我们希望呈现更多的优秀教学案例,为教师们的自主研修提供优质的资源。

本书是小学科学教学关键问题实践研究项目的成果。本书所列的 27 个教学关键问题,无法囊括小学科学教学中的所有问题,如监测评价的导向问题,就无法列入这些关键问题之中。有些内容未必是关键问题,解决这些问题的策略也不尽相同,所以需要继续探索、继续实践、继续完善。项目的研究,由喻伯军老师主持,浙江省许多优秀教师和教研员共同参与研究,并提供了大量丰富的案例,在此对他们表示感谢。

具体编写分工如下:

教学关键问题	编写者	教学关键问题	编写者
1-1	胡志林	3-1	黎作民
1-2	施昌魏	3-2	林建锋
1-3	陈 彤	3-3	周燕娜
1-4	徐孟琪	3-4	袁优红
1-5	方亚琴	3-5	沈跃群
1-6	谢小立	3-6	闻蓉美
1-7	吴建伟	3-7	吴利坚
2-1	姜向阳	3-8	叶晓林
2-2	万嵩海	3-9	金伟平
2-3	王伟文	3-10	杨春晖
2-4	刘晋斌	3-11	袁和林
2-5	徐春建	3-12	贺慈满
2-6	姚伟国	3-13	阮 翔
2-7	谢晓静		

相信这些接地气的、有针对性的教学案例,能够为小学科学教师提供借鉴和参考。本书的编写还存在许多不足,希望同仁不吝赐教,批评指正。

第一部分　核心素养

教学关键问题 1-1　如何培养学生的实证意识？

 教学关键问题分析

科学研究是为了描述世界和解释世界，其主要途径是观察和实验。科学的本质是实证的，科学活动是一种求真活动，必须实事求是。《义务教育小学科学课程标准》把实证意识作为科学态度的一部分，在科学态度总目标中指出："具有基于证据和推理发表自己见解的意识；乐于倾听不同的意见和理解别人的想法，不迷信权威；实事求是，勇于修正和完善自己的观点。"在学段目标中，实证意识以实事求是维度来描述，如表 1-1-1 所示。

表 1-1-1　科学态度学段目标的实事求是维度

维度	科学态度学段目标		
	1—2 年级	3—4 年级	5—6 年级
实事求是	能如实讲述事实，当发现事实与自己原有的想法不同时，能尊重事实，养成用事实说话的意识	在科学探究中能以事实为依据，不从众，不轻易相信权威与书本；面对有说服力的证据，能调整自己的观点	在尊重证据的前提下，坚持正确的观点；当多人观察、实验结果出现不一致时，不急于下结论，而是分析原因，再次观察、实验，以事实为依据作出判断

学生的观察、描述、论证都应该以事实为依据。科学学科教学中培养学生的实证意识，不仅要培养学生实事求是的科学态度，还要使学生掌握科学观察、描述、论证的方法。科学态度与科学方法的培养应该同步进行，相互促进。培养学生的实证意识，不仅在小学科学教学中具有普遍意义上的教育价值，对于培养"社会的人"同样具有现实意义——培养学生具有初步的识别"伪科学"的意识，对网络及各种媒体上的各种信息，不盲目传播，以实事求是的态度对待这些信息。

小学生受其自身知识水平与认知能力的影响，实证意识不强，往往表现为"唯上""唯书""唯众"三种情况。

"唯上"即盲目相信教师等成年人以及班级中"学霸"的权威言语，学生常常会把教师的话当成"金口玉言"，在课堂交流和汇报等环节，常常不加分析地听从"学霸"的观点，不敢提出异于他人的观点。

"唯书"主要表现在认为书本写的、媒体报道的信息都是对的。此处的"书"不仅指纸质报刊书籍中的内容，还包括电台、电视台、网站、微信上的各种信息。在教学中常常发现有学生认为"太阳是宇宙的中心",因为哥白尼的"日心说"就是这样描述的。在小学生的认知中,书本上写的信息就是对的。

"唯众"的现象在小学中同样普遍存在。受"从众"心理的影响,学生认为大多数人的观点应该是正确的,会无理由地怀疑自己的数据(观点)是错误的,在实验过程中,常常有学生在发现自己的实验数据与其他人(组)不一样时,就偷偷修改数据。

教师的不当教学行为也会对学生实证意识的形成起到负面影响。例如,不科学的实验设计导致错误的结果;教师忽视实验(现象)与结论之间的论证过程;教师过于注重正确的结果,使学生害怕与权威不一致等。

 教学关键问题解决

小学生实证意识薄弱是由学生自身知识水平、认知能力以及教师的不当教学行为等多方面因素造成的。培养学生的实证意识,教师既应该站在培养学生理性思维的高度,正确对待学生的不足,更应该反思自身的不当教学行为所产生的负面影响,采取适当的教学策略以促进学生实证意识的培养。

一、营造宽松安全的言论氛围

出现"唯上""唯书""唯众"的现象,主要是因为学生认为自己的"错误"会遭到他人的嘲笑,也确实会出现这种状况。相信权威、相信多数人的意见成为很多学生的"保护伞"。要培养学生的实证意识,破除"唯上""唯书""唯众"现象,教师在教学中需要营造一个宽松安全的言论氛围,让学生敢于发表自己的见解。教师不能搞"一言堂",不能以"标准答案"强加给学生"正确结论"。教师应允许学生以自己的认知水平进行描述与概括,通过启发、引导形成"共识";允许并鼓励学生发表自己的见解,不以正确与否为评价标准;强调观点的表述是否有依据,通过互动和探讨,用事实说话,用证据论证。

二、培养学生客观、正确描述观察对象的能力

实证就是用事实说话,"事实"是怎样的,需要对观察对象进行客观、正确的描述。小学生的语言表达能力有限,传授正确的描述方法使小学生不断习得,是小学科学教学中的一项重要任务。同时,教师在指导学生进行观察和描述时,还应该强调其客观性和准确性。培养学生分清经验与观察事实的意识;培养学生准确记录每一个信息和数据,不随意修改数据的习惯;培养学生不在观察实验数据中挑选符合自己想法的内容,不随意丢失资料的习惯,建立"每一个描述都很重要"的认识。培养学生的证据意识,重视正确使用工具和准确获得实验数据,可以采用多种方式,多人或多次重复实验,以寻求尽可能多的证据,明确样本越大、描述越充分、越与事实相一致,就越令人信服。

三、注重数据（现象）与结论的论证过程

用实验数据（现象）得出实验结论是小学科学教学中最为常见的活动形式，也是培养学生实证意识的重要活动环节之一。用事实说话，就是用实验数据（现象）推理出实验结果的过程。教学中，教师应该通过追问，强化学生认识"数据（现象）"与"结论"的逻辑关系，建构起"结论"与"证据"之间的关联，形成结论是建立在证据基础上的认识。例如，"这个实验结论是根据什么现象（数据）得出来的？"或者"你是根据什么现象（数据）得出这个结论的？"

四、保护并给予学生证实自己想法的机会

培养学生的实证意识，应该给予学生证实自己想法的机会，而不是完全按照教师、书本的内容进行"教师（教材）预设内"探究活动。例如，教育科学出版社《科学》五年级上册第四单元第5课"运动与摩擦力"，教学时，很多学生都会提出"物体摩擦力的大小与接触面大小有关"的观点；《科学》五年级下册第三单元"摆的研究"，教学时，有些学生会提出"推开摆的力越大，摆就摆动得越快"的观点。这两个观点都是学生根据自己的生活经验提出的，而且是与事实不符的，但它们都不是教材安排的教学内容。很多教师面对这种情况，可能会回避或者直接否定学生的观点。显然，这样的做法对学生实证意识的形成会产生负面的作用。在教学时间允许的情况下，教师应该组织学生开展实验，验证真伪，至少应该提供给学生实验材料，利用课余时间开展研究，在下一节课由学生用实验数据证明想法正确与否。

五、利用好"证伪"的特殊价值

科学的实证逻辑包括"证实"和"证伪"。"证伪"作为实证活动的组成部分，有着特殊的意义和价值，尤其是对学生自己提出的错误观点进行论证，对于修正学生的错误前概念具有深远的教学意义。例如，前面学生提出的"物体摩擦力的大小与接触面大小有关"和"推开摆的力越大，摆就摆动得越快"这两个观点，通过实证之后，不仅修正了学生的错误认识，更重要的是，使学生明白"自己想当然的事情不一定是正确的，通过反复实验验证后，我们才能够确认它的真伪"。

"证伪"的实验在科学教材中不多，这也很容易使学生想当然地认为实验的假设都是成立的，久而久之，便形成了"提出的假设都是成立的"这样的错误认识。所以，"证伪"除了对修正错误前概念具有重要的意义，对培养学生实证意识也具有不可替代的作用。例如，五年级上册第一单元第1课"种子发芽实验（一）"，教师在课前对一个班级学生做了一次统计，统计结果如表1-1-2所示。

表 1-1-2

实验猜想	必须要有	不是必须要有
实验 1　绿豆发芽必须要有水吗？	52	0
实验 2　绿豆发芽必须要有阳光吗？	28	24

学生对于"阳光"这个因素的预测有很大一部分是与事实不符的，而由于实验 1 比实验 2 更容易操作，在自愿选择做其中一个实验的情况下，绝大多数学生都会选择实验 1。从培养学生实证意识的方面考虑，教师应该要求学生同时完成两个实验，或者应该发动至少一半的学生完成实验 2。对于"阳光"因素的研究是"证伪"实验，这个实验除了修正学生的错误前概念之外，更重要的是还起到培养学生实证意识的作用。

案例分析及教学建议

案例

是 的 吗

一、参与"网络传言"真假辨析，全面培养实证意识

科学活动是一种"求真"的活动，既要知道什么是真的，又要知道什么是假的。如果只求"证实"，回避"证伪"，就不能全面培养学生的实证意识。科学教材中安排的科学探究活动绝大多数是"证实"的活动，很少涉及"证伪"的活动。随着时代的发展，学生接触到的信息很大一部分来自各种网站和微信，很多信息真假难辨。在科学拓展课中引入对一些"网络传言"的真假辨析，能有效填补科学常态课中实证意识培养的不足。

最近在网络上有传言："在马桶水箱中放入装满水的塑料瓶，既能节水又能保持马桶冲力不变。"这个传言是真的吗？如果是真的，既能节约用水又能保持冲力不变，何乐而不为？如果是假的，假在何处？水的冲力大小到底是由"水量"决定的还是由"水位"决定的？本节科学拓展课就是在这种背景下，针对教育科学出版社《科学》五年级下册第三单元"时间的测量"中"用水测量时间"一课而设计的。这节拓展课的目的是让学生深刻理解水在前 10 mL 滴漏速度快，后 10 mL 滴漏速度慢的原理。通过调查，大多数同学认为：水的冲力大小是由"水量"决定的。水越多，冲力越大；水越少，冲力越小。至于"水位"，那是水量多少变化引起的水位高低的变化，对水的冲力不起决定作用。因为大多数学生的观点是错误的，所以辨析"在马桶水箱中放入装满水的塑料瓶，既能节水又能保持马桶冲力不变"这个传言的真假就显得尤为重要。

二、"证伪"和"证实"双管齐下，全面提升实证能力

在科学常态课的教学中，我们常用"证实"的方法培养学生的实证能力，很少用到"证伪"的方法。在科学拓展课中让学生参与"证伪",对全面提升学生的实证能力会很有好处。

根据课前的调查,大多数学生认为:水的冲力大小是由"水量"决定的。水越多,冲力越大;水越少,冲力越小。这是一种负效前概念,也就是说,这是一种错误认识。为了纠正学生的错误认识必须要"证伪"。如何"证伪"?此处设计了一个实验:水位高低相同,水量不同(差别很大,一个是1倍的水量,另一个15倍的水量),比较它们水的冲力(用射程远近来描述)。接着用思维建模的形式让学生预测,如果是这样的话,那么我们将观察到的实验现象会怎样。学生预测15倍水量这个装置水的冲力会很大,会射得更远。而实验的结果令学生感到意外,1倍水量的装置和15倍水量的装置相比,水的射程差不多,也就是说水的冲力差不多,从而引发学生的思考。紧接着用"证实"的方法,让学生观察到水位不同,射程就不同。最后得出水的冲力大小由"水位"决定,水的落差越大,冲力越大。先"证伪",再"证实",学生的实证意识增强了,实证能力也得到了提升。

三、教学设计

是 真 的 吗

【知识点来源】

教育科学出版社《科学》五年级下册第三单元"时间的测量"第3课"用水测量时间"。

【教学目标】

(一)科学知识

决定水的冲力大小的是水位而不是水量。水的落差越大,冲力越大。

(二)科学探究

学生通过对水的冲力大小决定因素的探究,辨析网络传言的真假。

(三)科学态度

培养学生辨析网络传言真假的科学态度。

(四)科学、技术、社会与环境

树立节约用水的意识。

【教学过程】

(一)视频导入,激发学生学习兴趣

1. 播放有关传言的视频。

2. 揭示课题:是真的吗?

【设计意图:视频包括新闻报道、网络媒体视频,以及对路人的采访,内容是关于在马桶水箱中放入装满水的塑料瓶既能节水又能保持马桶冲力不变的传言。通过视频激发学生探究欲望,了解学生在没有实验证据的情况下是否盲目听信新闻媒体上的言论。教师通过学生举手表决,统计认同传言的人数,了解学生的实证意识。】

(二)感受水的冲力,了解学生前概念

1. 出示一个带孔的瓶子,装满水,撕开胶带。如图1-1-1所示,你观察到了什么?

2. 水的冲力变了吗？你如何判断冲力是否变化了？

3. 你认为冲力大小跟什么有关？

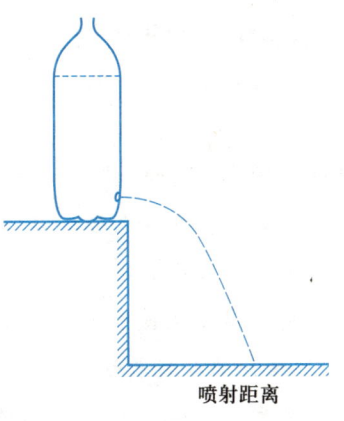

图1-1-1

【设计意图：此活动的目的是了解冲力。引发学生思考冲力的大小是跟"水量"有关，还是跟"水位"有关，从而了解学生的前概念。"冲力"这个词对学生来说，既陌生又熟悉。学生通过观察带孔瓶子喷射出来的水感受冲力，再通过转化的思维方式用喷射距离的变化来判断冲力的变化。为什么冲力越变越小呢？瓶子中的水发生了哪些变化？决定水的冲力大小的因素有哪些？学生主要有两种观点：决定水的冲力大小的因素是"水位"或"水量"。此时通过举手表决的方式了解学生的前概念。经调查发现，赞同是"水量"的占绝大多数，而赞同是"水位"的只占一小部分。认为水的冲力大小与"水位"有关的学生，他们判断的依据是教师在上"用水测量时间"这一课时强调过或课本资料中显示水滴的速度变化是由水位变化造成的，这是"唯上"的心理表现。赞同水的冲力大小与"水量"有关的学生，其中部分是因为看到班级中大部分同学举手，所以也跟着举了手，这是"唯众"的表现。还有一部分可能是因为看到班级中成绩好的同学举手所以也跟着举手，这也是"唯上"的心理表现。以上这些都是缺乏实证意识的表现。】

（三）探究水的冲力大小的决定因素是不是"水量"

教师提供两个大小不同的瓶子，提出探究任务：你能运用对比实验设计的方法，来研究水的冲力跟"水量"有关吗？请小组讨论，将你的想法画在记录单上，并预测你可能观察到的现象。

记 录 单

水量	水位	水的冲力	我的结论

学生汇报讨论结果，展示自己的记录单。

教师演示实验。通过实验现象得出结论：冲力大小与水量无关。

【设计意图:既然上一个活动出现大部分学生都认为冲力跟"水量"有关的情况,说明这个问题是非常值得探究的。教师此时顺着学生的思路并给予学生一定时间、空间和器材,让学生运用所学的实验设计方法自主设计实验来验证自己的观点,通过这样的方式培养学生的实证意识。"假如给你们提供大小不同又带孔的瓶子,你能否通过控制变量的方法设计一个方案来验证自己的观点?"学生汇报讨论后设计出比较合理的实验方案。此环节采用演示实验。演示实验前提问:"1 倍水量和 15 倍水量的两瓶水,你们认为它们的喷射距离会相差多少?"开始有个学生说 5 倍,赞同的人不多。后来有学生说 7 倍、10 倍时,赞同的人越来越多,倍数越高赞同的人越多,这正是他们由错误前概念猜想的结果。当观察到 1 倍水量和 15 倍水量的射程差不多时,很多学生"惊呆"了:怎么会这样呢?认知冲突产生。】

(四)验证传言,构建科学概念

在这个活动中,教师给学生提供两个大小相同的瓶子和一个石块来模拟生活中真实水箱里放石块的场景。

基本的教学活动环节包括:设计实验;讨论汇报;出示微课;实验并讨论;关于节水意识的建立。

【设计意图:学生最初构建的科学概念其实是不确定、不稳固的。他们迫切地想要通过动手操作、亲自体验,通过实验活动巩固新建构的科学概念。学生通过实验发现在水位相同的情况下,加了大石块跟不加石块的喷射距离竟然一样。这样再次验证了刚才全班同学所达成的共识"水的冲力与水量无关",从而也验证了传言确实是真的。活动后再次统计,认为传言是真的请举手,而此时举手的同学更多是根据实验现象,有了科学实证的依据,而不是由于"唯众"心理盲目举手了。在信息现代化高度发展的今天,网络、媒体、电视等传播渠道上有太多的信息,我们要有一双辨别真假的眼睛,用实证意识来判别到底是真的还是假的。证伪和证实同样是非常重要的。既然传言是真的,就号召大家立刻行动起来,让科学服务于我们的实际生活。通过数据显示,如果我们每家每户都这样做,就能节约很多水。】

(五)游戏活动,学以致用

1. 出示自制瓶套瓶装置(图 1-1-2),介绍材料。

2. 根据提供的材料动手操作,比一比谁能让水射得更远。

3. 学生活动,获得冠军的小组分享他们的经验,你们是怎样逐步改进方案的?

图 1-1-2 自制瓶套瓶装置

【设计意图:最后一个游戏活动目的是让学生学以致用。在相同水量的情况下,想办法让水的冲力变得更大。因为是比赛游戏,他们会想方设法让冲力变得更大,其实也就是想尽办法让水位变高,不仅玩得非常开心,而且对这节课的内容也有了更深入的认识。最后由冠军小组来介绍他们的经验和实验改进过程,这正是对所学知识的最好应用和交流。通过这个活动,全班同学都认识到"水的落差越大,冲力就越大"。在游戏过程中学生对这个科学概念逐步完成了认知建构。】

四、评述与建议

1. 实证意识的培养离不开探究的兴趣

（1）内容选择有趣。上述案例是浙江省台州市椒江区三甲街道中心小学李晟老师在"椒江区 2017 年小学科学教学大比武"中执教的一堂课。本课教学内容选自自编拓展课程"网络传言是真的吗"中的第 1 课。本课通过一系列小实验和视频引导学生研究:马桶水箱放石块节水,会不会影响水的冲力? 影响水的冲力大小的决定性因素是"水量"还是"水位"? 学生对此难辨真假,产生了浓厚的探究欲望。

（2）主持风格有趣。本课一开始是模仿中央电视台财经频道的大型互动求证节目《是真的吗》主持人黄西的风格,特别是李老师开场白说自己是大型互动求证节目主持人小李时,瞬间拉近了学生和老师之间的距离,也给学生们营造了畅所欲言的氛围。

2. 实证意识的培养离不开有效的思维建模

建模可以分为图像建模、实物建模、思维建模等类型。本节课通过思维建模的方式让学生经历探究"水的冲力与水量有关"的"证伪"过程。即如果水的冲力与水量有关,那么不同水量的射程就会不同。按照这样的推理,当这两个瓶子中的水量存在 15 倍关系时,水量相差很多,应该出现喷射距离会相差很多的现象。但实验结果是:1 倍水量与 15 倍水量喷射距离差不多,与他们的实验预期反差极大,给他们的思维造成了极大的冲击。因此,当事实和实验预期相矛盾时,要相信事实,从而培养学生的实证意识。

3. 实证意识的培养离不开用证据论证

本课的求证过程包括"证伪"和"证实"两部分。"水的冲力与水量有关"这部分活动属于"证伪","水的冲力与水位有关"这部分活动属于"证实"。在一节课中同时运用"证伪"和"证实"的方法,对全面培养学生的实证意识,提升学生的实证能力非常有帮助。

本节课逻辑上的演绎形式是"选言三段论"。"p 或者 q。非 p。因此,q。"先发现与水的冲力大小有关的因素是"水量"(p)或者"水位"(q)。在"证伪"的过程中发现水的冲力与水量无关(非 p)。这时一果二因就变成了一果一因,与水的冲力有关的因素就是"水位"(因此,q)。李老师最后让学生通过游戏活动巧妙"证实"了水的冲力与"水位"有关:水的落差越大,冲力就越大。

教学关键问题 1-1　案例示范

教学关键问题 1-2　如何培养学生的批判质疑精神？

 教学关键问题分析

曾经有一段时间，绿豆在媒体上很"火"，因为有一位号称"中国食疗第一人"的"养生大师"把绿豆汤宣传成了包治百病的灵丹妙药，据说每天喝3斤可以防治高血压，每天喝5斤可以防治癌症，绿豆汤可以包治百病。于是全民疯抢绿豆，刺激全国绿豆价格飞涨。类似的事件屡见不鲜，这也暴露了大部分人由于没有判断力而从众的问题，反映了我国公民素养中科学精神的缺位，其问题根源与当前学校的教育教学息息相关。

美国有位作家在《我的老师》中描述了一位生物老师在第一节课上，将一根普通动物的尸骨在教室里给学生传看，并介绍这种已经绝种的动物的各种惊人能力，如夜里行走如飞、视力极好等，并最后结合所讲的内容进行了测试，学生都按老师介绍的内容做了回答。可是第二天，所有的试卷均不及格，理由很简单，老师说，他所讲的全是假的，那根尸骨也只是普通动物的尸骨，他很遗憾，没有一个学生提出质疑就把老师的话当真。这种迷信权威、不敢质疑的现象，在我国的教育教学中也不鲜见，受唯书、唯众、唯上观念的影响，很少有学生敢于质疑、善于质疑。这样的教育教学将严重束缚学生创造能力的发展。

2016年9月《中国学生发展核心素养》发布，提出了人文底蕴、科学精神、学会学习、健康生活、责任担当、实践创新六大核心素养。"科学精神"的基本要点包括理性思维、批判质疑和勇于探究。"批判质疑"主要表现为"具有问题意识；能独立思考、独立判断；思维缜密，能多角度、辩证地分析问题，做出选择和决定"。这是有关文件首次明确提出"批判质疑"素养，并承认它是学生适应未来发展的必备品格和关键能力。随着课程改革的推进，批判质疑精神培养必将成为教育教学的热点话题之一。

 教学关键问题解决

什么是批判精神？批判精神是指个体对所学内容的真实性、精确性、性质与价值进行个人的判断，从而对做什么和相信什么做出合理决策。① 什么是质疑精神？质疑精神是个体在求知欲的驱使下，带着问题意识看待事物，敢于独立思考、敢于批判、敢于挑战权

---

① 刘儒德. 论批判思维的意义和内涵[J]. 高等师范教育研究，2001(1)：56-61.

威、敢于发表见解、敢于追求真理的一种思维习惯。[①] 所以,批判质疑并不是简单地唱反调、不赞成,而是具有审视、反思、超越及创新等含义。

那么,在课堂教学中,如何培养学生的批判质疑精神呢?

一、营造宽松氛围,鼓励学生探索性质疑

苏格拉底是古希腊著名的哲学家,他的一生大部分都在探求对人最有用的真理和智慧。什么是虔诚?什么是美德?什么是勇气?等等。贯穿这些讨论的主题就是引导人们用批判性思维去研讨、探索、寻求什么是真善美。苏格拉底认为自己是个"精神的助产士",他的主要任务就在于帮助他人探索性质疑。

学贵有疑,小疑则小进,大疑则大进,不疑则不进。不趋同,不盲从,敢于发表自己的见解和疑惑,是学生批判质疑精神的重要体现。尽管这种质疑尚属初始状态,也不见得"疑"到好处,"疑"得有道理,却是学生自己感到的某种不解或某种困惑,这是打破传统固有的另一种思考,是难能可贵的。教师要以语言的激励、手势的肯定、眼神的默许等方式对学生的质疑给予肯定或赞赏,以营造民主、宽松、和谐的教学氛围,促使学生善于批判质疑,鼓励学生坚持不懈地探索。

二、克服思维定式,引领学生发散性质疑

创造思维是以发散思维为主要内容,以积极的求异性为首要特征的。杨振宁先生曾这样描述中国学生,如果老师提出一个问题,10 个中国学生的答案往往都差不多。这种现象在外国学生中很少出现,他们 10 个人或许能讲出 20 种答案,尽管有些答案非常离奇,而中国学生一般不会有离奇的想法。这是中国学生创造创新思维不足的重要表现。

不只一点,不仅一处,让学生克服思维定式,从不同角度、不同层次进行思考,也是培养学生批判质疑精神的重要路径。正如苏轼对庐山"横看成岭侧成峰,远近高低各不同"的观察,以及达·芬奇"即便是同一个蛋只要变换一下角度,形状便立即不同了"在画蛋方面的体会一样,这种对问题发散性的思维,可以让学生在思维的宽道上赛跑。这就要求教师在日常教学中善于引导学生打破常规思想的束缚,学会从不同的途径、不同的角度去思考问题、解决问题,真正做到举一反三、一以贯之。

三、允许质疑问难,保护学生否定性质疑

不奴性、不迷信,敢于质疑问难、挑战权威,这是学生批判质疑精神的另一种表现形式。尽管这种质疑可能要受到非议或遭到迎头抨击,但这正是学生自己表现出的胆魄与力量。否定就意味着需要自己推倒重来,这种否定性质疑,很多时候就是创造、创新的种子。

---

① 庞春敏.质疑精神:教师专业发展的生长点[J].新课程研究,2011(9):5-7.

1. 尊重书本,但不迷信书本

书本是知识的宝库,是人类获得智慧的重要来源。但是如果迷信书本,变成书本的奴隶,思维就会陷入僵化,创造性就会受到阻碍。正如孟子所说:尽信书,则不如无书。2017年,某省地方课程实验教科书《生命与健康常识》关于"溺水怎么救护"的内容存在"致命错误"一事,受到了大家的关注。这本《生命与健康常识》教科书自审查通过以来,使用已经超过10年,最终一位小学五年级学生发现其存在错误。我们不得不细究为什么在长达10年的时间里,其他人没有发现这一错误,很重要的一个原因是"书本至上"的思想在作祟。

2. 尊重科学,但不迷信科学

科学是科学家智慧的结晶,但科学也可能存在错误。鱼鳔有什么用?一直以来"科学"的解释是,鱼鳔是鱼体内的一种特殊器官,鱼可以通过改变鱼鳔中空气的多少来控制自己的上浮和下潜。这个"科学"结论已成为一种公众常识。2008年,上海的5位中学生基于反复的观察和论证,向这个传统的论断发起了大胆的挑战。他们通过大量的观察和实验提出:鱼并不能有意识地控制鱼鳔中空气的多少,在水中它们主要靠鱼鳍来掌握沉浮,而鱼鳔的功能仅仅是让鱼能够悬浮在一定的深处。

《科学教育的原则和大概念》认为,科学上给出的解释、理论和模型都是在特定的时期内与事实最为吻合的。但任何理论和模型都只是在一定范围内有效,随着新数据的获得,这些理论和模型将会被修正。这正是培养学生批判质疑精神的好素材,在质疑的同时循着科学家的脚步进行探究,实现有所批判、有所创新的目的。[1]

3. 尊重教师,但不唯师唯上

在我国的课堂中,由于受传统教学思想的影响,教师的话一向被视为权威。因此,在教学过程中学生往往不敢提出与教师不同的观点,久而久之学生的批判性思维受到禁锢,当学生面对学习生活中需要表达自己的观点或合理判断的事情时就会感到难以处理。北京教育科学研究院的一份调查数据表明,从未打断教师讲课提出问题或困惑的学生占被调查学生总数的93%,从未提出与教师讲解观点不同的学生达91%,这充分说明当下的学生多数缺乏批判质疑精神。

因此,我们的教学应该给学生以更大的包容,要允许"抗议"。面对学生提出的指向自己带有批判性的"抗议",教师要有闻过则喜的包容心态,做到既不放任学生的错误观点,也不扼杀学生的批判精神。如果学生的"抗议"是对的,教师要虚心接受并大力表扬,切不可偏执于"师道尊严";如果学生的"抗议"是错的,也应给予学生充分尊重,肯定"抗议"中的闪光点,不要让学生因一时成败而丢失了继续批判质疑的勇气。

---

[1] 哈伦. 科学教育的原则和大概念[M]. 韦钰,译. 北京:科学普及出版社,2011.

案例分析及教学建议

案例

乌 鸦 喝 水

一、案例背景

学习和认知科学，其根本目的是"求真"。"求真"首先是探索事物"真相"。所谓"真相"，就是事物表现出来的真实现象。在认知论上，科学的哲学定义是致力于揭示自然的"真相"。这是科学求真的基本要求，也是小学阶段最重要的认知目标之一。

儿童认识世界，首先是从现象入手的，儿童的认知很难从现象直接跨越到本质，而是需要对诸多现象进行一番必要的考量和研究，从中确认真实有效的情景和现象。这是进行本质探求的第一步，也是科学求真的过程中最重要的环节。

儿童探求真相的途径和方法有很多，但一般都遵循两个原则：一是需要在众多现象中识别"假象"。事物的外在表现形式和状态很多，有些不是它的真实现象，需要进行一定的研究，在识破假象的过程中，找到和确立起真相。二是制造现象并进行甄别。有时，需要研究的对象尚未表现出它的各种特征和外在现象，要研究它就需要制造出一些现象，并对这些现象进行细致的研究，从而捕捉到事物的真相。

乌鸦喝水的寓言故事流传已久，但是现在有很多人做了实验，证明这个故事可能是假的。他们认为，乌鸦用口衔着石子填到瓶子里，水未必能涨到乌鸦可以喝到的高度。这事情与几年前人们质疑"温水煮青蛙"有着异曲同工之妙，都是用实证的方法去证实或证伪一种流传已久的说法，从而获得事实真相。这样的做法体现了质疑和实证的精神。在"求真实验室"中，教师引领学生通过制造现象并进行细致的研究，探索"乌鸦喝水"的事实真相。

二、教学设计

乌 鸦 喝 水

【知识点来源】

小学三年级科学拓展性课程。

【教学目标】

（一）科学知识

在不断猜测与实验中，巩固物体会占据空间的已有知识，并将认识拓展到空隙大小和空隙数量是影响空间占据情况的重要因素。

（二）科学探究

1. 能够通过先猜测再实证,不断求证乌鸦喝水的各种不同情况。

2. 通过猜测和设计、操作和观察、交流和分析,逐步发展和运用已有的科学概念。

（三）科学态度

认识到看待事物要有质疑的精神,懂得科学实证是了解真相的理想办法。

【教学过程】

（一）故事导入,暴露学生对物体占据空间的前概念

1. 教学引入:世界真奇妙,假的真不了,欢迎来到"求真实验室"。这一期我们玩什么呢?（出示微视频。）

2. 学生观看视频故事《乌鸦喝水》。

3. 聚焦:故事里的事情是真的吗?乌鸦是怎么喝到水的?石头放进去后,水位为什么会升高?

（二）初试尝试,形成冲突,发现大石头之间有很大缝隙

1. 聚焦:石头占据了空间,水位上升,乌鸦就能喝到水了,是不是真是这样的?咱们也来试试吧。

2. 介绍实验材料,并明确实验要求。

（1）用手模拟乌鸦的嘴叼石头（乌鸦是用嘴叼石头的）。

（2）实验过程中不能晃动瓶子（乌鸦可没有手能把瓶子拿起来晃）。

3. 由学生演示。

4. 研讨:把石头加进去后,为什么乌鸦还是喝不到水?水到哪里去了?（通过研讨论证达成共识:因为大石头之间的缝隙太大,水都留在了缝隙里。）

（三）再次尝试,分组探索,发现小石头之间有更多缝隙

1. 聚焦:大石头之间的缝隙太大了,怎么办?小石头可以吗?

2. 出示实验材料和要求。

3. 利用小石头做分组实验,模拟乌鸦喝水的情况。

4. 研讨:小石头之间的缝隙那么小,为什么还是不行呢?水到哪去了?（通过研讨达成共识:尽管小石头之间的缝隙比大石头之间的缝隙小,但是缝隙数量很多,水还是留在了缝隙里。）

（四）技术设计,让水位升得更高,发现水位升高的秘密

1. 聚焦:只添加大石头,虽然缝隙数量少,但是缝隙空间大,不行;只加小石头,虽然缝隙空间小,但是缝隙数量多,也不行。还有更好的办法吗?

2. 分组讨论,把小组讨论的方法画下来。

3. 分组实验,根据小组讨论的方法进行实验,让水位升得更高。

4. 展示实验结果,研讨下面几个问题。

（1）能让水位升得较高的小组,秘诀是什么?

(2) 实验失败的小组,可能的原因是什么?
(3) 总结:让水位升得更高的秘诀是什么?
(板书:占据更多空间)

(五) 拓展应用,提升认识,强化批判质疑精神的重要性
讨论:现在你对乌鸦喝水的故事有什么想说的?

三、评述与建议

科学的本质在于求真,生活中很多耳熟能详的事情到底是否"为真"?"求真实验室"的教师带领学生进行了一次又一次的探索性质疑活动。"乌鸦喝水"就是其中的一个课例,课程实施者带领一群"小乌鸦"体验了一次难忘的"喝水"经历。如童话一般的故事情节,表面上看似与科学探究格格不入,却出其不意地呈现出浓浓的科学探究味。三年级学生的认知,犹如童话般感性,他们在科学课堂上,不断地遭遇与其原先认知的矛盾,不断地与事实进行对话,理性思维的火花开始活跃和蔓延。本节课,学生分别使用大石头、小石头、大小石头组合、新的瓶子和新的水位……就这样一步步探索,打破了对事物现象的原有认知。

我们透过"乌鸦喝水"这一课,更多看到的是指向学生核心素养、聚焦批判质疑精神的拓展性课程建设的思考。

1. 指向大背景:基于核心素养的课程开发

从"大石头应该行",到"小石头总该行了吧",最后到"大小石头组合试一试",学生们在探索"乌鸦喝水"的过程中,不断地猜测、实证和交流,发展了批判、质疑、求真精神,很好地对接学生发展核心素养中的批判质疑精神。从"求真实验室"中,我们还看到了类似"乌鸦喝水"的其他内容,如"经典阅读大求真"这一版块中的"南辕北辙""掩耳盗铃"等,能够围绕"批判精神"这一目标形成课程内容体系建设。我们通过"乌鸦喝水"课例,看到了"求真实验室"的顶层设计,这些课程设计将支持着学生的"求真"探索。

2. 定位新目标:新课标下的生本课堂

"以生为本,以学定教",在这节课上也得到了体现。整节课的核心问题源自学生们耳熟能详的故事——乌鸦到底能不能喝到水?学生思考它的可能性,做多方探究,获取丰富体验。在科学概念上,"乌鸦喝水"是基于巩固物体会占据空间的已有知识,并拓展认识到空隙大小和空隙多少等是影响空间占据情况的重要因素,这是一个巧妙的挖掘和提升。在过程与方法方面,巧妙介入模拟实验和工程设计,基于三年级学生水平将目标定位在模拟水平和设计水平上,这是对2017年版《义务教育小学科学课程标准》的理性解读。

3. 追求个性化:"理性思维,感性课堂"

"乌鸦喝水"这一课,呈现的是三年级学生认识事物的一个转变过程。刚开始可能是感性的——"水跑到石头缝里去了",到后来利用"空隙的大小、多少"来做"大小石头最佳组合"的理性设计。考虑到三年级学生的认知水平、动手能力、思维特点,整堂课的探究线索是用充满童趣的情境串联起来的,使学生既乐于投入这样的探究情境中,又能逐步去

质疑、求证。用感性的课堂去承载理性的思维，是小学科学课堂比较理想的呈现方式。

　　应当指出，在课堂教学中，教师既要鼓励学生大胆质疑，又要让他们掌握知识。同时，质疑只是思考问题的出发点，它既可能引发创造，也可能走进死胡同，教师需要把握好度。追求真理的道路是不平坦的，来不得半点马虎，大胆假设和科学求证缺一不可，鼓励学生质疑，培养思维的批判性，并不排斥其他思维品质的培养，恰恰相反，它能促进其他思维品质的协同发展。因此，在教学中，我们提倡培养学生大胆向老师、向同学、向书本质疑，向"常识"提出挑战的精神，让这种质疑精神常在！

教学关键问题1-2　案例示范

教学关键问题 1-3　如何培养学生的探究能力？

 教学关键问题分析

科学探究是人们探索和了解自然、获得科学知识的重要方法。以证据为基础，运用各种信息分析和逻辑推理得出结论，公开研究结果，接受质疑，不断更新和深入，是科学探究的主要特点。《义务教育小学科学课程标准》指出：小学科学课程倡导以探究式学习为主的多样化学习方式，促进学生主动探究。

学生主动探究的基础是学生知道怎样去探究，并且具备一定的探究能力。当前小学科学课在科学探究方面普遍存在不足。

一、学生缺乏探究平台

1. 学生没有主动探究的机会

在当前的科学课堂中，"教师讲，学生听"，以知识传授为主要目标的课堂教学形式仍不鲜见。学生自己进行观察实验都是一件奢侈的事，培养学生的探究能力无疑就成了"镜中花，水中月"。

2. 学生缺乏主动探究的时间和空间

一节科学课由众多的活动组成，每个活动时长 2~3 分钟，教师指导得非常细致，学生基本没有独立思考空间和足够实现自己创意的时间。长此以往，学生的探究能力发展会受到限制。

二、教师缺乏探究指导技能

1. 教师缺乏指导学生探究的知识储备

教师自己不清楚在探究过程需要哪些能力，自己没有相应的知识储备，不能在探究中娴熟地运用这些探究能力，自然也不能胜任"培养学生探究能力"的任务。

2. 教师缺乏指导学生探究的方法

教师不仅要有较强的探究能力，还要有培养学生探究能力的方法。不同年级的学生需要达到哪种程度与他们年龄相适应的探究能力？探究过程中，不同的阶段需要哪种不同的探究能力？怎样培养学生的探究能力？这些都是当前科学教师普遍缺乏的。

教学关键问题解决

培养学生探究能力,教师首先要加强自身对科学探究的研究,提高自己的探究能力;其次要突出创设学习环境,为学生提供充分的探究学习机会,加强方法指导,让学生在探究中学会探究。

一、明晰技能

《义务教育小学科学课程标准》指出:科学探究由提出问题、做出假设、制订计划、搜集证据、处理信息、得出结论、表达交流、反思评价这8个要素组成。在不同要素和不同学段中,需要培养学生各种不同水平的探究能力。根据《义务教育小学科学课程标准》的相关描述,参考美国的一些关于探究能力方面的研究,我们认为,需要培养学生如图1-3-1所示的科学探究能力,供读者参考。特别需要指出的是,探究能力在探究过程中的使用不是孤立的、固定的,而是灵活的、综合的。譬如,关于分析能力——通过分析证据可以得出结论,通过批判分析各种媒体出现的信息可以产生探究问题,通过案例分析也可以得到需要的证据。

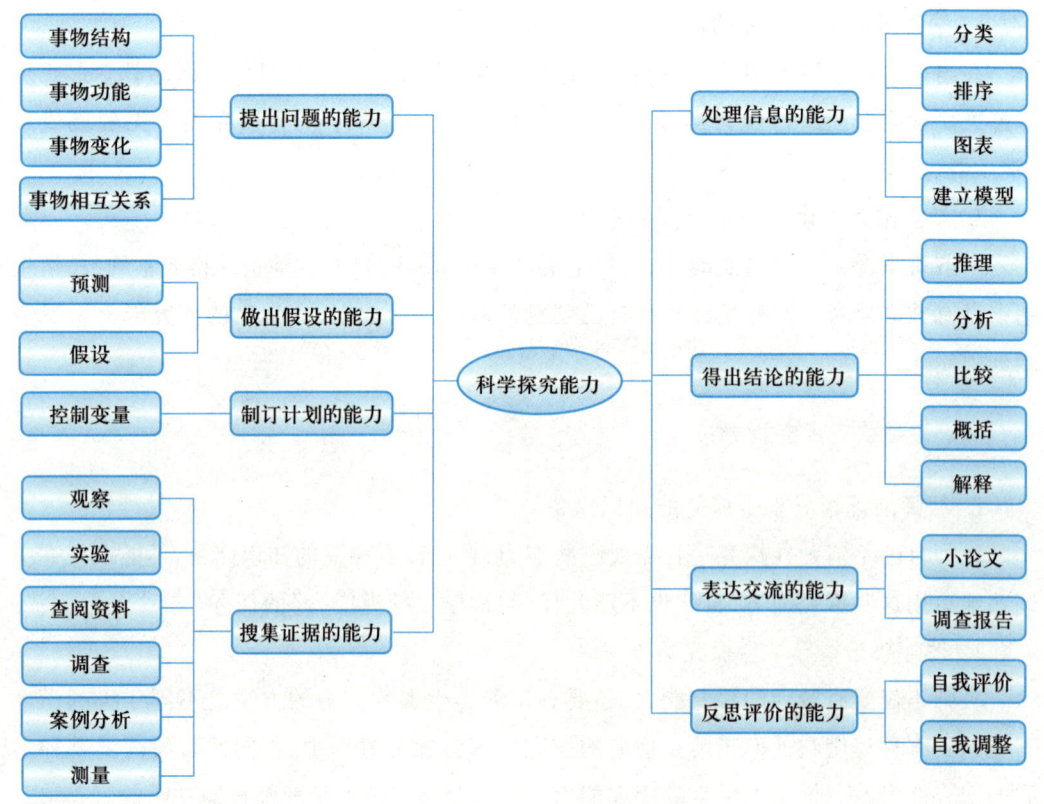

图1-3-1 科学探究能力

二、加强指导

探究能力是在收集信息、整理资料、做出假设、解释现象、解决问题中要运用的思维技能和操作技能。科学家在研究自然界的秘密时,要运用各种探究的技能,如观察、测量、推理、实验和交流等。

1. 明晰科学课中强调的探究能力

学生要经过练习才能熟练使用各种探究技能。因此,科学教学强调让学生自己应用各种探究技能,在此过程中,教师适时进行指导,提高学生的探究能力。科学课中强调的一些探究能力如表1-3-1所示[①]。

表1-3-1 科学课中的探究能力

探究能力	具体方法	例子
观察	应用各种感官或感官延伸工具收集信息	观察一块正在融化的冰,了解它的形状变化,触摸感觉其温度,或用温度表测量温度
测量	用各种标准化或非标准化的工具及单位进行量化	用钟表测量冰块融化的时间;称量冰块融化前、后的质量
分类	根据一个或多个相同特征将物体或生物分成组	根据物体的性质分组,如固体和液体
推理	在原有经验的基础上进行观察,然后得出一个暂时的、尝试性的结论	推理认为热导致冰块的消失
预测	基于对数据、资料等变化模式的了解,对某一研究可能出现的结果进行预告	利用研究得到的资料进行预测:基于这一研究资料,我估计30克的冰块融化需要10分钟
控制变量	在其他变量恒定不变的情况下,有意地一次仅改变一个变量,观察另一个变量会有什么相应的变化	保持水量、水温、冰块的形状大小不变,设计实验,研究冰块的数量与融化时间的关系
假设	用一个陈述来表示通过研究可能会发现的自然事物之间的联系	做出有可能需要实验的陈述:把冰块放在水中,冰块越大,融化的时间越长
解释	用科学知识有逻辑地解释证据,使疑问得到阐释	解释为什么将盐放入冰水混合物中能使冰点降到0℃以下
交流	记录、表达研究结果,以多种形式向他人展示	在一个数据记录表中记录冰融化的数据;对冰的形成过程作一个口头的报告

2. 创设学生自主探究的实践平台

教师要摆正自己在科学探究过程中的位置,让自己成为宽松和谐、平等民主的课堂环

---

① 阿瑟·A.卡琳,乔尔·E.巴斯,特丽·L.康坦特.教作为探究的科学[M].北京:人民教育出版社,2008:44.

境的创设者,成为探究活动的指导者,让学生在科学课堂中自主探究,在探究中不断提升自己的探究能力。教师要成为民主和谐的课堂环境的创设者,就要让学生活跃在宽松、民主的环境中,顺应儿童的天性,让他们拥有自己的一方蓝天、一片净土。正如陶行知所倡导的那样,实现儿童的"六大解放":解放学生的双手(让他们自由地操作),解放学生的双眼(让他们自由地观察),解放学生的头脑(让他们自由地思考),解放学生的嘴巴(让他们自由地交流),解放学生的时间(让他们自主支配时间),解放学生的空间(让他们拥有自由的天地)。在科学课中,要避免在教师指令下的学生操作活动,要给学生比较充分的自主活动时间与自主活动空间。只有这样,学生的思维才能最大限度地活跃起来,创造力、想象力才能充分发挥,探究能力才能不断提升。[1]

3. 加强提升学生探究能力的方法指导

授之以鱼不如授之以渔,在学生自主探究的实践过程中,教师要加强对学生探究能力的方法指导。每种探究能力,教师都要采用有针对性的指导方法。以观察能力的培养为例,儿童的观察常常是泛泛的观察,因此会错过潜在的相关细节。他们经常会更关注不同点,而不是相同点。这时,教师就要对学生加强观察方法的指导。例如在"观察糖果"活动中,要求学生:"准备两个相似的硬糖块,但它们还要有一些不同。观察两块糖,写下尽可能多的不同类型的问题。"

教师可以通过以下的方法指导提升学生的观察能力。

- 你适当地使用了所有感官吗?你使用放大镜了吗?你是否列出了它们的相同点,又列出了它们的不同点?
- 你进行了定量的观察吗?例如,你测量糖的半径和周长了吗?测量糖的质量了吗?你采用的是标准计量方法还是不标准的计量方法?
- 你对它进行过哪些改变?例如,你将糖弄碎了吗?你将糖放入水中观察它的变化了吗?
- 你提出需要通过进一步观察和研究来解决的问题了吗?
- 你准备怎样与别人交流你的观察结果?你将你的观察结果写出来了吗?你用表格列出比较项目了吗?你运用绘画的方法了吗?[2]

三、注重交流

一种方法和另一种方法交流,得到的将是两种方法。教师要创设一个平等宽松的交流环境,让全体学生参与,交流各自的探究方法;特别鼓励学生独立思考,充分发表自己的意见;鼓励学生发表不同的意见,允许学生发表错误意见;提醒学生注意倾听别人的意见,

---

[1] 陈彤,陈丽晓. 浅谈科学课中实现长时有效探究的策略[J]. 中小学实验与装备,2014,24(6):27-28.
[2] 阿瑟·A. 卡琳,乔尔·E. 巴斯,特丽·L. 康坦特. 教作为探究的科学[M]. 北京:人民教育出版社,2008:44.

特别是与自己不同的意见,在倾听中学习。教师要鼓励学生敢想、敢说。"敢想"就是要求学生敢于推测、敢于设计、敢于怀疑、敢于想象;"敢说"是要求学生敢于示众、敢于表达。在交流活动中,教师提醒学生使用发表意见、倾听、补充、辩论等方法,不断引导学生去粗取精,去伪存真,由此及彼,由表及里,集中集体的智慧,不断完善探究方法,提升探究能力。

案例分析及教学建议

案例

磁力大小会变化吗

一、"磁力大小会变化吗"所蕴含的通过实验搜集证据的能力

通过实验搜集证据是一项基本的探究技能。在科学探究中,实验的目的是得到准确真实的证据,以对假设进行证实或者证伪,同时基于得到的证据提出解释。证据包括定性证据和定量证据。

"磁力大小会变化吗"一课是教育科学出版社《科学》三年级下册第四单元第5课。本课引导学生研究两块或多块磁铁组合在一起,磁力大小是否会发生改变的问题,具体设置了两个活动:第一个活动是研究两块或多块磁铁吸合后磁力发生的变化;第二个活动是把相互排斥的两块磁铁结合在一起,研究磁力大小的变化。基于这两个研究活动搜集到的数据,能够提出以下解释:在一块环形磁铁上吸上另一块环形磁铁,磁力会增大一些,但不是成倍的增大,如果继续吸上磁铁,磁力还会继续增大,但增大的程度会依次递减;把相互排斥的两块磁铁强行结合在一起,结合在一起的磁铁磁力会减小。

学生要搜集比较准确的数据,假如搜集到的数据不准确,基于数据的解释势必会发生变化。

二、"磁力大小会变化吗"渗透搜集准确数据的关键

要提高"两块或多块磁铁组合在一起,磁力大小变化"的数据精确度,可以从以下几个方面入手。

1. 精心选择材料,注意变量控制

在"磁力大小会变化吗"一课中,采用环形磁铁进行组合来取得磁力大小变化的数据。不同的环形磁铁,它的磁力大小经常会不同;同一块环形磁铁,它的南极或北极的磁力大小也往往不同。教师课前实验发现,用两块磁力较弱的环形磁铁吸合和用两块磁力较强的环形磁铁吸合,取得的磁力大小数据有明显差异。因此,要尽量控制实验变量,除了组合在一起的环形磁铁块数的变化,其他实验变量要完全一致。例如,全班参与实验的

每块环形磁铁磁力大小要相同;增加吸合在一起的环形磁铁块数后,仍然要采用同一块磁铁的同一面去吸引铁丝取得数据等。

2. 改进实验装置,减少误差因素

要取得精确的实验数据,实验装置是一个重要的影响因素。实验装置的操作难度要与学生的能力匹配,实验数据要直观清楚。本课对实验装置的改进就是不断朝着这样的方向进行的。

采用教材中建议的"磁力大小会变化吗"实验装置(图1-3-2)存在这样的弊端:随着吸合的环形磁铁数量增加,挂在下面的回形针数量增加,会出现超过钩子上能挂回形针数量的极限的情况;操作要求较高,挂回形针的时候,学生手略有抖动,挂的回形针可能会全部掉落,影响实验数据的精确程度;由于不同组负责挂回形针学生的操作能力水平不同,导致不同组取得的实验数据之间人为误差加大。

第一次改进:把铁珠放在零刻度的位置上,让磁铁由远及近地靠近铁珠,以磁铁能吸引铁珠的最远格数来表示磁铁的磁力大小(图1-3-3)。

图1-3-2

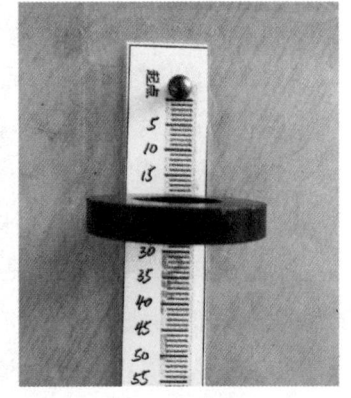
图1-3-3

改进后的优点:操作简单;用格数表示磁力大小,一目了然;铁珠被吸引时,采用的是滚动前进的方式,摩擦力小,精确度高。

改进后的缺点:材料要求较高,主要体现在操作面要水平,操作时要保持操作台处于完全静止状态。

第二次改进:让环形磁铁由近及远地远离铁丝,当铁丝落地时,记录下相应的格数,由此来表示磁铁的磁力大小(图1-3-4)。

改进后的优点:操作简单;由格数表示磁力大小,一目了然;消除了摩擦力这一因素的影响;对操作台的水平度、抖动度没有什么要求;以铁丝落地为标准,容易辨别,精确度高。当磁铁逐

图1-3-4

渐远离铁丝时,会观察到"铁丝逐渐下降,逐渐发生抖动并加剧"的现象,由此学生会推论出"铁丝距离磁铁越远,受到的磁力越小"的观点;如果把标尺竖起来,磁铁由低到高地远离铁丝,当超过磁力能吸引铁丝的极限时,铁丝会掉落下来,这样做现象更明显,误差更小,但操作难度会稍有增加。

3. 严格实验规范,减少人为影响

按照实验规范操作,尽量避免由于学生操作失误、分心等人为因素产生的误差,提高实验数据的准确程度。

在"磁力大小会变化吗"一课中,确立了这样的实验规范:环形磁铁要完全竖立放置;从0刻度线开始,环形磁铁由近及远地慢慢远离吸引铁丝,每一格必须都要停顿观察铁丝状态;当铁丝落地时,记录下相应的格数,如在8格时落地,则记为7格;小组成员都必须仔细观察,观察到的数据完全统一时才能采纳为小组实验数据。

三、教学设计

磁力大小会变化吗

【知识点来源】

教育科学出版社《科学》三年级下册第四单元第5课"磁力大小会变化吗"。

【教学目标】

(一)科学知识

两块或多块磁铁组合在一起,磁力大小会发生改变。

(二)科学探究

1. 提出问题,做出猜测,通过实验获取数据,分析数据得出结论。

2. 学习改变磁铁磁力大小的一些方法。

(三)科学态度

体会细致、有序地进行实验操作的重要性。

(四)科学、技术、社会与环境

体会磁铁与生活的联系。

【教学重难点】

重点:经历提出问题,做出猜测,通过实验获取数据,基于数据进行解释,得出结论并拓展应用的探究过程。

难点:掌握获得准确数据的方法,根据数据进行多角度思考,得出相关结论。

【教学准备】

小组准备:8块相同的环形磁铁、实验盘、记录单、笔。

【教学过程】

(一)聚焦

1. 依次出示2块环形磁铁,将2块环形磁铁同极靠近,会产生什么现象?

2. 将磁铁靠近一根铁丝,会产生什么现象?

【设计意图:回顾前知,从学生的前概念开始展开本课学习活动。】

3. 将1块磁铁竖立在0刻度线,这时刚好吸住铁丝。假如将磁铁移到第1格处,铁丝会怎样?继续增大距离呢?这块磁铁的磁力大小可以怎样表示?

【设计意图:一是熟悉实验装置;二是从学生的已知——磁铁能够吸住铁丝,走向未知——磁铁能够隔空吸住铁丝,当磁力逐渐小到一定程度时,磁铁会掉落下来,从而激发学生学习兴趣;三是引导学生讨论,达成实验规范。】

4. 教师继续出示磁铁,2块磁铁相吸,磁力大小会怎么变化?4块、8块磁铁呢?

【设计意图:聚焦问题,引发学生预测。】

5. 揭示研究问题:磁力大小会变化吗?

(二)探索

出示实验记录单,在学生理解记录单上的内容后,让学生从材料台取实验材料进行分组实验。

测量磁力大小实验记录单

	我们的发现				
磁铁数量		1块	2块吸合	4块吸合	8块吸合
( )小组		最终数据	最终数据	最终数据	最终数据
		小组数据/格	小组数据/格	小组数据/格	小组数据/格

注意:实验时,小组所有成员同时观察,得到的数据一致后才能填入记录单中。

【设计意图:一张好的实验记录单就是一个实验方案,学生读懂实验记录单的过程就是理解实验方案的过程。实验记录单充分发挥了教师对实验的主导作用,给学生留足了探究的时间和空间。】

(三)研讨

1. 将全班数据汇总在一起,观察数据你发现了什么?

【设计意图:一是观察是否有异常数据,如果有异常数据,则要分析异常数据产生的原因;二是基于全班数据进行解释,希望学生提出"吸合的环形磁铁块数增加,磁力也随

着增加,增加的程度会逐渐减少"等观点。】

2. 根据我们知道的实验数据,能否推测一下6块环形磁铁能够吸几格?16块呢?

【设计意图:培养学生根据已有的数据进行推理的能力。】

(四)拓展

1. 如果把相互排斥的2块环形磁铁结合在一起,磁力大小又会怎样变化?

2. 今天学习的知识在生活中可以有什么应用?

【设计意图:一是根据吸合在一起的环形磁铁磁力大小变化的规律,推测相互排斥的2块环形磁铁结合在一起的磁力大小变化规律;二是提出一些运用"组合在一起的磁铁导致磁力大小变化"解决生活中问题的例子。】

四、评述与建议

本课引导学生紧紧围绕"磁力大小会变化吗"这一研究问题,简约高效,充分体现了以下三个特点。

1. 体现探究式学习特点

本课紧紧围绕"磁力大小会变化吗"这一研究问题,注意引导学生分小组人人动手进行实验、记录、整理相关数据,全班汇总数据,然后对数据进行充分的分析,在真实准确的数据基础上进行解释,形成"吸合在一起的环形磁铁块数增加,磁力也随着增加,增加的程度会逐渐减少","相互排斥的2块环形磁铁结合在一起的磁力会减少"的解释。本课凸显科学课注重证据的特点:通过实验搜集证据,基于证据进行解释,基于证据进行逻辑推理,基于证据进行质疑。

2. 突出学生的主体地位

本课按照"聚焦—探索—研讨—拓展"的环节展开探究活动,充分发挥学生的主体作用,其中学生"探索—研讨"活动占30分钟以上。本课紧紧围绕"磁力大小会变化吗"这一研究问题,用块数不同的吸合在一起的环形磁铁最远能够吸引铁丝的格数来表示它们各自的磁力大小,并引导学生基于这些数据进行汇总整理、去伪存真、提出不同解释、合理推测、拓展应用。学习过程体现了长时探究、长时研讨的特点,学生的学习空间大,思维活跃,突出了学生的主体地位。

突出学生主体地位的关键是教师充分发挥了主导作用,主要体现在:一是通过"磁力大小会变化吗"这一问题主导探究的方向。引导学生通过实验搜集不同组合的环形磁铁的磁力大小数据,并对这些数据进行汇总,去伪存真,整理成折线统计图,提出合理的解释和推测,得出结论,并在此基础上拓展应用。二是通过记录单主导实验的方案。学生通过阅读记录单,明白实验的程序、需要搜集的数据等。由此节约了师生探讨一般性问题的时间,把时间留给了怎样严格地进行实验操作(环形磁铁竖立在0刻度线,由近到远一格一格地慢慢移动,每一格都要停下来观察铁丝是否落地,以铁丝落地时的格数减少一格表示为该组合环形磁铁的磁力大小数据),严格小组成员分工合作(小组所有成员同时观察,得到的实验数据完全一致时才能采纳为小组数据),从而提升数据的准确性。三是通过改进实验装置,进一步提升实验数据的精确度。改进教材中建议的"用回形针表示磁力大小"的实验装置,克服了课前准备工作量大、操作要求高、取得的数据精确度较低等弊端,自制了"用格数表示磁力大小"的实验装置,操作简单,读数一目了然,取得的数据精确度高。

3. 提升学生的探究能力

本课注重提升学生的探究能力,主要包括:采用小组合作,注意实验操作规范,改进实验装置等方法提升学生搜集准确数据的能力;在原始数据的基础上,利用图表、折线统计图提高处理信息的能力;培养学生基于数据进行解释得出结论的能力,基于获得的结论进行推理的能力。

教学关键问题1-3 案例示范

教学关键问题 1-4　如何培养学生的逻辑思维能力？

 教学关键问题分析

逻辑思维能力是指正确、合理思考的能力，即对事物进行观察、比较、分析、综合、抽象、概括、判断、推理的能力，也是采用科学的逻辑方法，准确而有条理地表达自己思维过程的能力。

《义务教育小学科学课程标准》指出：科学素养是指了解必要的科学技术知识及其对社会与个人的影响，知道基本的科学方法，认识科学本质，树立科学思想，崇尚科学精神，并具备一定的运用它们处理实际问题、参与公共事务的能力。小学科学课程要按照立德树人的要求培养小学生的科学素养，为他们的继续学习和终身发展打好基础。

逻辑思维能力是学生科学素养的一个重要指标，小学生通过科学课程的学习，初步学习观察、调查、比较、分类、分析资料、得出结论等方法，能够利用科学方法、科学知识初步理解身边自然现象和解决某些简单的实际问题。这将为他们今后的学习、生活以及终身发展奠定良好的基础。

心理学研究表明，随着年龄的增长，小学生的思维从以具体形象思维为主要形式逐步过渡到以抽象逻辑思维为主要形式。小学生的思维主要属于初步逻辑思维，还带有具体形象性，但小学生的思维的确获得了初步的完善和发展。小学生已经初步形成了抽象、概括、比较、分类、具体化和系统化的能力，掌握了一定的概念，学会了初步的判断和推理，表现出较完善的思维过程。

 教学关键问题解决

在小学科学教学中如何培养学生的逻辑思维能力呢？

一、运用结构性材料提升学生的逻辑思维能力

科学教学由一个个引人入胜的探究活动串联而成，活动的展开需要借助各种各样的材料，材料的质量是导向"事半功倍"还是"事倍功半"的重要条件。高质量的探究材料应具有结构性，反映出思维的层次性和逻辑性。如果材料一呈现，学生就能从一系列材料中产生自主活动的冲动，说明这些材料与教学之间有紧密联系，为教学活动的开展提供了很好的支持。由此产生了科学问题，即使没有教师的"开场白"，学生也会有强烈的探究欲

望。反之,学生面对无结构或结构松散的材料就会束手无策,或陷入迷茫,或产生杂乱无章的问题,即使教师再"拨乱反正"也收效甚微,如果开展的活动五花八门,教师就会难以把控课堂的节奏。所以,运用结构性材料有助于提升学生的逻辑思维能力。

二、通过递进式实验活动提升学生的逻辑思维能力

小学科学课堂开展的大多数科学探究,往往都以科学实验为主要活动形式。小学生在科学学习中进行的任何猜想和假设,都需要通过科学实验来证实和证伪。纵观小学科学课堂,每一课时都由若干个实验活动组成,实验活动之间是否有联系、有递进,还是为了实验而实验?这些都是值得我们深入思考的。在设计实验时,我们就应该思考这个实验的目的何在,能否有效地起到承上启下的作用,能否真正提升学生的科学素养。有层次的、递进式的实验活动设计可以帮助学生的逻辑思维循序渐进地从表象到本质,从感性认识上升到理性认识。所以科学实验在小学课堂教学中有着举足轻重的地位,有效的实验设计对于提升学生的逻辑思维能力起着不可估量的作用。

三、运用学习单提升学生的逻辑思维能力

现在学校都提倡自主课堂,突出学生的主体地位,引导学生主动探究,启发学生积极思维。但教师对学生盲目放手会让学生陷入无所适从的迷惘中。有效的学习单能发挥学习支架的作用,促进有效学习。学习单就像一个指路牌,可以提供"做什么""怎么做""记什么""交流什么"等方面的指导,是教师指导学生学习的工具,也是学生进行自主探究的阶梯。在小学科学自主探究的课堂,有效的学习单是非常重要和必要的,学生可以根据学习单有效提高实验的效率,同时将实验过程中的现象与发现及时记录下来,这也为后面的交流提供了保障。通过学习单的记录和呈现,可以帮助学生在实验过程中进行观察、比较、归纳,使学生有据可依地表达自己的思考过程,从而使逻辑思维能力得到有效提升。

四、通过论辩式交流提升学生的逻辑思维能力

人类的任何活动都需要思想交流,科学学习也不例外。学生要想在探究活动中学好科学,就必须学会表达自己的思想,学会与小组其他成员分享观点。在小学科学探究活动中,表达与交流往往贯穿于整个探究活动过程之中,起着十分独特而重要的作用,而在交流过程中学生的论辩,无疑是思维碰撞最激烈的部分。人们常说,交流是"出声的思维",交流的内容与程度,往往体现出探究及其思维的广度与深度。在课堂上,学生公布自己的解释,使其他学生有机会就这些解释提出疑问、审查证据、挑出逻辑错误、指出解释中有悖于事实证据的地方,或者就相同的观察提出不同解释。学生之间相互讨论各自对问题的解释,能够引发新的问题,有助于学生将实验证据、已有的科学知识和他们所提出的解释这三者之间更紧密地联系起来。最终,学生能解决彼此观点中的矛盾,巩固以论证为基础的结论。同时,学生之间的评价和争论会使学生明白别人也可以有不同的解释,有助于他

们摆脱自我中心的思维倾向;学生之间的互相质疑,其观点的对立及相互指出对方的逻辑矛盾,可以更好地引发自我反思,深化各自的认识;学生之间的交流、争议、意见综合有助于激发彼此的灵感,促进彼此建构出新的假设和更深层的理解。这一过程能够提升学生的逻辑思维能力。

案例分析及教学建议

案例

放 大 镜

一、从教材出发挖掘逻辑思维培养的载体

"放大镜"是教育科学出版社《科学》六年级下册"微小世界"单元的起始课,本课将带领学生深入探索放大镜使用方法和放大现象,也为进一步学习显微镜打下基础,同时揭开微观世界的面纱。根据教材,本课分为三个部分,第一部分了解放大镜的工作范围及意义;第二部分对比用放大镜观察和用肉眼观察有什么不同;第三部分通过观察发现放大镜镜片的特点,这既是本课的重点也是难点。如何突出本课的重点,突破难点呢?我们可以通过丰富的实验材料,充分调动和发挥学生的学习主动性,让他们在探究实践中发现问题、解决问题、得出结论、应用结论,使学生的逻辑思维能力得到充分的发展。所以本课准备了十种材料(平面玻璃、不透明的单面玻璃、单面凸起的透明玻璃、凸起程度不同的双面凸起的玻璃、透明的圆柱体、不透明的圆柱体、透明的球体、试管、塑料袋、烧杯),让学生充分地观察、比较、分析,从而总结出放大工具的共同特点。

二、从学情出发思量逻辑思维培养的价值

对于放大镜,学生并不陌生,从一年级起,放大镜就伴随着学生的科学学习。学生对放大镜的作用也有所了解,但是对人类发明放大镜的意义以及放大镜的结构和功能特点并不是很清楚,或者说了解得不是很全面。基于六年级学生的思维能力,我们不能只是简单地告知,应该更多地让学生自主探究,鼓励学生主动发现、总结归纳放大工具的特点,让学生通过讨论和体验、比较和分析,采取科学的方法,准确表达自己对放大镜结构特点的认识和了解,突出学生的主体地位,从而培养学生的逻辑思维能力。

三、教学设计

放 大 镜

【知识点来源】

教育科学出版社《科学》六年级下册"微小世界"单元第1课"放大镜"。

【教学目标】

（一）科学知识

放大镜是凸透镜,具有放大物体图像、呈现更多细节的作用;放大镜镜片的特点是透明,中间厚、边缘薄;镜片凸度越大,放大倍数越大。

（二）科学探究

通过对比观察材料的不同点和相同点,探究有放大功能的器具特点;学会正确使用放大镜,与用肉眼观察对比,使用放大镜能发现更多的细节。

（三）科学态度

激发学生使用放大镜观察身边事物的兴趣,培养学生运用分析、比较、概括等方法得出科学结论的逻辑思维。

（四）科学、技术、社会与环境

了解放大镜的发明史,认识到放大镜的发明是人类的一大进步。

【教学过程】

（一）情境导入,用一段视频带领学生进入微观世界

1. 教师播放《微观世界》中的视频片段:虫子和水滴。

这段精彩视频,可能是你平时见过的,但请你思考一下,与你平时所见的实物有什么不同?

2. 通过视频,学生发现这些东西都特别大,直接引出探究的主题:放大工具。

【设计意图:利用一段视频,让学生走进微观世界,看到跟平时生活中不一样的昆虫世界,激发学生的探究兴趣。同时对放大工具的作用有明确的认识,从而将学生的思维引向本节课的学习内容,简洁明了。】

（二）探究放大工具的秘密

1. 预测—实测—分类

出示10种不同的器具,分别用它们观察文字,比较哪些器具有放大功能。

（1）将器具按能否放大分成两类。（预测—实测）

（2）比较能放大的器具,找一找它们有什么共同特点。

（3）比较能放大的器具,想一想,怎样的器具放大本领更大?

2. 交流学生的发现

通过比较发现,能放大图像的器具有透、凸（中间厚）、不能空心的特点。能放大图像的器具如果中间越厚、边缘越薄（凸度越大）放大本领越大。放大镜也叫凸透镜。

【设计意图:选取10种不同的器具,让学生预测哪些具有放大功能,在预测过程中学生会通过透明这个特点来区分,从而发现透明是放大工具的一个特点;还会通过观察器具的形状特征做出预测。然后通过实测记录,发现自己之前的认知有偏差,这就是一个思维提升的过程,通过观察比较分析不同材料的共同点和不同点,推理出只有透明、中间凸起的物体才具有放大功能。两个镜片中一个是单凸、一个是双凸,比较发现凸度不同,图像放大的倍数也不太相同。丰富的材料提升了学生对放大工具的探究高度,同时也培养学

生缜密的逻辑思维能力。】

3. 小结并介绍放大镜的历史。

（三）放大镜下的新发现

1. 了解放大镜的用途，让学生谈谈在生产、生活中哪些人、哪些工作要用到放大镜。

2. 用肉眼和放大镜正确观察物体，比较用肉眼观察和用放大镜观察有什么不同，并写在记录纸上。

3. 组织学生观察，教师巡视。

4. 组织学生汇报各自的发现。

5. 小结放大镜的作用。

【设计意图：教学中让学生说一说哪些人用放大镜做哪些事，是为了让学生体会到放大镜的用途。在明确放大镜的两种使用方法的基础上，给每组发两个放大倍数不同的放大镜，让学生重点观察5元和1元钱币的反面。设计此活动有两个意图：一是这两个物体的细节并不是很快就能被观察发现的，需要一点时间和耐心。当学生用放大镜发现钱币反面的线条居然是文字时，这一发现能大大激发他们使用放大镜的兴趣。二是每组两个放大镜的倍数是有差异的，用不同放大镜观察同一物体会让他们发现，使用放大镜的倍数不同，看到的细节也大不相同，因此工具很重要，工具越先进，越能有新的发现。】

【板书设计】

放大镜的特点

凸起　透明

（凸透镜）

凸度越大，放大倍数越大

"探究放大工具"活动记录单

我们的探究活动	预测	实测	我们的发现
能放大的器具（写序号）			1. 写一写：能放大的器具的共同特点有_____
不能放大的器具（写序号）			2. 说一说：我认为_____的器具有放大的作用

四、评述与建议

本节课通过运用结构性材料，让学生探究能放大的器具的共同特点，学生通过预测、实测记录自己思维修正的痕迹，通过观察比较分析不同器具的共同点和不同点，推理出只有透明、中间凸起的器具才具有放大功能。两个镜片中一个是单凸、一个是双凸，学生通过比较发现两个镜片的凸度不同，对图像的放大倍数也不同。这一探究过程充分调动了学生的探究积极性，促进了学生逻辑思维的发展。

运用结构性材料，有利于集中学生注意力，激发学生的兴趣，激励学生主动探索，让学生的探究活动更自主。同时，结构性材料有助于培养学生善于搜集资料、获取信息和应用信息的能力，通过分析比较让学生的逻辑思维能力得到进一步的提升。现在的科学教师也越来越重视实验材料的选择，材料的质量是导向"事半功倍"还是"事倍功半"的重要条件。如何有效运用结构性材料来提升学生的逻辑思维能力，还应该注意以下几点。

1. 结构性材料应具有普遍性

结构性材料的选取需要考虑材料的普遍性。比如"放大镜"这一课，我们选择的材料有弹珠、玻璃管、玻璃片、烧杯、烧瓶等，这些都是实验室常见的物品，很容易获取。在学生的日常生活中，使用学生触手可及的物品，不仅能延续学生对材料的认识，让学生更容易适应，还能促进学生对一些日常现象和原理的了解，激发他们对身边物品和现象的好奇心，对科学更感兴趣。

2. 结构性材料应基于学生水平

结构性材料的选取应该能够吸引和适应特定年龄的学生，让他们通过适当的努力，能够最终获得发现，而不是故意迷惑和打击学生的探究欲望，避免学生在自主探究学习中产生困难。根据学生的年龄特征，让他们有能力从材料中发现特征，比如本课通过不同厚度的镜片，让学生比较发现其放大的倍数不同，镜片越凸放大倍数越大，符合学生的经验认识。这样的结构性材料能有效激发学生的思维，顺应学生的逻辑，从而提升学生的逻辑思维能力。

3. 结构性材料应具有层次性

结构性材料应该能使探究活动具有层次性，这样可以使学生的探究活动逻辑性更强、思路更清晰。结构性材料有时可以根据探究活动的进展分层次出示，有利于培养学生的推理能力，学生的探究活动也会随着材料的不断提供而向前推进，学生的思维过程也因此具有一定的逻辑性，归纳总结更有层次性。

实验材料的不足会影响探究活动的效果，而结构性材料可以调控学生的思维，引领其沿着正确的方向发展，促使学生发现问题、解决问题、获取新知，从而提高他们的逻辑思维能力，增强他们学习的自觉性和自信心，使他们真正成为学习的主体。

教学关键问题 1-4　案例示范

教学关键问题 1-5　如何培养学生的问题解决能力?

 教学关键问题分析

认知心理学把问题解决定义为具有一系列目标指向性的认知操作。本节中的问题解决是指,学生在问题情境中,基于已有认知,应用一系列认知操作,以解决问题为目标,从问题的起始状态到达目标状态的综合性认知过程。

在小学科学教学中,学生的问题解决主要体现在:一是学生在学习中初次遇到的新知问题,难以直接用已有经验来处理和解决。如教育科学出版社《科学》三年级下册中的"水珠从哪里来",因为学生不知道空气中的水蒸气遇冷会液化成小水珠,所以学生在探究时就很难想到杯壁水珠是从哪里来的。二是将所学知识包括跨学科知识加以重新组合,用来综合解决新知或简单项目、任务的问题。又如五年级下册中的"做一个一分钟的摆",学生要综合运用已学的摆的等时性特点、摆绳长短会影响摆的快慢等,才能完成制作一个一分钟的摆。从这个意义上说,科学教学实质上是一个问题解决的过程。

问题解决能力,简单说来,就是学生运用所学知识综合解决真实世界中具体问题的能力,是学生参与社会公共事务的基础能力。问题解决能力是《中国学生发展核心素养》框架中实践创新素养的一个要点,主要表现在善于发现和提出问题,有解决问题的兴趣和热情;能依据特定情境和具体条件,选择制订合理的解决方案;具有在复杂环境中行动的能力等。《义务教育小学科学课程标准》指出,通过小学科学课程的学习,学生能发现和提出生活实际中的简单科学问题,并尝试用科学方法和科学知识解决某些简单的实际问题。综上所述,培养学生的问题解决能力是新课程改革的需要,也是学生自身发展的需要。

下面对导致学生问题解决能力低下的原因进行简要的分析。

1. 教师主导的课堂教学导致学生缺乏问题意识

长期以来,课堂教学由教师主导,给学生思考的时间太少,久而久之,学生缺乏主动思考的动力和能力。同时,因为课时的限制,教师对学生提出的课堂教学预设外的问题往往"熟视无睹",使学生逐渐失去了提问的兴趣。此外,受传统教学理念的影响,教师在课堂上习惯采用师生"一问一答"的单一互动方式来组织教学,缺乏开放性,学生之间缺乏思维的碰撞,思维也就受到了束缚。学生缺乏思考的源泉和空间,难以提出或发现有新意的问题。

2. 低水平的问题设计影响学生问题解决能力的形成

首先,教师在教学中问题设置太随意、不聚焦,让学生无从下手;其次,教师的问题设计脱离学生生活,缺乏真实性,导致学生缺乏解决问题的热情;最后,教师习惯设置良构性问题供学生解决,学生也从小适应解决良构性问题,对于劣构型问题解决能力欠缺。这些都影响了学生在真实情境中问题解决能力的提升。

3. 缺乏有效的评价机制导致学生参与问题解决的动力不足

在教学中,教师不重视过程性评价,缺乏有效的评价机制,导致反馈评价不及时,学生参与问题解决的动力不足,解决问题的目标不明确。

综上所述,要培养学生的问题解决能力,关键在于转变教师的教学观念,改变教师的教学方式和学生的学习方式,把"教师为主导"的课堂转变为"学生为主体"的课堂,让学生充分发挥学习的积极性,主动参与问题的解决。实践研究发现,以任务驱动为导向的教学和以实践活动为导向的教学是让学生在亲历问题(任务)解决过程中形成问题解决能力的有效途径。

 教学关键问题解决

任务驱动教学法是一种基于建构主义学习理论基础,将教学内容蕴含在复杂而有意义的任务中,学生通过完成真实的任务达到学习知识、提高技能、形成问题解决能力的教学方法。任务驱动教学是以解决问题、完成任务为导向的。PISA测试将学生问题解决路径划分为理解问题、描述问题、展示问题、解决问题、反思解决方案、交流解决方案六个阶段。在实际教学中,我们根据任务驱动教学的特点,建构了以问题解决为中心的教学模式,使学生在亲历问题解决的过程中形成问题解决能力。

任务驱动教学的具体操作模式及对应问题解决路径如图1-5-1所示。

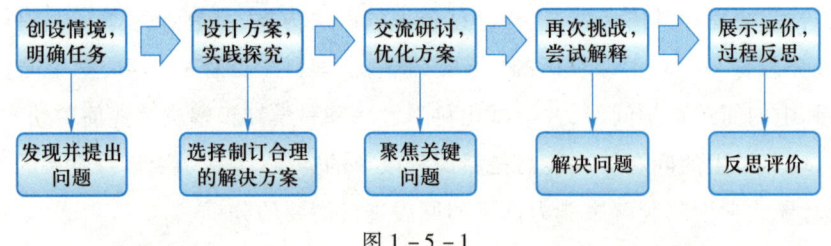

图1-5-1

一、创设情境,明确任务

现实生活是科学问题的丰富源泉。在教学中,教师可以根据学生的认知结构、已有经验和学习基础,为学习者设计一个基于生活情境的完整的、真实的任务(问题),让学生面临一个需要立即去解决的现实问题,可以激发学生主动解决问题的内驱力,促使学生以最佳的情绪状态,主动参与到学习中来。然后通过任务情境的展示、阅读、分析,引导学生自主分析、提取问题中显性的和隐形的线索信息,引发学生提问,明确任务目标。

二、设计方案,实践探究

教育教学的最高境界就是让学生自己去寻找是什么、为什么,让学生自己去发现怎么办,而设计方案就是学生解决问题的第一步。学生可以运用文字、示意图、草图等方式,运用跨学科知识和自己特有的经验,设计问题解决方案。方案设计,一方面有利于让学生沉下心来思考,调用已有知识,发现问题、提出问题、理解和分析当前问题,激发思维;另一方面有利于帮助学生将内隐的思维过程外显化,使思考更有序,形成先思考、后动手的正确的思维方式和学习习惯。

教师提供结构性的材料,放手让学生在限定时间内应用限定的条件,根据自己设计的方案在目标任务的驱动下独立实践、操作探究。方式不限、方法不限、思路不限,学生可以在没有任何干扰、完全开放的空间中一次次实践、一遍遍试错,不断发现问题并尝试提出问题解决的方案,经历问题解决的过程,积累感性经验,促进知识技能的综合迁移,使科学思维得以提升。

三、交流研讨,优化方案

所谓"灯不拨不亮,理不辩不明",说的就是任何事情都要经过一番探讨才能深刻理解。心理学家皮亚杰曾指出:思维就是操作,思维是内化的动作在头脑中进行。动手操作结束后,教师要组织学生进行展示交流、研讨分析活动,引导学生运用实践活动中获得的证据、信息等来分析自己在问题解决中遇到的主要困难(或问题),通过对比、分析、聚焦,提出解决策略,这就是科学论证环节。集体的交流研讨是对个体观点的碰撞、深化、评价、修正的过程,一方面可以帮助学生理清思路,学会表达自己的观点和科学思考;另一方面逐渐接近影响任务(或问题)解决的关键问题。找准关键问题后,师生共同研究解决问题的关键点,寻找问题解决的方法,依据特定情境和具体条件,进一步优化解决方案。如果说提出问题、分析问题是学生对问题的一种认知过程,那么,问题解决的过程则影响着学生对问题的理解,也影响着学生如何选择问题解决的策略。

四、再次挑战,尝试解释

集体论证优化后的问题解决方案效果如何,需要进一步验证。这时教师应该给学生设置再次挑战的任务。这个环节是学生交流研讨后有意识、有目的、有方法的问题解决过程。再次挑战不仅有利于学生获得丰富的成功体验,体现以生为本的理念,而且进一步激发学生的学习内驱力,保证学生的科学探究有序、深入地进行;不仅发展了学生已有的科学认知,促进了学生科学思维的发展,而且在挑战中又会产生新问题,引发学生进一步思考。

在学生有了成功体验后,教师再引导学生尝试用所学知识来解释问题解决的原因,让学生不仅知其然,而且知其所以然。学生经历了从实践到反思再到实践的过程,实现了科学思维的内化。

五、展示评价,过程反思

问题解决并不是小学科学教学的最终目的。任务完成后,教师引导学生进行反思与评价。例如,在问题解决中应用了哪些知识?学到了哪些新知识?容易出现哪些错误?如何防止类似错误再发生?是否还有更好的解决方法?最终解答的结果与预期目标是否相一致?对问题解决的结果满意吗?问题解决的一般思路是什么?等等。这样的反思与评价,一方面可以帮助学生建构问题解决的一般思路;另一方面可以引导学生对问题解决活动进行积极的总结与归纳,发现其中存在的问题和需要改进的地方,从而促进学生的认知结构得到丰富和完善,由一个具体问题向一类问题的推广得以实现。

总之,学生问题解决能力的培养,既是发展学生科学思维的需要,又是培养学生学以致用、创新意识的需要。学生的问题解决能力只有在解决问题的过程中才能获得发展,课堂教学和课外的实践探究都是培养学生问题解决能力的重要途径。

案例分析及教学建议

案例

挑战大力绳

一、教材分析

本课是杭州市文海实验学校开发的科学拓展性课程"ADD玩创课程"中基础型课程"纸的王国"第3课。第1课是"DI朋友圈",用1/4大小的报纸,看谁做的圈圈大,让学生通过动手操作,感受到普通的报纸还有其神奇的方面;第2课是"报纸叠高塔",用1/4大小的报纸做高塔,看谁叠得高。本课是前两课的综合,既要学习如何让报纸变得更长,又要学习如何让报纸变得更结实,同时增加了如何让报纸与钩子之间进行牢固连接的方法。本课的目的是激发学生用各种方法对纸进一步加工处理来完成任务(纸绳的制作及与挂钩的连接);通过学生的动手实践、团队合作,培养学生的问题解决能力,发展学生的创造性思维,培养学生的创新精神。

二、学情分析

"ADD玩创课程"是学校的拓展性课程,是通过学生选课走班开展教学的,因此本节课上课班级是由3—5年级学生混合而成的。首先,小学3—5年级学生具有强烈的好奇心和求知欲,喜欢动手操作学习,为本课教学奠定了心理基础。其次,授课的班级是拓展班学生,他们对纸已有一定的了解,他们知道纸的演变历史,了解各种纸的特性,会正确使用美工刀、剪刀、尺子等工具,为本课教学奠定了一定的技能基础。用 1/4 大小的报纸进行再加工,使它可以提起 3 斤重物的任务,对他们来说很富有挑战,极大地激发了学生的学习兴趣和动手欲望,有利于培养学生的创新思维和问题解决能力。

三、教学设计

挑战大力绳

【知识点来源】

杭州市文海实验学校科学拓展性课程"ADD 玩创课程"中"纸的王国"第 3 课。

【教学目标】

(一)科学知识

增加纸的厚度、受力面积可以增强纸的承受力。

(二)科学探究

1. 通过任务驱动,学生知道可以用折、搓等方法把报纸变成纸绳,可以用打结、打孔等方法把钩子与纸绳连接起来提重物,并能合理解释这一现象。

2. 通过两个挑战任务、经历问题的初步解决过程,了解问题解决的一般过程:明确任务—设计方案—尝试解决—聚焦问题—尝试解释—反思评价,提高问题解决能力。

(三)科学态度

在挑战任务过程中学会与他人合作,愿意接纳他人的观点,并分享自己的想法。

(四)科学、技术、社会和环境

体会不断改进设计对产品的影响。发展对技术设计和动手制作的兴趣,激发创新意识。

【教学重难点】

重点:

1. 学生尝试各种方法用报纸制作大力绳,连接钩子与纸绳。

2. 探究让纸绳变得更结实的方法并尝试合理地解释这一现象。

难点:学会报纸和钩子的牢固连接操作。

【教学过程】

(一)创设情境,明确任务

1. 出示用报纸折叠的不同高塔的实物模型。

2. 呈现挑战任务:利用 1/4 大小的报纸和一个 S 形挂钩做一条 25cm 长的绳子(不计手臂和挂钩的长度)提起重物。挑战时间 6 分钟,在规定的时间内可以多次尝试。

先来解决以下问题:

(1)你读懂了挑战任务是什么吗?

(2)怎样算是挑战成功?

【设计意图:通过不同的高塔实物模型,让学生初步了解"ADD 玩创课程"内容,感受到课程宗旨重在不断挑战,将"不可能"变成"可能",同时渗透测量、类比分析等科学方法,帮助学生建构对数字高度的意义理解。通过呈现、阅读、分析任务,让学生明确需要完成的任务,清楚完成任务的限定条件以及任务挑战成功的评价标准。】

(二)设计方案,个人挑战

1. 你打算怎么做?请把你的想法用画简图加文字说明的方式记录下来。

2. 学生独立思考设计方案,也可以组内交流。

3. 学生初次挑战:在6分钟内做一条能提起重物的"大力绳"。

【设计意图:让学生独立设计方案后再动手实践操作,可以培养学生养成遇到问题先思考、后动手的思维方式。第一次的个人挑战,学生可以在没有任何干扰、完全开放的空间多次实践、多次试错,不断发现问题并尝试提出问题解决的方案,经历问题解决的过程,为后续交流论证积累感性经验和理性思考。】

(三)研讨交流,优化方案

1. 学生交流:挑战失败或成功的原因是什么?

2. 在交流中聚焦:需要解决的关键问题是什么?

3. 研讨问题解决的方法,必要时教师可以提供微视频给学生参考。

【设计意图:通过组间交流研讨,汇总梳理造成"大力绳"制作失败的两个核心问题,一是纸绳的承重问题,二是纸绳与挂钩的牢固连接问题,然后探讨解决这两个问题的有效方法。】

(四)再次挑战,尝试解释

1. 学生再次挑战:在6分钟内做一条能提起重物的"大力绳"。

2. 全班研讨:为什么刚开始的一张纸提不起重物,而做成纸绳后就可以提起重物呢?

【设计意图:通过再次挑战,学生经历一次有意识、有目的、有方法的问题解决,不仅使大部分学生能体验成功,而且可以进一步激发学习内驱力,保证了学生的科学探究有序、深入地进行,激发了学生创新能力和问题解决的兴趣。教师引导学生尝试运用已有知识合理解释纸绳提起重物的现象,有利于学生及时梳理问题解决策略,是一个从动手到动脑的过程。】

(五)展示评价,过程反思

1. 学生交流反思制作"大力绳"的整个过程。

2. 梳理、小结问题解决的一般思路。

【设计意图:引导学生对任务完成过程进行反思评估。一方面帮助学生建构问题解决的一般思路;另一方面引导学生对问题解决活动进行积极的总结与归纳,发现其中存在的问题和需要改进的地方,从而促进学生的认知结构得到丰富和完善,从而能由一个具体问题的解决向一类问题的解决推广应用。】

四、评述与建议

"挑战大力绳"一课以一张1/4大小的报纸和铁钩制作"大力绳"提起3斤重物为任

务驱动,让学生经历问题解决的完整过程来体验问题解决的一般思路,发展学生创新意识和问题解决能力,指向学生科学核心素养的发展。学生通过独立设计方案,初步学会解决问题的正确的思维方式。学生亲历了一次任务的两次独立自主的长时探究。第一次是在自己原有的经验基础上尝试完成纸绳、挂钩制作及连接任务;第二次是交流研讨后有意识、有目的、有方法地问题解决,这两次实践是不同层次、不同深度的探索,大大提高了学生的成功体验。这样的设计不仅体现以生为本的理念,转变了学生的学习方式,保证了探究的深入进行,而且促进了学生科学思维的发展和问题解决能力的提升。

这节课要取得较好的教学效果,应注意以下几点:

(1) 1/4 大小的报纸要多准备一些,至少每人两份,让每个学生都有动手的机会。

(2) 要考虑到学生的动手能力和认知基础的差异性,因此要有分层任务的预设,为那些反应快、动手能力强的学生提前设置拓展任务,避免做得快的学生提前完成任务后无事可做,关注学优生的培养。

(3) 由于制作纸绳的现场操作示范可观性弱,所以课前准备一些关于纸绳制作方法操作示范的微视频,以供课堂教学中在学生遇到操作困难时播放,起到示范指导的作用。

(4) 如果学生基础较好,第一次个人挑战成功率高,则第二次挑战就可以加大难度,如要求把纸绳变成 40 cm 长。设计有结构、有梯度的活动,可以激发学生的兴趣和创造力。

(5) 教师要强调操作安全,也可以给学生提供打孔器备用。

案例

赶羊入圈

一、教材分析

本课是浙江省杭州市文海实验学校开发的科学拓展性课程"ADD 玩创课程"中拓展提高型课程"即兴挑战"的任务类课,是学生进入"ADD 玩创拓展班"第一次接触即兴挑战的学习内容,也是学生对基础型课程"纸的王国""塑料世界"等单元所学的关于不同材料的多种创新方法的综合运用。

本课为自编内容,需要解决的问题是小组合作完成既定时间的任务——"赶羊入圈",即在 6 分钟内用所提供的材料设计制作一件或多件装置,在 2 分钟内用该装置帮牧民将尽可能多的羊(乒乓球)运送到方形区域。

场地:桌子上有倾斜角度为 5°左右、边长为 1 m 的正方形木板,木板中间有三个 14 cm × 14 cm 得分区(模拟山坡上的羊圈),如图 1-5-2 所示。

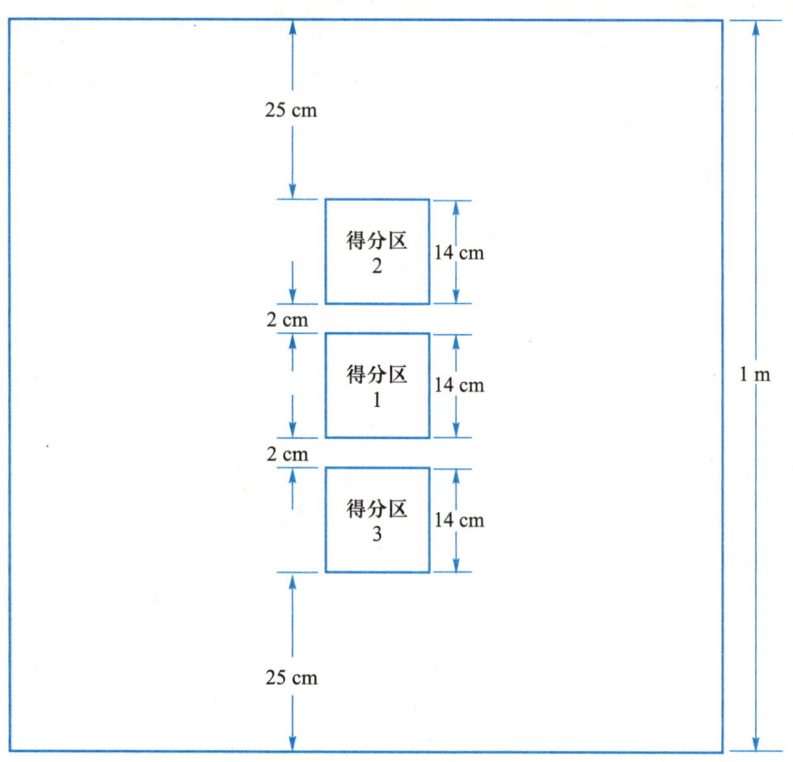

图 1-5-2 "赶羊入圈"场地示意图

材料:A4 大小广告纸,A4 大小报纸 1 张,1/2 大小 A4 卡纸 1 张;吸管 1 根;标签纸 2 张;乒乓球 20 个(模拟小羊)。

工具:剪刀 1 把,尺子 1 把。工具不得损坏,也不能作为结构的一部分。

评分说明:

(1)将乒乓球放到得分区 1 内单个球得 5 分,放到得分区 2、3 内单个球得 3 分,球体的垂直投影必须在区域线内,得分才有效。

(2)最后将乒乓球得分、团队合作得分及解决问题的创意分三项得分相加,即总分。

学生通过组建团队,对"赶羊入圈"这个主题项目式任务进行头脑风暴、分工合作、动手实践,最后总分最高的团队获胜。此内容让学生在一个开放的环境中学习如何以问题解决为驱动,通过团队合作,应用跨学科知识和方法,以及各种创意激发工具来面对和解决问题,使学生在实际体验和实践问题解决的过程中挖掘潜能,提高动手实践和创造性解决问题的能力,同时培养团队意识。

二、学情分析

"赶羊入圈"是一节拓展课,通过学生选课走班开展教学,上课班级是由 3—6 年级学生混合而成的,学生的学习背景、已有经验皆有较大差异。在教学中,教师利用低年级学生爱表现、思维发散的特点来促进高年级学生的积极参与;利用高年级思考问题较深入准确的特点来促进低年级学生的深度思维。这些学生都有前期基础型课程学习的经历,已经初步了解"ADD玩创课程"的内容和性质。"赶羊入圈"这一综合性较强的挑战任务，对学生来说具有很大的挑战性，可以极大地激发学生的学习兴趣和动手欲望，有利于培养学生的创新思维、问题解决能力和小组合作意识。

三、教学设计

赶 羊 入 圈

【知识点来源】

浙江省杭州市文海实验学校开发的科学拓展性课程"ADD玩创课程"中"即兴挑战"的任务类拓展课"赶羊入圈"。

【教学目标】

（一）科学知识

认识不同纸、塑料等材料的特性和创意用途。

（二）科学探究

1. 阅读"赶羊入圈"项目的基本内容和规则，尝试找到解决问题的关键突破点。

2. 通过项目式任务驱动，让学生经历问题解决的一般过程，培养学生提出问题、分析问题、创造性解决问题的能力。

3. 能较好地介绍和展示自己小组的设计思路。

（三）科学态度

1. 乐于尝试运用多种材料、多样方法完成任务，体会创新的乐趣，激发学生的探究兴趣。

2. 能根据自己的创意和设计进行反思和改进。

3. 能与他人分工协作、实事求是，愿意倾听别人的建议，分享观点、贡献自己的力量。

（四）科学、技术、社会与环境

初步了解所学的科学知识在日常生活中的应用。

【教学过程】

（一）创设情境，明确任务

（1）教师展示学校科技周中获得"ADD校园吉尼斯纪录"的项目：乒乓球搭高塔、团队扑克牌高塔。

（2）创设情境，呈现挑战任务"赶羊入圈"：在8分钟内，利用所提供材料设计制作一件或多件装置，帮牧民把尽可能多的羊（乒乓球）运送到羊圈（木板方形区域内）。

（3）提供任务单供学生阅读，明确挑战任务、场地、材料、工具、时间、程序，以及评分说明。

（4）学生交流从任务单中获得的信息及完成任务需要注意的规则事项。

【设计意图：通过展示校园吉尼斯项目，渗透ADD玩创项目"在玩中创，在创中玩"的理念。通过"赶羊入圈"问题情境的创设，激发学生的挑战兴趣。通过阅读任务单，让学生学会阅读并理解"赶羊入圈"任务的基本内容和规则，为保证后续活动的高效开展打下基础。】

(二)设计方案,尝试解决

第一次限时挑战。

(1)团队讨论并解决问题:组内学生运用想象力讨论策略,利用所提供材料设计制作一件或多件装置,可以通过乒乓球的运送练习来测试装置的可行性。

(2)运送乒乓球:小组学生分工合作,合理利用组内设计制作的装置,把乒乓球搬运到木板的方框内(图1-5-3)。(注意:在使用装置和运送乒乓球的过程中,身体任何部位的投影不能越过围栏的边缘。)

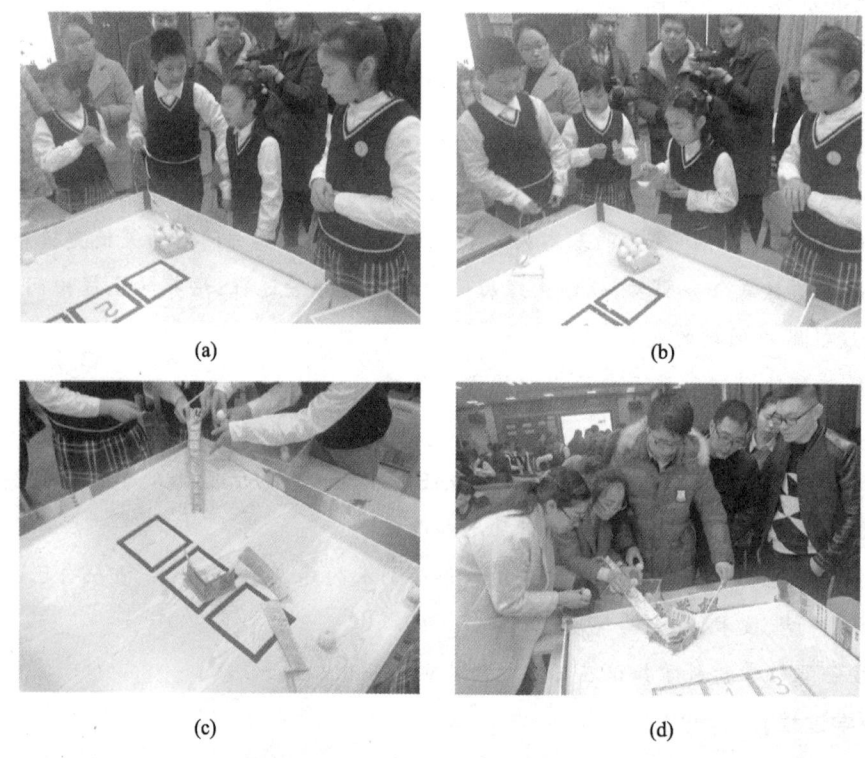

图1-5-3

【设计意图:本环节分为两部分,第一部分6分钟,为组内互相激发创意阶段。在这个阶段,学生以小组为单位,在任务的驱动下,尝试利用所提供的工具、材料、场地等限定条件进行头脑风暴,找到解决问题的重难点和突破点,并根据小组讨论的设计方案制作和测试装置模型。第二部分2分钟,小组分工合作利用设计制作的工程设备解决问题。】

(三)问题聚焦,寻找对策

(1)召开研讨会,梳理在制作和测试中遇到的关键问题和重难点。如方框距离中心区的长度问题、场地的斜坡问题、装置的运输问题、材料的使用问题等。

(2)全班交流,寻找解决问题的突破点,讨论如何解决这些关键问题。

(3)学生分组通过"议、画、做"的学习方式再次设计和优化方案。

【设计意图:通过召开研讨会来展示、梳理问题,聚焦影响任务解决的关键问题。然后引导学生讨论、分析、选择合适的策略解决关键问题。在分析反思、改进优化的环节中激发创意和点子,最后筛选需求和创意,聚焦最核心的一个问题去解决,而不是面面俱到。例如,启发学生可以从分析研究所提供的材料的性能去寻找对策;用测量、比较等方法来测算长度;如何制作防滚装置等。】

（四）测试优化,问题解决

小组学生在完成第一次挑战的基础上再次修改和优化方案,动手制作,完成第二次挑战任务。图1-5-4展示了学生活动场景。

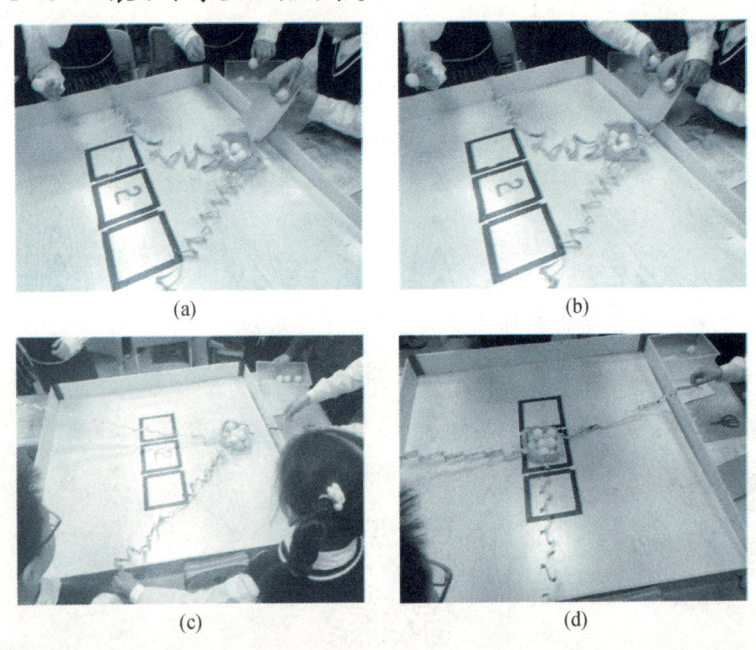

图1-5-4

【设计意图:通过第二次挑战,激发学生动手实践的兴趣和创造力,检验优化后的工程技术的可靠性,体验设计的反复改进给结果带来的影响。】

（五）展示评价,反思过程

(1) 小组分组展示介绍自己的装置和想法,评估反思自己的装置。

(2) 组间评价和建议。

(3) 教师总结提炼问题解决的一般途径。

【设计意图:在展示和分享作品过程中进行类比和反思,让学生体验成功,感受自己的进步;引导学生通过回顾表达,自己去发现问题及还须改进的地方,感受工程技术可以不断改进;体会到小组分工合作、合理安排时间、充分利用工具等对问题解决的重要性;回顾和总结问题解决的一般路径,从而提高问题解决能力。】

四、评述与建议

"赶羊入圈"一课以挑战任务为驱动,给学生充分的时间和空间,让学生通过小组头脑风暴设计方案、合作分工,利用不同纸张、塑料的性能选用合适的材料制作装置模型、不断测试改进优化;通过研讨会梳理、聚焦关键问题,教师启发学生探索解决关键问题的方法,不断激发学生的创意;通过反思评价促使学生及时整理反思,发现还须改进的地方,概括问题解决的思路。

整堂课以项目任务为导向,让学生经历问题解决的完整过程,体验问题解决的一般思路,发展学生创新意识和问题解决能力,培养学生的团队合作能力,指向学生科学核心素养的发展。

这节课要取得较好的教学效果,应注意以下几点:

(1)为了让学生能经历完整的问题解决过程,建议根据学生的基础可以实施70~90分钟的长课时教学。

(2)场地要提前准备,活动材料准备要充足,每组至少要有3套。

(3)为保证小组学生能合理分工、人人参与,科学地设计过程性评价量表,并进行及时反馈评价很重要。

(4)在评价反思过程中,可以运用同屏技术,将每一组的装置、结果展示到大屏幕上,方便每个学生能看清装置结构和操作方法,提高课堂效率。

(5)要为激发学生的创意提供开放的环境,教师不要限制、影响学生的思考。为避免模仿组间同学的创意,影响、干扰自己的思考,教师要强调比赛规则。

教学关键问题 1-5　案例示范

教学关键问题1-6　如何培养学生的创新能力？

教学关键问题分析

《义务教育小学科学课程标准》指出：小学科学课程的总目标是培养学生的科学素养。学生通过科学课程的学习，要保持和发展对自然的好奇心和探究热情，发展学习能力、思维能力、实践能力和创新能力。2016年《中国学生发展核心素养》正式发布，把实践创新作为六大核心素养之一，对每一位公民的科学素养提出了新的要求，也给小学科学课程改革与发展提出了挑战。创新能力的培养成为小学科学教育教学研究中重要的、恒久性的课题。

创新能力是指运用一定的知识和理论产生某种新颖、独特、有社会价值或个人价值的新思想、新观点、新方法和新产品的能力。相应地，可以将小学生创新能力理解为学生运用已掌握的基础知识和学习材料，提出问题、分析问题和创造性地解决问题的能力。小学生创新能力的构成要素及其关系如图1-6-1所示。

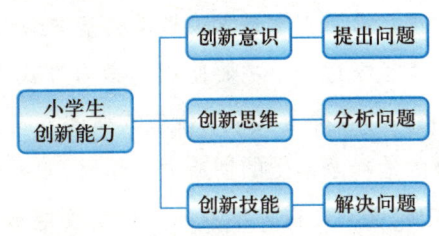

图1-6-1　小学生创新能力的构成要素及其关系

受应试教育的影响，学校教育在一定程度上忽视了创新能力的开发与培养，学生的创造潜能没有得到充分开发和发展，甚至还存在受到遏制的现象。我国小学生应试能力强，但动手能力特别是创新能力较弱。在当前的科学教学中存在一些弊病，这些问题阻碍了小学生科学创新能力的形成，使小学科学课缺失了它原本的一部分意义。

影响小学生创新能力发展的因素很多，下面主要从学生、教师、其他层面来分析造成小学生创新能力不高的原因。

一、学生层面

第一，自我调节能力偏低。创新的起源在于兴趣，兴趣的产生并不难，难点在于兴趣的保持和发展。在没有多方面扶持的情况下，小学生的兴趣很容易变成"三分钟热度"，最后不了了之,久而久之小学生就失去了对事物的深入探究愿望,进而失去了渴望深入了解认识某种事物的能力。小学生对某些科学事物产生兴趣,如果我们为他们提供合理的条件并进行引导,他们就会从一个兴趣点到细心观察、经常思考,进而提出问题、寻求解答,从而深入研究。只有对一个科学原理理解透彻并有可能将兴趣变成爱好延展学习下去,才有创新的可能。

第二,基础知识相对薄弱。学生必须学习基础课程,在基本知识和技能方面打下坚实的基础,这对创造性潜能的发展是必不可少的,这已成为国家创造力教育的共识。小学生接受的科普教育还远远不够,阅读水平不高且获取科技前沿的渠道也不多。同时,小学生对书本内容的理解也很表面,有时仅仅为了应付考试,没有将科学内容内化于心,导致基础知识相对薄弱。

第三,创新思维不够完善。"核心素养"的界定是学校教育从"知识传递"转向"知识建构"的信号。传统的教学还是以知识的传递为主,学生更是缺少建构知识的能力。

缺少知识建构的能力就缺少创新思维。训练发散思维可以有效地提高小学生的创造力,在课堂教学和课外科技活动中,我们很少去训练这方面的技能,导致学生的创新思维不够完善。学生的创新思维,包括发散思维、类比思维、迁移思维、重组思维、逆向思维、头脑风暴等都需要全面培养。

二、教师层面

第一,课堂教学有待改进。课堂教学是学校教学的基本组织形式,也是培养学生创新能力的主渠道。事实证明,在教学过程中主要使用的学习方式和教学策略决定着学生创新能力的培养程度。如果我们的教师主要采取说教式授课方式,大量运用封闭式问题,过于强调记忆和背诵,就会极大地扼杀学生的创造力。相反,如果教师鼓励学生大胆地探索问题,自由地表达思想,并把错误同样视为学习的一个重要组成部分,就会极大地提升学生的创造力。课堂教学需要鼓励学生大胆提问、大胆尝试,而非教师在上课前设计好全部内容,牵着学生的鼻子走。

第二,评价方式略显单一。教育部部长陈宝生说过:"不能把老师变成分数的统计师,不能把学生变成流水线产品。"目前的小学科学学习评价方式内容单一,以考试为主,评价一个学生以分数为主要的依据,过于关注知识点的掌握,而非能力的提高和长久的发展;太重结果而忽视过程,导致学生对知识点掌握得很表面,没有内化于心;忽视能力的培养,导致学生缺乏解决问题的能力,缺乏创新能力。

第三,教师素养有待提高。在教师的专业素养方面,了解该学科前沿领域的思维方式和方法论,熟悉该学科的知识与技能是必不可少的两个方面。任何一方面的欠缺都可能导致教师在开展和辅导青少年科技活动时目标不明确,或指导方法错误,进而对青少年科技活动的实施内容与形式产生影响。目前,开展青少年科技活动工作的教师普遍承认:科技活动都是辅助课程,课时极少,同时,专职辅导教师也多为其他学科教师兼任。对开展科技活动工作的教师专业性调研发现,大多数学校的教师都存在一定的欠缺,具有专项技能并能够专职开展青少年科学教育活动的教师资源非常有限。这也直接造成青少年科技活动所实施的内容深度和形式的随意性。

三、其他层面

第一,教育理念的偏颇。在我国,社会上存在着一种观点:中小学阶段学生的主要任务是学习知识,打好基础,创造力的培养是大学、研究生阶段的任务。大量的实证研究表明,这种观点是错误的。基础教育阶段是青少年创造力发展的关键时期,要在这一阶段加大青少年创造力培养的力度,如果等到定型以后再进行培养,其创造力提高的可能性就会减小。

尤其值得关注的是,诺贝尔奖获得者大多喜欢亲近自然、探索自然,喜爱阅读,而且其父母在其成长过程中扮演了重要的启蒙和指导角色。幼儿园、小学不应过分强调知识传授,而应强调生活体验,重视开展丰富多彩的课外活动,促进学生形成广泛的兴趣爱好,为未来的发展打下良好基础。

第二,传统思想的束缚。在传统思想中,我们比较推崇"听话的好孩子""乖孩子",一些"听话的好孩子"背上了这个包袱,走到哪里都无法丢掉,不敢有自己的想法和创新。

所以,一方面必须改变教育理念和教育方式,把从幼儿园到大学的教育重点放在"做人"的通识与思辨训练上;另一方面要走出传统思想等级秩序的文化制约,不能再把"听话的好孩子"作为培养学生的榜样。

 教学关键问题解决

一、课堂改进——引入项目学习法

在项目学习的过程中,学生需要对遇到的问题和困难提出自己的见解,提出解决问题的新思路和新方法。在项目学习中,问题的解决往往没有固定、统一的模式,因此教师会鼓励学生在项目学习中标新立异,这都需要学生不断地拓展思维,发挥自己的想象,提升自身的创造力。

这种教学方式不再将一个一个的知识点独立开来,而是围绕一个任务将与之相关的许多知识点联系起来,形成一个主题,学生的学习就围绕这个主题开展。在小学科学学科教学中开展项目学习,学生分成小组,在获取一定的资源下展开探究活动,通过活动获取更多的新知识。

比如可以把五年级"热"这一单元(热是怎样传递的、传热比赛、设计制作一个保温杯)的知识点整合起来,设计一个更加生动有趣的项目学习——拯救北极熊。整节课由拯救北极熊导入,介绍北极熊的现状、温室效应的危害、北极冰川的现状,思考如何保护北极熊的栖息地。随后,提出一个有象征意义的类比性问题——建造一间房子,用来保护北极熊(冰块)不受温度逐渐升高的影响。学生在进行这个项目学习时会了解到热辐射、热对流和热传导。为了使北极熊(冰块)不融化,学生将对不同的材料进行测试,检验其减缓热传导的性能。

二、教室改进——构建创新实验室

创新实验室是创新教育与课程改革深度融合的重要载体。与传统的实验室相比,创新实验室是支撑学生探究性学习的实验室,是应用教育新技术的实验室,是以学生自主学习为主的实验室。突出"每一个",强化"选择性",促进学生全面而有个性地发展,是"未来教育"的核心理念,体现在创新实验室的建设中就是"技术引领教学、智慧提升课堂"。与传统实验室不同,创新实验室建设中需要设置教学、实践、展示等功能区。教学区的主要功能是完成教学内容、实验原理、操作步骤、器材用途、注意事项等讲解任务;实践区的主要功能是提供学生动手操作、小组合作、互动探究、教师指导的空间和器材;展示区的主要功能是把学生自己制成的成品或半成品进行集中摆放,既能体现探究的结果,也能体现探究的过程。

小学创新实验室的主要形态有以下几类。

第一类,数字化实验室。主要通过信息技术替代传统的实验仪器仪表,构建一种能够准确获得实验结果和认识事物变化过程的实验室。它利用传感器、大数据、虚拟现实等技术,在增强学生的学习驱动力、提高学生的认知效率、实现基于技术的个性化评价和教学管理的信息化等方面发挥独特的作用。学生每人一个平板电脑(PAD),师生之间、生生之间实现实时交互,形成一个新型的移动学习终端课堂。不仅如此,大数据技术、虚拟现实技术、传感器技术、3D打印技术等的综合运用,使学生们的许多奇思妙想有了实现的基础与条件。学生可以通过小组合作或科学实验来验证自己的创新想法,当遇到困难时,甚至可以举全班之力共同破解,把被动学习转变为主动研究。

第二类,科学工坊。主要是3D打印、机器人等创客实验室。北海小学教育集团开展"鹏鹏智造工坊"创客教育。实验室各功能区呈开放布局。教学区主要配备台式机、平板电脑与两台教学触摸式一体机;实践区每大组由6张梯形小桌组成,可根据不同教学情境自由组合;展示区摆放由学生自己创作的成品或半成品;机械加工区考虑安全因素单独设置;所有电器均通过无线局域网接入物联网,可远程控制。

第三类,科普设施。建立科普设施,如气象站、环保监测站等,已经被很多中小学校实践证明是在培养学生创新能力方面效果很好的创新实验室形态。

第四类,科技馆。随着全社会对青少年科技教育的重视,科技馆已经由过去以展示为主,发展到集动手实践、操作体验、发明创造为一体的综合性学习场所。它以丰富多样、生动形象的科技展品为载体,让参与者在快乐和谐的环境中学习知识,把枯燥的科学变成游戏,在游戏中感悟科学原理,启迪创新意识,发展空间想象力。科技馆亲自体验功能的出现,打破了"只能看,不能动"的参观惯例,学生在"手脑结合"的操作过程中加深对科学原理的理解。科技馆的自主创造性项目,使学生自主学习占据了前所未有的地位,学什么、何时学、怎么学都由自己决定,为他们兴趣的发展和思维的发展创造了一个自由、自主的崭新天地。同时,科技馆中的科技专业辅导员也使学生能得到更好的创新实践教育。

三、评价改进——展开多元化评价

多元化评价方法着眼于学生学习的创新精神和实践能力的培养。在评价主体上,主张让教师、学生、家长、学校管理者、教育主管部门等更多的人成为评价主体;在评价内容上,重视中小学生的个性特征和创新素养;在评价方向上,强调面向中小学生的未来长期发展;在评价方法上,加强评价的可操作性、真实性和情境性。

对于评价的内容和形式,可以基于核心素养,设计丰富多彩的评价探究活动,让学生通过一系列活动获得全面发展,可以把成果展示纳入评价范围:开放性的习题(科学写作、调查报告等)、科普征文、科学探究活动(探究活动设计、图片、实验报告等)、实验小制作、思维导图等。同时利用评价量表、档案袋等方式追踪学生创新能力的发展。

四、技术改进——学习"互联网+"资源共享

利用微课、微信公众号等网络学习资源,增加学生的科学知识和技能,比如可以向学生推荐以下公众号:爆炸实验室、小学科学教学网、好奇实验室等。它们推送的好玩的科学实验、丰富的科普知识,可以让学生的思维和兴趣得到更好的发展。

同时利用微信、QQ空间等网络平台分享和交流自己的作品,"做一个创新的有心人",把自己创新的过程、成果、感悟,通过随手拍、随手上传的"云技术"进行分享,同时把这些有意义的资料通过网络技术保留下来,与更多的学习者分享与交流,促进自己和他人的共同成长。

五、培训改进——提升教师创新素养

为了更好地实施创新教育,教师除了要具有一般素质,还要达到创新型教师的素质要求,如具有先进的教育理念和较强的实践动手能力,保持积极的思维和灵活的头脑,不断获取新的知识,使用幽默风趣的语言,尊重学生的学习特点等。一方面,教师要从自身出发,通过不断的学习,在教学实践中发现自己的不足,有针对性地进行改进;另一方面,学校要积极地为教师创造参与式培训机会,从外部环境尽可能为教师争取更多的培训机会,注重每次培训的质量。这就要求教师在培训前一定要做好准备工作,熟悉培训目的、内容和方式;在培训中,不仅要掌握先进的创新教育理念,还要积极参与创新实践操作;在培训后,一定要保持与培训专家以及主办方紧密的联系,因为教师只有在实施创新教育的实践过程中,才会发现很多问题,这就需要向专家请教,从而获得提高。

案例分析及教学建议

  案例

拯救北极熊

一、创新能力教学的要素

创新能力培养关键在于给予学生更广阔的参与式学习时空,打开学生的思维。将科学概念学习与工程技术整合,以科学概念学习为先导,把所学的科学概念创造性地运用于实际问题的解决中,借此对科学概念进行反复操作、检验与优化,于是形成一种新的学习方式——工程实践。

在"拯救北极熊"一课中,学生通过对北极熊遇到生存问题的资料阅读,发现产生上述问题的原因。通过查阅资料获取间接知识,是一个人学习发展的必然,从资料中获取有用信息,概括出核心问题,也是培养学生思维敏锐性和周密性的重要途径。在提炼出核心问题后,借助"建造一个拯救北极熊的房子"的工程技术任务,引导学生关注选择材料、研究材料。因为有"拯救北极熊的房子"的目标指引,学生在选择材料时就会更符合客观需要。为完成"建造拯救北极熊的房子"的工程任务,学生需要经历选择材料、设计方案、工程建造,在建造后,还会对效果进行反复检验、对比和优化,经历不断交流、探讨、质疑的过程,最终得到最优的房屋模型,同时这也构成了一个对科学概念的再学习过程。

二、创新能力教学的关键

当今世界之复杂、变化之迅速已远超我们的想象,谁都无法预料学生日后要面临怎样的问题挑战,谁也无法预料他们应该用什么方法和工具来解决这些问题。鉴于此,学校更应教育学生如何习得科学知识,如何探索科学解释,如何应用科学,特别是借助工程设计过程进行学习。

我们把五年级"热"这一单元的知识点整合起来,形成生动有趣的工程项目——拯救北极熊。在此学习任务中,教师可以从以下几个角度为学生的创新能力发展提供机会。

第一,借助"拯救北极熊"的任务情境将"热"的概念学习和运用统一成一个整体。不过,项目学习虽然提倡跨学科学习,但一节课所包含的科学概念不宜过多,避免顾此失彼、蜻蜓点水。

第二,对科学概念的学习过程,教师应提供必要的开放性,在有条件的情况下,尽量由学生自行提出材料类型,在理性辩论后再选择研究的材料。

第三,提供蕴含更复杂变量的学习过程。以完成工程任务为目标的科学学习过程很可能是非线性的,非线性的学习过程可能会经历更多的失败,反复试错对学生的发展同样具有重要价值。

第四,"拯救北极熊"学习任务的目标并非回答问题,而是在获得概念理解的同时,发展创造性研究问题和解决问题的能力。

三、教学设计

拯救北极熊

【知识点来源】

教育科学出版社《科学》五年级下册"热"单元第6课"热是怎样传递的"、第7课"传热比赛"和第8课"设计制作一个保温杯"。

【教学目标】

(一)科学知识

1. 热总会从温度较高的一端(物体)传递到温度较低的一端(物体)。

2. 热传递有三种方式。通过直接接触将热从一个物体传递给另一个物体,或者从物体的一部分传递到另一部分的过程叫热传导。通过中介物(如水或空气)的流动而传热的过程叫对流。物体以电磁波的形式向外发射热能的过程叫热辐射。

3. 不同材料制成的物体,导热性能是不一样的。导热性能好的物体称为热的良导体,导热性能差的物体称为热的不良导体。

(二)科学探究

进行不同材料物体热传导性能的比较实验,根据热传递的原理设计制作减缓热散失的房屋,达到"拯救北极熊"的效果。

(三)科学态度

为了减缓热量散失,制作保护北极熊的房屋,不断进行尝试和创新。

(四)科学、技术、社会与环境

保护地球环境和生物多样性。

【教学过程】

(一)情境导学

1. 展示北极冰盖融化,北极熊生活区域变小,引发食物短缺等生存问题的现状。

2. 思考问题产生的原因——温室效应(课前搜集相关资料)。

3. 提出一个有象征意义的类比性问题——建造一间房子,以保护北极熊(冰块)不受温度逐渐升高的影响。

【设计意图:从具体情境引入学习内容,通过资料阅读发现问题产生的原因,并将问题转化成具体的工程任务,引发学生解决实际问题的积极性。】

(二)分析思考

1. 交流:热辐射、热对流和热传导等相关知识(课前搜集相关资料)。

2. 为了保护北极熊(冰块),寻找热的不良导体作为建造房子的材料。

【设计意图:通过搜集与阅读资料来学习是学生走向未来的必备能力,可以在小学高

年级学生中适时运用并加以培养。由具体情境引发的学习活动,更容易打开学生的创造性思维。】

(三) 解决问题

1. 测试材料减缓热传导的性能

(1) 实验材料:不同的材料(纸、棉花、塑料、铝箔、羊毛袜等)、温度计、冰水、杯子。

(2) 猜想哪种材料减缓热传导性能最好。设计实验方案:把冰水放在杯子里,裹上不同的材料,在相同的时间里,测量其内部温度。学生分组完成实验,组间交流。

(3) 总结实验结论。

① 一般学生会认为裹了铝箔的水温度最低,实测后发现包裹了羊毛袜的水温度最低,说明它阻隔热传导的效果最好。

② 利用这个结论,综合上一课的知识点,帮助学生更好地理解什么是热的良导体(导热快、散热也快)和热的不良导体。

2. 理解为什么金属摸起来是冷的

材料:金属盘、塑料盘、液晶温度计。

(1) 让学生感受触摸两个盘子。(学生都会觉得金属盘更冷。)

(2) 思考:这是为什么?(有学生认为温度不一样。)

(3) 设计实验证明在室温下两个盘子的温度是否一样。(通过验证它们的温度是一样的。)

(4) 再思考:为什么温度一样的盘子摸起来感觉不一样呢?温度和什么有关?(材料不同,导热性不同。)

(5) 结论:热量从温暖的手向金属盘传导的速度比向塑料盘更快,热量被传导走了,所以金属盘摸起来感觉更冷。

3. 了解辐射和如何反射辐射

【设计意图:工程技术必须建立在必要的科学概念基础之上,同时工程模型的设计、制作、测试的过程也是科学概念学习、检测和强化的过程。处理好两者的关系是学习最终获得成效的重要保障。】

4. 制造房子

要求:挑选材料,设计并制造房子。

5. 小组展示作品效果、评价与改进

【设计意图:工程模型的设计与建造拓展了学生科学探究的视野。通过让学生完成工程任务,赋予科学探究学习更丰富的手段与媒介,为科学探究拓宽了创造性的空间。】

(四) 拓展展开

1. 介绍生活中的工程师是如何设计创新材料防止热传递的。

2. 建筑中制冷或制热使用的能源越少,对环境的负面影响就越少。

【整课设计意图:"先科学探究后工程设计"的学习过程,一方面深化了科学探究获得科学规律的目的;另一方面使学生进一步理解在真实世界中科学规律发挥作用的具体方式,设计方案、检验设计合理性、讨论修正等过程的体验可以提升学生实际问题解决能力,使学生理解设计理念和方法。】

四、评述与建议

"拯救北极熊"一课融合了对热传递的知识学习和运用知识解决模拟问题两个方面,并借此向学生传递了保护地球环境和生物多样性的迫切性。

学习活动从北极熊遇到的生存现状切入,通过阅读资料了解温室效应引发的环境问题,并提出模拟性问题——建造一间房子,以减缓逐渐升高的温度对北极熊(冰块)的影响。在解决问题的过程中,学生了解到热可通过传导、辐射、对流进行传递;通过对不同物体的测试,发现有些物体的传热能力强,有些物体的传热能力弱,并将测试的结果运用于为北极熊(冰块)建造房子,检验其隔热的效果。

将热传递的知识与具体情境结合起来,把知识学习与问题解决整合在同一个工程模型活动下,对培养学生的探究和创造力具有非常独特的效果。

(1) 在完成情境化任务——"北极熊住房"的设计与制作过程中,学生对热传递相关科学概念进行学习和实践。

(2) 综合运用科学、技术、工程和数学等工具,在设计、制作、评测中学生的动手能力得到提升,做中学、做中悟特征更明显。

(3) 学生在"动手做"中解决问题,更好地体验"做"的成功和乐趣。

(4) 引发学生对环境问题的关注。

将科学概念学习融合在工程技术活动中,是学习科学概念的新途径,也是培养学生解决问题、批判性思维、沟通与合作的有效途径,但要注意运用合理有效的教学方法进行教学。同时,如果教师的帮扶和引导不到位,也可能会出现活动有余而发展不足的问题。在课堂上,教师必须引导好学生的前期探究性学习(多种材料的导热能力研究),使其能形成后续设计制作工程模型的可靠科学概念。教师还要对学生创意设计方案及时反馈,进行讨论并给出合理的纠正。否则,学生有可能花费了大量时间但学习进程和效果不佳。同时,我们也不能认为学生仅通过参加一项工程活动就能自行学会科学概念。

教学关键问题1-6 案例示范

教学关键问题 1-7　如何融合 STEM 教育的理念？

 教学关键问题分析

科学教育的重要目标是培养具有科学素养、适应社会发展的未来公民，使其具备一定的创新能力和实践能力。为达到这一目标，国际科学教育界日益关注科学、技术、工程和数学教育（即 STEM 教育）的交叉融合，提出以整合的教学方式使学生掌握知识和技能，并能进行灵活迁移应用，解决现实问题。《义务教育小学科学课程标准》将 STEM 教育理念融入其中，首次将"技术与工程"纳入小学科学课程标准，将其列为与物质科学、生命科学、地球与宇宙科学并列的专门领域。

STEM 教育就是科学（science）、技术（technology）、工程（engineering）和数学（mathematics）的融合教育。为了让学生在学习科学的过程中获得综合的知识、创新的思维和使用的技能，更深刻地理解科学技术的本质，科学技术教育专家提出了 STEM 项目研究的学习方式。科学技术问题本身就源于自然，来自生活。比如，为什么杯子里面的水会变凉？而工程学的问题主要来自"要解决某个难题"，比如，怎样让房子更加保暖？这两种貌似不相同的问题，其本质都是热力学中的能量传递问题。当教学围绕这个本质展开时就有了一条隐形的线索，将科学和工程问题有机地结合在一起。可见，STEM 教学并不是简单地将科学与工程组合起来，而是要把学生学到的零碎的知识与机械的过程转变成一个探究实践、互相联系的过程。事实上，随着人类科学技术的不断进步，科学、技术、工程、数学几个领域的联系也越来越紧密，解决任何一个领域的问题都会涉及其他几个领域。

目前在 STEM 融合教育的实践中存在以下几个主要问题。

第一，教师缺乏融合 STEM 教育的意识。科学教学内容虽涉及物质世界、生命世界、地球与宇宙和历史、地理等领域，是一门综合学科，但教师在长期的教学过程中，逐步形成了一种固有的教学模式与思维，缺少对技术和工程内容的重视，缺少把科学、技术、工程、数学等融合渗透的意识。

第二，缺少成熟的 STEM 教育的本土化案例。由于 STEM 教育传入我国的时间不长，许多地方还处在研究、分析和尝试阶段，不少教学内容是借鉴国外的案例改编而成的，基于本土化的 STEM 教育案例不多，且不够成熟，导致广大一线教师望而却步。

第三，缺乏 STEM 教师培训。STEM 教育在世界其他国家的实施已经为时不短，且越来越显现出其引人注目的积极方面，但它出现在我国教育研究界和中小学课堂的时间还不长。各大专院校缺乏相关培训的师资,各中小学教师缺乏参加培训的途径和机会,教师队伍中熟悉 STEM 教育的人员较少。

 **教学关键问题解决**

STEM 教育综合了科学、技术、工程与数学的特点,承载着跨学科、跨领域的观点。跨学科、跨领域的关键在于能在这些不同的学科和领域之间建立关联,包括学科特有的以及各学科通用的概念、方法与技能。因此,STEM 教育必须将知识的获取方法、工具的利用及创新生产的过程进行有机统一,以系统的、联系的思维面对知识经济时代全球化、多元化的文化发展,这就是 STEM 教育的综合与集成,也是通过单一的学科教育不能完成的。

培养学生综合解决问题能力是 STEM 教育最重要的目标,无论是科学问题、工程与技术问题,还是如何运用数学的问题。在 STEM 教育的课程中,这些问题都被一个或一组具体的、与学生日常生活相关的情境或问题连贯起来,呈现在学生面前,再通过学生的科学和工程实践,发现解决问题的方法,实践解决问题的途径,分析解决问题的结果,评价解决问题的方案。在"动手做"和"动脑思考"中才能实现学生 STEM 素养的培养,实践是其主要学习途径。小学科学融合 STEM 教育理念,可以从"技术与工程领域"的内容开始。

一、把握 STEM 教育的特点,改进学教方式

STEM 课程的设置经常使用基于问题、基于设计和基于项目的学习方式。学生学习特定的科学知识,运用数学和技术,在真实情境中完成一个工程任务,将知识付诸实践。在完成任务的过程中,STEM 课程强调对学生设计能力和解决问题能力的综合培养,以及学科知识的运用与迁移。

无论是教还是学,STEM 教育都强调以学生为中心。由教师指导,学生自己设计工程流程,采取多样性的方法解决问题,学生和教师共同开发评估标准。这些课程环节都给学生提供了主动学习的空间,增加了学生学习的持续性。来自实际生产、生活的问题使学生的学习路径更加开放,其探索结果也更加开放,从而刺激学生学习的兴趣和创造思维,有助于创新型人才的培养。

团队合作是 STEM 教育所要培养的必不可少的素养之一。团队合作可以集合更多人的智慧和创造力,提高效率,展现出动态、活跃的氛围。工程实践的每一个环节都离不开团队合作,学生需要共同交流讨论出问题、方案细节和评估标准,合作完成工程流程设计、实验操作、数据检验、模型构建和修复等环节。几乎所有的 STEM 案例都采用小组合作的方式展开教学,并且将合作渗透到课程的多个环节,完成任务、交流、研讨、调查等方式也通过合作的形式进行。团队合作使课堂更加生动、有趣,促进了学生的参与、交流和共享,也促进了课程的动态生成。

结果的开放性使评判标准来源于实践,来源于问题解决的程度。例如,学生所设计的

工程模型或者建筑物是否能通过预设标准的检测,太阳能小车是否能行驶到规定的距离等。学生可以采用多种方法和设计来实现目标,最重要的是,学生需要呈现设计与探究过程中的方案、细节、问题及解决方案。因此,教师关注的是学生解决问题中所遇到的困难,他们所采用的解决方法,以及问题解决的程度;学生关注的问题是如何完成任务挑战而非得到一个正确的答案。关注学生的主动性和开放性,能够促进学生批判性思维和创造性思维的发展,能够促进学生对所学知识与生活实践关联的理解。

二、把握契机,强化培训

课程改革的关键在于教师,要把握这次深化课程改革的契机,强化教师培训力度,尤其是STEM方面的培训,要借鉴国内外STEM教师培训经验,精心策划培训课程,扎实而有计划地对小学科学教师进行STEM教育培训,培育一批熟悉STEM教育的教师,为实施新的小学科学课程,有效而自然地渗透科学、技术、社会和环境的教育奠定基础。

三、依托院校,加强研究

STEM教育源自美国,并且越来越受到世界各国的关注与实施。近年来,许多大学和研究机构编写了有关中小学STEM教育的书籍,为一线教师了解STEM教育相关理论与操作策略提供了可借鉴的经验。随着新的课程标准实施,我国教育研究界和中小学一线教师都从自己的教学需求出发,更加关注STEM教育,因此,要依托高等院校的优质资源,成立相应的研究部门,建议国家通过立法的形式制定相关制度,以激发社会各界参与到课程建设中的内在动力。除了高等教育需要为培养STEM教育合格师资的努力以外,建议各类高校开设周末与暑期STEM课程,一是能够缓解师资匮乏的困难,二是能够更好地推进STEM教育可持续性发展。与此同时,基础教育需要调整选修课的认定方式,以容纳相应的课程实施方式。

四、立足校情,整合课程

STEM教育理念要走进课堂,需要对校情有充分的研究。在项目的选择上,考虑本校办学目标、教师特长和学生需求,切忌大而空。在内容的开发上,学校层面要体现课程整合的思想,善于做课程的加减法,创造整合型课程实施的时间和空间,积极尝试将学校办学特色建设、综合实践活动课程建设、校本课程建设、拓展课程建设与数学、科学类和艺术类核心课程对接融合。教师层面要以项目为载体,可根据自己原有任教学科与STEM教育可能的交集,寻求可能的突破方向,组织相应的研究共同体,将科学、技术、数学、工程等有机整合到具体的任务中来,让STEM教育理念在课堂里落地生根。在实施条件较好的学校,鼓励教师自主开发实践项目,形成特色课程,提高教师的课程开发能力。

案例分析及教学建议

 案例

有趣的宝葫芦

一、"有趣的宝葫芦"所蕴含的 STEM 教育理念

技术与工程领域的教学内容是以一定的科学概念为基点,通过技术设计、技术制作,在教学活动中进一步发展以学生运用科学概念为目标的教学活动。此类课旨在通过设置任务情境,鼓励学生小组合作,根据已学过的科学原理进行设计制作,形成一定的"作品"。由于"技术与工程"内容需要大量的操作材料,需要课内外时间的充分保证,但当前学校里教学计划比较固定,在校内没有自主的时间,又缺乏整体的推动,缺乏操作材料等问题都成为制约因素,学生的实践锻炼难以得到保障。本课从学生身边的材料入手,利用身边的废弃物做成"哈勃瓶"模型,开展多个有趣的小实验。学生通过动手,亲历模型制作、改进过程,在玩的过程中产生疑问,并尝试去解决问题,从而不断产生探究的乐趣。

二、"有趣的宝葫芦"渗透 STEM 教育理念的教学关键

"有趣的宝葫芦"是教育科学出版社《科学》教材三年级上册"水和空气"单元学习内容的综合运用,是涉及选材、设计、制作、评价、改进的 STEM 学习项目。从理论到实际运用,让学生巩固本单元学到的知识和技能。围绕着"明确任务—选择材料—设计制作—测试改进—展示交流—课外拓展"开展各项活动,综合了科学、技术、工程、数学等领域的知识运用。

1. 科学

让学生选择生活中的废弃饮料瓶,根据瓶身的特点进行不同的设计制作。通过置入气球的不同玩法产生的不同效果,让学生在不断尝试中有新的发现和收获,并尝试对所观察到的现象做出自己的解释,对同伴的解释进行评价。

2. 技术

"宝葫芦"的制作涉及许多技术问题,如对饮料瓶进行裁剪、粘连、钻孔等。根据三年级学生的年龄特征,这些环节均需要教师的指导,在此基础上学生的设计制作才能体现更高的效率。在这一环节中,教师为每组提供了剪刀、直尺、记号笔、透明胶等材料,学生可以在此基础上进行个性化选择。

3. 工程

学生在对宝葫芦进行设计的过程中,有着不同的思路,但是相同点是学生会经历"自我否定""自我完善"的过程,可能在自己的尝试中有新发现,也可能从同伴的评价中获得

启发,教师要充分给予学生改进的机会,在改进中不断完善。

4. 数学

在设计制作宝葫芦的过程中,有许多需要学生运用数学知识来解决问题的环节,比如,如何使两个饮料瓶的剪下部分能更好地连接在一起?瓶体的大小与气球的比例等。学生从数学角度进行测量与计算,才能使本案例的实施更加顺利。

三、教学设计

有趣的宝葫芦

【知识点来源】

教育科学出版社《科学》三年级上册"水和空气"单元。

【教学目标】

(一) 科学知识

1. 通过玩"宝葫芦"体验空气占据空间、能被压缩、会流动等特点。
2. 能对产生的现象做出自己的解释。
3. 了解"哈勃瓶"的相关知识。

(二) 科学探究

在制作"宝葫芦"的过程中培养学生的合作与动手能力,在多次实验中能发现自己的作品可能存在的问题,并能尝试去解决这些问题。

(三) 科学态度

1. 在玩的过程中发现"宝葫芦"的秘密,尝试去解释,产生探究热情。
2. 认同"认真实验,获取证据,用证据来检验推测"的重要性。

(四) 科学、技术、社会与环境

学生通过亲自动手制作,体会科学与生活的关系。

【教学过程】

(一) 导入

教师出示哈勃瓶。

讲述:老师很喜欢玩,也喜欢在玩中研究。你们看,这也是一个哈勃瓶,它由两个口、一个橡皮塞、一个气球组成,我们将这些部件组合在一起(图1-7-1),就组成了一个有趣的宝葫芦(板书课题)。这个宝葫芦有什么神奇的地方?我们来玩一玩好吗?

两名同学演示向宝葫芦吹气(一人能把气球吹大,一人不能把气球吹大)。

图1-7-1

板贴:两个宝葫芦对比示意图。

思考:为什么会出现这两种情况呢?你们觉得是什么原因?

【设计意图】:导入环节通过学生演示实验,相同的材料却产生截然不同的效果,通过

学生的"亲眼目睹"来激发学生的认知冲突,让学生试着去猜测可能存在的原因,简单了解学生的前概念,为后续的环节做铺垫。】

(二)制作宝葫芦

1. 聚焦

你能用身边的材料做一个宝葫芦吗?

2. 讨论

小组讨论:怎样用饮料瓶制作一个宝葫芦?

小组汇报。

【设计意图:直接布置任务,让学生用身边的材料制作宝葫芦,学生在内心会产生很大的疑惑——这么神奇的宝葫芦用身边常见的饮料瓶就可以完成吗?在此基础上让学生小组讨论:怎样制作宝葫芦?】

3. 制作宝葫芦

(1) 出示制作提示。

(2) 下发材料(每人一份),各小组制作宝葫芦。

【设计意图:该环节教师做了简化设计,教师已经将材料剪好,制作了半成品。如果时间宽裕,可以让学生在该环节做一个更加完善的任务设计。本案例则重点突出学生"粘连"的技术环节,并为后续的工程设计埋下伏笔。】

(三)玩一玩宝葫芦

1. 第一次试玩

教师在学生制作环节基本完成时,给每一名学生发一个气球,布置挑战任务:玩一玩宝葫芦,完成表1-7-1中的挑战任务并填写相关内容。

表1-7-1 任务记录表(一)

任务	完成情况	我的做法(图文)	我的解释
任务一:吹不大的气球			
任务二:吹得大的气球			
任务三:不会瘪的气球			

2. 交流汇报

学生展示任务记录表,反馈任务完成情况,其他学生评价并补充。

教师结合学生的反馈对现象进行小结:空气占据空间,空气会流动(板书)。

【设计意图:本次试玩让学生以"完成任务"的形式进行闯关游戏,三个任务难度不同,并要求学生对任务的情况做出解释与记录。学生完成任务的过程,实际上也是对制作

好的作品进行检验和评价的过程。】

3. 第二次试玩

教师再给每一名学生发一个气球,对宝葫芦进行第二次试玩:每个人都有两个气球,尝试新的玩法,边玩边记录,填写表1-7-2。

表1-7-2 任务记录表(二)

我的玩法	我的解释

4. 交流汇报

小结:空气会流动,空气能被压缩。

【设计意图:第二次试玩在第一次试玩的基础上有了更多的玩法,学生的材料多了,而且对自己前期完成的作品有了一定的改进。由于这些都是学生个性化的玩法,需要学生对自己前期完成的作品进行新的改进,通过不同的设计来满足自己需要完成的不同任务。】

(四)交流分享

1. 分享自己的作品制作过程与玩的收获。

2. 对自己的作品进行优化。

【设计意图:该环节通过分享,让同伴对自己的作品有比较详细的认识。三年级学生的介绍可能并不是很完善,这就需要后续的不断尝试和教师的指导。学生通过同伴的评价对自己的作品进行改进,这也是STEM教育的重点之一。】

(五)小结

1. 教师播放其他玩法微视频,激发学生课后制作宝葫芦、探究宝葫芦的兴趣。

2. 教师课件出示哈勃瓶的来历。

3. 你还能做一个更好的"宝葫芦"吗?

【设计意图:通过视频引领及资料介绍,把课堂中研究的问题迁移到生活中,激发学生在课后继续探究"有趣的宝葫芦"。】

四、评述与建议

"空气具有流动性,空气会占据空间但是能被压缩",这是小学三年级关于空气性质的核心知识,教学中主要应用了STEM教育的理念,利用"宝葫芦""哈勃瓶"等载体,让孩子们在玩中学、做中学。

在第一个环节中,教师设计了两个相互矛盾的实验现象"吹不大"和"吹得大",来激发学生探究的兴趣,猜测其中的科学奥秘,并开启探究之路;通过做"工程"(E)——做一个宝葫芦,考查"数学"(M)的应用——瓶体的大小、裁剪口的圆周比较,考验了学生的"技术"(T),突出宝葫芦的特征——密封性好,为"科学"(S)探究做铺垫。

对"玩一玩宝葫芦"这一任务,学生有可能成功,发现科学奥秘;有可能失败,进行二次改进。部分学生可率先发现科学奥秘,根据科学原理继续改进,成功后进行分享和展示。这样可以逐步促进学生能力的发展,这也是 STEM 教育所追求的。

简言之,学生在多次动手做、动手玩的过程中,在小组合作与交流中逐步完善了认知结构,不仅将已学内容融会贯通,还锻炼了动手能力和交流展示能力,提升了科学探究能力。

案例

愤怒的小鸟

一、"愤怒的小鸟"所蕴含的 STEM 教育理念

学习和引进 STEM 教育理念,应用在我们的科学研究学习活动中,能够有效地培养学生的科学素养。我们开发和选择"愤怒的小鸟"一课,正是希望学生在游戏活动中借鉴工程思维的特点,通过模型的操作,感受原理的应用,尝试技术的改进,练就熟练的操作技能,并且通过多次实践和思考获得创新的发展。

二、"愤怒的小鸟"渗透 STEM 教育理念的教学关键

科学课总会有实验,有学生操作、制作的过程,科学拓展课也要凸显学科特点,提供学生亲自动手的机会。在教学实践中,类似"愤怒的小鸟"这样的拓展课,很容易上成学生制作、操作的劳技课,我们认为,要让科学课有别于传统的劳技课、综合实践课等,就要凸显科学思维的参与。希望学生走进课堂和走出课堂是不一样的,希望学生带着兴趣来、带着疑问和兴趣走,希望找准学生的最近发展区,让学生通过短短四十分钟的学习在方法和能力上能迈出一大步。通过玩"愤怒的小鸟"模型,学生能发现和理解其科学原理,并且能应用科学方法进行难度更高的挑战活动,这就是工程和技术的应用。然而一节课的时间毕竟是有限的,不可能面面俱到,我们尝试给学生一种思维的培养和引领,期待学生能够迁移方法,为后续的学习和研究打下基础。

无论设想多么美好,理想多么丰满,在实际的课堂教学实践中总会有不尽如人意之处,这就需要我们不断实践、不断思考、不断改进、不断创新。所以,我们坚持:走在课改的路上,陪学生边玩边学,开发更多学生喜欢的拓展课程;我们也相信:且行且思,我们会一直在路上。

三、教学设计

愤怒的小鸟

【知识点来源】

教育科学出版社《科学》六年级上册"简单机械"单元知识的综合应用。

【教学目标】

（一）科学知识

1. 认识到投石机是利用杠杆和弹力组合的一种机械。

2. 弹力投石机的投射准度与弹力大小、支点位置、投射的角度等因素有关。

（二）科学探究

1. 经历投石机投射的活动体验，发现影响投射准度的因素。

2. 在调整改进投石机装置的过程中，培养学生技术探究意识、动手操作能力与分析概括能力。

（三）科学态度

1. 认识冷兵器时代工具的发展，感受到古代劳动人们的智慧。

2. 体会到各种机械的优势，将优势进行组合，放大它们的优点，服务于人类。

（四）科学、技术、社会与环境

学生通过拓展活动，了解投石机与古代生活的关系。

【器材准备】

教师准备：课件。

分组材料：投石机模型、橡皮筋、沙袋、米尺、学习任务单。

【教学过程】

（一）创设情境，导入新课

创设"愤怒的小鸟"游戏情境。

（二）初玩投石机投射活动

1. 运用投石机模型投射。

任务单一（初次试玩）：

（1）组装"愤怒的小鸟"装置，试一试，并找一找里面运用的科学知识。

（2）完成后领取"小鸟"，到活动区进行闯关游戏，并完成活动记录单。

（3）音乐响起，整理材料，交流汇报。

2. 反馈交流：投射的精准度与什么因素有关，你是如何进行调整的？

小结：改变杠杆的支点、橡皮筋缠绕的圈数等方法，可以改变投射的精准度。

（三）再玩投石机投射活动

运用总结的经验，再次调整投石机模型，进行投射活动。

任务单二（挑战升级）：

1. 各小组以黄线为起点，用装置将"小鸟"投入框内。

2. 在规定时间内投中3次，即为闯关成功。

3. 音乐响起，整理材料，交流汇报。

（四）课堂总结与延伸

1. 播放战争视频，了解投石机的运用。

2. 投石机的投射准度不仅与弹力有关,还与投射的角度有关。

四、评述与建议

杠杆和弹力是小学阶段与力学相关的重要知识。教学中分两次进行投射游戏,这是一个递进过程,而非简单重复。初次试玩和挑战升级,先是为了寻找科学原理,再应用科学原理不断调试——改变弹力大小、调整方向、规划弹射轨迹。

学生在试玩和调整的过程中,相互学习、相互指导,融汇了科学、技术、工程、数学等综合知识。随着越来越多的"小鸟"被发射、成功地落入框中,学生享受到成功的喜悦。在这样的不断实践中,学生在实际经验和科学原理之间搭建了桥梁,使原先抽象分离的科学原理有了具象的实际经验,原先粗浅的实践得到科学理论的支撑,又为更难的挑战任务作理论指导,学生在这样循序渐进的游戏中完善了自身的认知结构,提升了自己的科学素养、动手实践能力和交流展示能力。

STEM 教育将科学、技术、工程、数学融会贯通,学以致用,走向融合的 STEM 学习,与传统的科学学习是不同的。它是以工程设计为基石,引导学生用他们在科学、技术、数学各个领域的知识寻找可用的资源,制订可行性的方案,解决真实世界中有意义的问题。这种综合的教育过程可以让学生回归自然、回归本真。学生在面对一个现实生活中真实存在的问题时,能让自己所学的知识有用武之地,学会思考,学会整体规划,从而设计解决问题的方案。

在科学、技术、工程、数学之间存在着一种互相支撑、互相补充、共同发展的关系。要了解它们,尤其是了解它们之间的关系,就不能将其中的任何一个部分独立出去。可见,教师在考虑如何将 STEM 教育引入中小学课堂时,必须将它们交织在一起、融合在一起,才能促进学生实现深层次学习、理解性学习,才能真正地培养学生的科学素养。

教学关键问题 1-7 案例示范

第二部分 核心内容

教学关键问题 2-1　如何实施指向大概念的教学？

 教学关键问题分析

近年来，欧美多个国家的科学教育界提出了科学大概念（big ideas in science）的观点，希望以科学文化（包括科学思想和方法）为基础，实现科学课程的进一步综合化，提高综合科学课程的教育价值。科学大概念是指居于科学学科中心，具有持久价值和迁移价值的关键性概念、原理或方法。在许多文献中也被译为"核心概念""核心观点""大观点"等。学习科学研究指出，用核心概念（大概念）组织教学内容更有利于学生的深层理解。

21 世纪初，英国一批杰出的科学教育工作者对英国国家课程及科学教育进行反思，并撰写了一篇包含十条建议的报告。其中第六条指出："科学课程应当给年轻人提供有关科学核心概念的理解，即对有关自然界的可靠知识在过去和现在获取方式的理解。"《科学教育的原则和大概念》一书也指出：科学教育的目标不应是获得一堆由事实和理论堆砌的知识，而应是实现一个趋向于核心概念进展的过程。它选择了 10 个科学概念和 4 个关于科学的概念作为帮助中小学生理解与他们生活相关的事件和现象的核心概念。

这 10 个科学概念是：

（1）宇宙中所有的物质都是由很小的微粒构成的。

（2）物体可以对一定距离以外的其他物体产生作用。

（3）改变一个物体的运动状态需要有净力作用于其上。

（4）当事物发生变化或被改变时，会发生能量的转化，但是在宇宙中能量的总量是不变的。

（5）地球的构造和它的大气圈以及在其中发生的过程，影响着地球表面的状况和气候。

（6）宇宙中有数量极大的星系，太阳系只是其中一个星系——银河系中很小的一部分。

（7）生物体是由细胞组成的。

（8）生物需要能量和营养物质，为此它们经常需要依赖其他生物或与其他生物竞争。

（9）生物体的遗传信息会一代代地传递下去。

（10）生物的多样性、存活和灭绝都是进化的结果。

这 4 个关于科学的概念是：

（1）科学认为每一种现象的产生都具有一个或多个原因。

(2)科学上给出的解释、理论和模型都是在特定的时期内与事实最为吻合的。

(3)科学发现的知识可以用于开发技术和产品,为人类服务。

(4)科学的应用经常会对伦理、社会、经济和政治产生影响。

核心概念构成了学科的支架,抓住了核心概念构建的体系,也就抓住了学科的本质。因此,我们在实施科学教育的过程中,必须要通过合理的教学进程,帮助学生建立和运用核心概念,培养学生的学习能力,使他们更好地理解与他们生活相关的事件和现象。

教学关键问题解决

人的认知结构发展呈金字塔形。如图2-1-1所示,最底层是事实性知识,第二层是具体概念,第三层是核心概念,第四层是跨学科的统一概念,最上面的是统摄所有其他知识的哲学观点。研究表明,人们对核心概念的理解可以较长久地保存在记忆中,有助于人们形成较好的知识框架,学习更多知识。根据粗略的统计,90%的科学知识是在近一百年里发现的。目前的科学知识还在迅速地增加,事实性的科学知识是个体穷尽一生也学不完的!

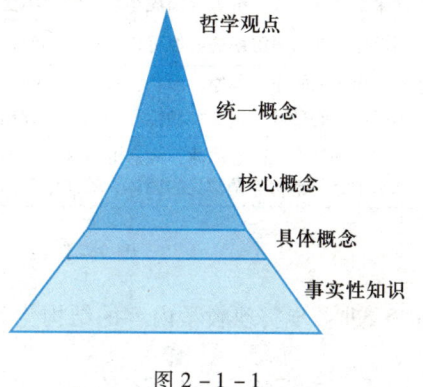

图2-1-1

核心概念是超越一般事实的观念和思想,具有很强的迁移性。学生可以利用少量的核心概念,在科学学习中实现举一反三、触类旁通。学生只有超越所给的信息进行思维,获得重要的和可迁移的观念(核心概念),才能适应知识的快速膨胀和复杂的信息环境。

因此,教学不能仅停留在事实性知识层面(认知的低水平阶段),要超越事实上升到概念,再上升到核心概念。这样才能够提高学生的思维能力和思维水平。只有具备了一定量的学科核心概念和方法,才有可能上升到跨学科的主题,最终形成一些哲学观点。

一、明晰学科核心概念框架,用大概念统整学科知识

布鲁纳认为,不论我们教什么学科,都务必使学生理解学科的基本结构。学科的基本结构就是学科的基本概念、基本原理及其内在的规律。"大概念"是一种基本科学知识模块。这一模块包含了"大概念—中概念—小概念"的科学概念体系。因此,要使教学目标能指向核心概念认识,教师就必须明确本学科的主要核心概念及概念的层级框架。有关科学内容的认知结构示例如图2-1-2所示。

用大概念的方式组织起来的教学内容本身就强调知识的内在联系和内在规律。指向"大概念"的科学教育,主旨是追求科学素养的发展和提升,希望能在清晰的教学目标指

哲学观点
世界是物质的 物质是不会消失的

跨学科主题
事物是变化的，变化是有规律的 事物是有结构的，结构和功能相适应

学科视角、核心概念
物质的变化：有些物质变化后特性不变，有些物质变化后特性也改变了 物质的分类：可以按不同特性对物质进行分类和分离 物质的特性：物质具有不同的特性、结构和功能，物质的特性取决于它的结构和成分 物质的存在：物质可以以不同形态存在，一般有固态、液态和气态三种状态

基础知识、基本技能
泡沫塑料、木头、纸等分割成小块，特性不变；燃烧的纸、生锈的铁，特性发生了改变 利用能否在水中溶解的特性可以分离糖和沙，利用磁性可以分离铁屑和木屑 不同物体的轻重、薄厚、形状、颜色、气味、软硬等特征不同 不同物体的硬度、密度、韧性、导电性、导热性等特性不同 水有三种状态：固态的冰、液态的水和气态的水蒸气 冰和木材、钢材等是常见的固体，液态水和酒精是常见的液体，水蒸气和空气是常见的气体

图 2-1-2　有关科学内容的认知结构示例

引下,进一步实现教学内容的结构化和知识的系统性,提高学生的学习效率。

二、提炼学习主题概念指向,用类属学习和总括学习相结合设计教学

指向大概念的课堂教学,首先需要提炼教学内容所反映的核心概念,把核心概念分解为统摄性较低的概念和典型事实,组成教学内容框架,然后采用上、下位学习(总括、类属)的方式设计教学。教学中应尽量为学生提供更多下位学习机会,帮助学生建立和运用核心概念,从而有助于培养学生的学习能力,促进他们对生活相关事件和现象的理解。

三、把握核心概念发展进阶,大单元组织实施学习进程

教学目标对教学起着引领、导向、激励的作用,其如何设定至关重要。设定目标时不能只关注当前一节课的教学内容,而应从体现核心概念的高度出发设定每一节课的教学目标。如果只关注单节课,那么课与课之间的联系必然是松散而混沌的,学生最终所获得的认识结构必然是杂乱无章、层次低下的,也必然无法适应时代的需求。教师要在单元甚至是全套教材的框架下,将核心概念体现在每一节课的教学目标中。

学科核心概念(大概念)是学科知识的精髓,也是知识转化为能力的桥梁。对核心概念的学习,首先要将事实性知识置于学习者的概念框架中,更重要的是概念要通过各种丰富的有代表性的事实细节展现出来。也就是说,核心概念的建立和发展,需要统摄性较低的具体概念和典型事实作为支撑,这就需要为学生提供更多的下位学习(类属学习)机

会。而以大单元(连续多个相关课题组成一个单元)组织教学内容的方式,正好可以为学生提供连续多次类属学习的机会。所以,以大单元方式组织教学活动,就为大概念的建构和发展提供了可能。

 案例分析及教学建议

 案例

食物链和食物网

一、"食物链和食物网"蕴含的大概念

实施指向大概念的教学,教师需要把握整个单元中课与课之间、活动与活动之间的内在联系,准确把握教学主题内容可支撑的大概念。以往生命科学领域教学大多是一种演绎式的教学,这样的教学存在几点不足:一是教学中教师会提供丰富的材料,但多是为了引出概念,对概念背后的本质思考不足。二是教师对概念形成的过程关注度不够。如果把科学概念只当成一个对象来认识,学生就会置身于概念形成的过程之外,缺少了参与和体验。三是教师不太关注每个科学概念背后的大概念是什么,也无法从大概念出发给学生提供足够的感性背景材料,这就使得学生对科学概念没有丰富的认识和深刻的理解。

1. 从单元整体内容中提炼大概念

"食物链和食物网"是"生物与环境"单元中的一个教学内容,在教学实施前,不仅要明确本课需要达成的概念认识,即本课的具体概念,而且要明晰单元主题概念,还要思考可指向的大概念,如表2-1-1所示。

表2-1-1

本课的具体概念	单元主题概念	指向的大概念
生活在同一区域的生物之间是有食物关系的,像链环一样的食物关系称为食物链,多条食物链组成复杂的网状食物关系称为食物网	一个区域内的生物不会孤立地生存在环境中,它必定要和许多生物发生复杂的联系(包括食物联系)	动植物之间、动植物与环境之间存在着相互依存的关系

2. 按活动序列厘清概念层级

科学学习过程由一系列探究活动组成,每个探究活动分别要达到怎样的概念目标,将一个个活动按序编排组织,就厘清了概念发展的层级,如表2-1-2所示。

表 2-1-2 "食物网和食物链"的概念

概念层级	概念内容	活动支持
前概念	自然界的生物之间存在着食物联系	认识一般水稻田里可能存在的生物
		寻找这些生物之间的食物联系
具体概念	自然界生物之间的食物联系的实质就是能量的流动	研究有食物联系的一组生物
		再次研究有食物联系的多种生物
大概念	动植物之间、动植物与环境之间存在着相互依存的关系	根据一种生物推测某个区域的食物网
		分析食物网中的生物之间的相互作用
		解决生命科学领域中的实际问题

二、"食物链和食物网"指向大概念教学的关键

1. 还原认知，激发思维，引入前概念

指向大概念，首先应该将学生对于此大概念的前概念进行引入和呈现，本课的第一环节就是让学生初步感受自然界的生物之间存在食物联系。小学生学习概念一般是以感知具体事物，从整体环境中获得感性认知开始的。而指向大概念的教学并不是常规从单一的一条食物链或几个有食物关系的动物开始食物链教学的，而是从认识生物和非生物之间的关系，逐步到认识生物与生物之间的关系。把这些关系放在一个大自然环境中（如一片水稻田）来理解，由学生找出可能生活在这里的生物，并发现生活在同一区域的生物之间存在许多关系，而不是把某种生物孤立地拿来，让学生想象它与一些生物之间的食物关系。暴露学生前概念的过程，也是试图还原人们认识事物的真实过程。

2. 分析研讨，思维冲突，建立具体概念

在呈现前概念后，就要在此基础上形成本课的具体概念：自然界生物之间的食物联系的实质就是能量的流动。

改变学生错误的前概念是一件非常困难的事，有的前概念非常顽固，需要经过较长的时间才能得到转变。美国学者纳斯伯姆和诺威克曾提出过"矛盾事件"的方法。

（1）让学生尝试解释一个主要矛盾事件，引起概念冲突。

教学食物链时，教师先让学生用直线把有食物联系的两种生物连起来，再讨论箭头的方向，最后把直线变为箭头，形成一个食物网（图2-1-3）。在这个食物链和食物网概念的形成过程中，教师分别从生物捕食的目的及从能量流动的角度分析，通过解释一个矛盾事件，制造概念冲突，明白用能量流动的方向表示生物之间的食物联系更加准确、科学，让学生真正能"知其然，还知其所以然"。

（2）鼓励和引导认知调整，建立概念模型。

在"食物网食物链"一课中，建立食物网的简单直观模型，让学生在动手操作过程中，通过分析某种生物数量改变后，在食物网中"牵一发而动全身"的影响，进一步思考不同生物数量的食物网的不同之处等，让学生更加直观地体验到食物网中各种生物之间复杂

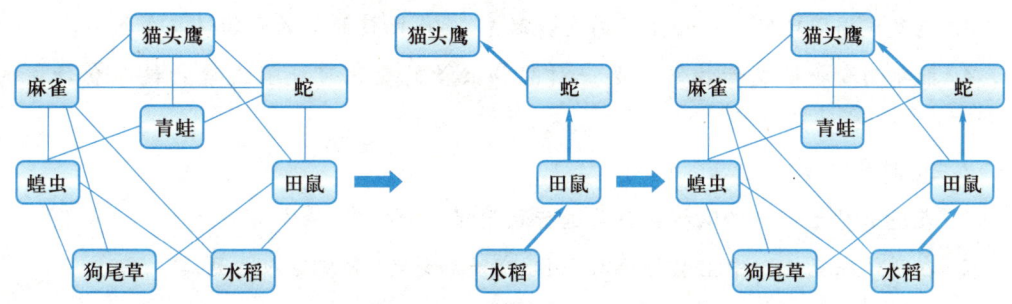

图 2-1-3 研究有食物联系的一组生物

的相互关系,也隐含了利用"建立概念模型"来进行科学探究,建立新概念。

3. 拓展运用,深化思维,指向大概念

在形成多个具体概念后,就要开始将学生指向大概念。在第三个环节,让学生以一个生物画出一张食物网。通过这一环节的小组合作尝试应用,让学生感受到本节课的大概念,并能用此大概念指导生活。比如去钓鱼,就一定会考虑到周围可能生活的与鱼有着食物关系的各种生物,包括一些有危险的生物,要做好防护措施等,能将知识运用到生活实践中。

4. 教学后,后续紧相连,理论加实践,深化大概念

指向大概念的科学教学并非一蹴而就,需要不断深化,举一反三,用理论指导实践。因此,本单元后面的"做一个生态瓶""改变生态瓶""维护生态平衡"也应同样指向单元的大概念,并不断深化。

运用大概念来指导实际生活同样重要。在"食物链和食物网"一课的教学后,教师还需要提出一些实际问题(如"怎样将野生动物放生?")引发学生思考和实践。

三、教学设计

食物链和食物网

【知识点来源】

教育科学出版社《科学》五年级上册"生物与环境"单元第5课"食物链和食物网"。

【教学目标】

(一)科学知识

1. 知道生物的生存受周围各种因素的影响,包括非生物和各种其他生物。

2. 知道生活在同一区域的生物之间是有食物关系的,像链环一样的食物关系称为食物链,多条食物链组成复杂的网状食物关系称为食物网。

3. 知道食物链中能自己制造食物的生物称为生产者,直接或间接消费其他生物制造的食物的生物称为消费者。

(二)科学探究

1. 能从食物联系的角度观察生物与环境。

2. 能在给定一组有食物联系的生物的情况下,画出相应的食物链与食物网。

3. 能发现周围环境中一些生物的食物联系,画出比较简单的食物链与食物网。

4. 能推测食物链或食物网中某一种生物数量的变化可能引发食物链与食物网的变化。

(三) 科学态度

1. 表现出对生物与环境相互关系进行科学探究的兴趣。

2. 在科学探究活动中主动与他人合作、交流和讨论,尊重他人意见。

(四) 科学、技术、社会与环境

认识到人类、动植物、环境的相互影响和相互依存关系,自觉采取行动保护环境。

【教学重难点】

在食物链和食物网的探究活动中,感知区域内的生物存在着复杂的食物联系。

【教学准备】

教师:课件、简单食物网模型。

学生:空白卡片若干、笔、胶水、活动记录单等。

【教学过程】

(一) 村边水稻田中的生物与它们的食物联系

1. 村边水稻田里可能存在的生物

(1) 这是村边的一片水稻田,从远处望去,能看到一只猫头鹰、一只白鹭和一些树木。如果我们走近一点,仔细搜索,还能发现哪些生物?

(2) 学生根据经验,说出可能生活在这里的生物。

(3) 交流:老师事先去实地考察了一下,找到了一些生物(用动物卡片呈示),看看与大家所说的动物哪些是相同的,哪些是不同的?

2. 这些生物之间的食物关系

(1) 这么多的生物为什么会生活在一起,它们之间有什么联系?

这里的自然条件适合它们生存,而且这里的生物之间存在着吃与被吃的食物联系。

(2) 选择其中一些常见的生物,观察它们之间的食物联系是怎样的。

(3) 学生分组活动:把有食物联系的生物用线连起来。

(4) 交流:把有食物联系的生物都连起来了吗? 把缺漏的补充完整。

3. 研究一组有食物联系的生物

(1) 怎样描述这些生物之间的食物联系?

(2) 从这个复杂的食物联系中选出一条来观察研究。

例:水稻 → 田鼠 → 蛇 → 猫头鹰(箭头表示的是生命体能量的流向)。

(3) 生物学家把生物之间像链条一样的食物关系称为食物链。

4. 水稻田里生物之间的网状联系

在这个食物联系中,我们还能找到更多的食物链,它们交错在一起形成复杂的网状食物关系,称为食物网。

(二) 草原(或山林)中的食物链与食物网

1. 稻田里的生物能形成食物链和食物网,其他区域中的生物也是如此吗?

2. 出示一组草原中的生物,学生根据它们之间的食物关系画出食物网。

(三) 应用与拓展

1. 根据一个生物画一个食物网。

师:我在池塘里发现了一条草鱼,你能推测出它周围还生存着哪些生物吗?

2. 小组合作,画出池塘环境中生物之间的食物网。

(鱼要生存,需要食物,必然有被鱼吃的生物存在;有了鱼,也自然会有以鱼为食的其他生物存在。)

概念指向:如果某一区域长期生活着一种生物,周边必定生活着与它有直接或间接食物联系的多种生物。

3. 讨论交流食物网中生物之间的相互影响。

(1) 在某个区域的食物网中,如果某一种生物灭绝了,会对其他生物造成影响吗?

(2) 同样的一种生物灭绝,对生物数量、种类不同的食物网影响一样吗?

(3) 如果人类进入了这个食物网,会产生怎样的影响?

四、评述与建议

"食物链和食物网"是教科版《科学》五年级上册"生物与环境"单元中的第5课。如果说前面几课认识的是生物与水、温度、空气、光等环境因素的联系的话,本课认识的则是生物与环境中的其他生物的联系。"生物与环境"中的"环境"一词,自本课开始,就从原先较为狭义的非生物因素组成的环境推广到包括非生物与生物因素的"环境"了。生物与环境中其他生物之间存在着各种联系,本课从最易被小学生理解的食物联系开始,初步完成用食物链、食物网、生产者、消费者等专用词汇来描述对生物之间食物联系的认识,并为后面的制作生态瓶活动和认识生态平衡打下基础。

"食物链和食物网"中"食物链"这一知识点本身并没有太大难度。本课的教学重点和难点是通过对食物链和食物网的研讨,让学生建立起"一个区域内的生物不会孤立地生存在环境中,它必定要和许多生物发生复杂的联系"这一上位概念。因此,教学的第一个环节不是从单一的一条食物链或几个有食物关系的生物开始的,而是从一个较大的自然环境入手,调动学生的原有认知,推测生存在其中的生物,并发现这一区域的生物存在着食物关系。第二个环节则让学生将有食物联系的生物用线段连起来,形成一个复杂的生物之间的食物联系网,并从中找出一组有链状食物关系的生物,通过讨论分析,认识到生物之间的食物关系实质是自然界的物质能量在生物体之间的循环流动。第三个环节需要让学生感知任何一个区域的生物都不是孤立存在的,在它周围必定存在和它有食物关系的各种生物,任何区域中的生命体为了生存都需要从环境中获得物质能量。最后通过一个简单的食物网模型游戏,让学生体验食物网中各种生物的复杂联系。

通过教学,我们发现,学生的思维发展已经不是局限于食物链和食物网中了,而是能够科学地看待每一个生物,并且能有效地联系起与之相关的各种生物(甚至包括与人类的关系),最终能将大概念灵活地运用到日常生活之中。

教学关键问题 2-1　案例示范

教学关键问题 2-2　如何在教学中指向物质科学领域的大概念?

 教学关键问题分析

物质科学是研究物质及其运动和变化规律的基础自然科学,是小学科学课程内容的四大领域之一。物质科学的教学,期望学生逐步建构"物体具有一定的特征,材料具有一定的性能"等 6 个主要概念及其 21 个从属概念,从而形成"世界是物质的,物质是运动的"的观念。在《科学教育的原则和大概念》一书中,这些主要概念被称为"大概念",即能够用于解释和预测较大范围自然界现象的概念。

从物质科学领域的主要概念及其从属概念中不难发现,引导学生观察事物的存在及其运作方式,探究物体之间的相互作用及其因果关系,是帮助学生建构物质科学领域主要概念的教学关键所在。

观察特征,是了解事物的存在及其运作方式的第一步。特征可以是物质本身的形状、质量、体积等属性,也可以是对象之间的大小、结构、运动方式等特性。关注特征,往往是描述现象、提出"现象为何发生"等科学问题的前提。在"科学探究"目标的"处理信息"方面,对特征的描述是非常重要的。实际上,处理信息的很大一部分工作是识别特征。

探究因果关系,往往是规律性的特征被发现后的第二步。从发现某种现象或结果,到对其成因提出不同的假设并加以验证,最后形成一种有证据支持的、可预测新现象的"理论"。探究因果关系不仅能帮助学生建构相关科学概念,还能增强学生探究物质世界奥秘的好奇心,形成乐于观察、注重事实、勇于探索的科学品质。

 教学关键问题解决

学生对物质科学领域的探究通常始于对特征的观察,并在对因果关系的探究中逐步加深对物质及其运动和变化规律的理解,从而建构起该领域的主要概念及其从属概念如何在教学中指向物质科学领域的大概念?具体可以通过以下教学策略达成。

一、基于年段进阶目标,确立一项关键实践活动

对事物特征的观察,不同的年段有着不同的目标。小学低年级学生主要通过感官或借助简单工具,对事物外部的典型结构及其显著特征进行观察。从小学中年级开始,学生

逐步对事物变化过程中的典型特征,以及事物内部的可见结构进行定性观察。到了高年级,学生开始对事物的细微结构以及变量影响下的事物变化进行定量观察。

对事物因果关系的探究,不同的年段也有不同的目标。小学低年级学生要认识到一个事物的产生是有原因的,并且这种或这些原因有可能被观察到。从小学中年级开始,学生逐渐通过一些实验来检验影响事物发生、发展过程的某些因素,包括通过改变存在于事物外部的某些条件来测试事件变化的进程,以及通过改变事物内部的某些结构来观察现象是否发生。到了小学高年级,还需要让学生辨明那些规律性的事件中是不是存在因果关系。

由于课堂教学时间的局限,教师需要根据学生的进阶目标,为他们在物质科学领域的学习设计一项指向大概念的关键实践活动,以保证学生有充足的时间参与调查研究和证据论证。关键实践活动通常采用简明的包含"学什么""怎么学"的陈述性语言来描述,比如,"通过观察获得证据来证明外界温度变化对岩石的风化作用"。

二、基于前概念的探查,提出一套问题解决方案

针对将要学习的某个科学概念,教师可以事先向学生提一些相关的问题,例如,什么是溶解?从冰箱中取出的瓶子上为什么会出现水珠?学生的答案不会千篇一律。从这些不同的答案中,我们可以比较全面地了解学生对科学概念的已有认识,即"前概念"。前概念是物质科学领域的学习起点。

物质科学领域的学习内容,有的旨在解决"是什么""会如何变化""变化会有怎样的结果"的问题,需要学生提出基于事物及其变化过程的观察或实验方案;有的学习内容旨在解决"为什么""受何种因素影响"的问题,需要学生提出基于事件发生、发展的因果关系的观察或实验方案。

物质科学领域的问题解决方案设计,对不同年段的学生有着不同的要求。小学低年级学生要在教师指导下,依据已有的经验,对"是什么""会如何变化""变化会有怎样的结果"等问题做出简单的猜想,设计并实施简单的观察或实验活动。小学中年级学生则是在教师引导下,基于已有经验和所学知识,对某一事件发生或发展有无影响条件提出假设,设计并实施定性的观察或实验。小学高年级学生要基于所学的知识,从事物的结构、功能及相互作用等角度,对各种外部或内部因素的变化而导致的结果提出有针对性的假设,设计并实施定量的观察或实验。

三、基于实证所得证据,开展一次交流论证活动

不同年段学生的实证过程是有差异的。小学低年级学生在教师的帮扶下,借助多种感官或简单工具对事物进行观察,并收集关于事物的外部特征或者事件简单变化的相关证据。小学中年级学生在教师的引导下,运用感官和选择恰当的工具、仪器,观察事物的特征及其变化过程,并收集和识别事物及其变化过程中的显著特征。小学高年级学生则

通过观察、实验、调查等多样化的手段来获取事物及其变化更丰富、更细微的特征,用图文、图表来记录和表达相关的证据和数据。

在物质科学领域的学习中,证据的交流论证是必不可少的。小学低年级学生,通常是在教师指导下,简要交流自己的探究过程、取得的证据和获得的结论,并与同学就诸如"结论有没有证据的支持""哪些是证据,哪些不是证据""哪些证据能支持自己的观点"等展开讨论。其他学生则需要积极倾听他人的论证过程,并在证据基础上表达支持或不支持,或复述他人重要的观点。

从小学中年级开始,学生应该从正确讲述自己的探究过程、证据与结论,过渡到使用表格和图表(比如条形图、折线图等)的表现方法来呈现探究证据和结论。其他学生的工作不仅是倾听,还包括"对事实和基于探究发现的推断加以区分""对证据的有效性做出评价""比较和优化自己或他人的论证过程"。

 案例分析及教学建议

 案例

磁铁的两极

一、"磁铁的两极"蕴含的大概念

"磁铁的两极"一课,旨在引导学生通过观察证据来初步建构"磁极"的概念,即"磁铁总是同时存在着两个不同的磁极"。该课与"磁铁"单元的其他课,共同指向更上位的"磁场"概念,即"磁铁有磁性,可对某些物体产生作用"。磁铁以及声、光、电等物质科学领域中有关"能量"的其他学习主题,有助于建构"机械能、声、光、热、电、磁是能量的不同表现形式"这一主要概念。因此,在教学中,除了引导学生建构"磁极"概念以外,还应该给学生"磁场"甚至"能量"的学习体验。

"磁铁的两极"中的概念建构,主要基于事物的特征观察。借助小钢珠、回形针、铁粉等轻小的铁质物品,学生对磁铁不同部位吸引铁及其吸引铁的各种表现进行观察,从而了解磁铁各部位磁力大小的显著特征。该课的教学还暗含着对磁铁的外部典型结构的观察。观察磁铁不同部位的磁力大小,意味着学生需要以某种方式来分解磁铁的外部结构,比如将磁铁分为左右两部分,或者分为左右两端及中间部分,甚至分为更多部分。由于磁铁的外部结构并不明显,因此教师在教学中需要结合学生自己的想法。

二、"磁铁的两极"指向大概念教学的关键

"磁铁的两极"一课,主要引导学生借助小钢珠、回形针、铁粉盒,收集磁铁不同部位磁力大小的证据,以建构"磁极"概念,并对"磁铁周围存在磁场"有所体验。

1. 探查科学概念主脉

教师要研读教材,剖析教材的课程地位、学生的初始水平,找到教材所涉概念在课程标准中的主脉络。"磁铁的两极"一课的概念主脉,从大概念到具体概念依次是:

(1) 学科主要概念——能量(6. 机械能、声、光、热、电、磁是能量的不同表现形式)。

(2) 单元具体概念——磁场(6.5 磁铁有磁性,可以对某些物体产生作用)。

(3) 课时具体概念——磁极(6.5.2 磁铁总是同时存在着两个磁极)。

2. 聚焦关键实践活动

教师要考虑如何设计简约而精准的教学,让学生快速聚焦到一个明确而关键的实践任务,帮助学生进阶科学概念、体验科学过程、发展科学态度。"磁铁的两极"一课,其关键的实践任务是"利用不同的测试证据来支持或反驳'磁铁不同部位的磁力大小相同或不同'的观点"。教师还要考虑如何利用简约的学习路线来推进学生的实践活动。图2-2-1展示了该课所采用的简约路线。

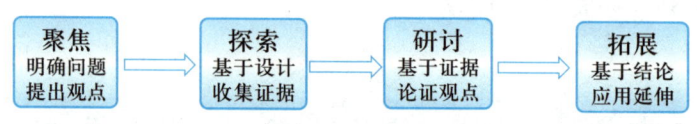

图2-2-1

3. 嵌入反思评价学习

作为科学探究八大要素之一,反思评价是指学生在经验或证据基础上对原有的猜想与假设、探究的过程与方法、形成的观点与结论,进行再认识、再评价、再调整的过程。"磁铁的两极"一课,在"证据论证"中嵌入反思评价。当学生获得探究结果后,教师引导学生对两组证据进行分析,包括两组证据所反映出的共同事实、所指向的共同结论、两组证据之间的差异,以及导致差异的可能原因。在证据论证中嵌入反思评价,有助于学生科学概念的建构,同时提升探究的有效性和思维的灵活性。

三、教学设计

磁铁的两极

【知识点来源】

教育科学出版社《科学》二年级下册"磁铁"单元第3课"磁铁的两极"。

【教学目标】

(一) 科学知识

磁铁有两个磁极,磁极的磁力最强。

(二) 科学探究

1. 能观察并用简单示意图记录磁铁不同部位吸引小钢珠的远近。

2. 能利用测试证据来支持或反驳"磁铁不同部位的磁力大小相同或不同"的观点。

(三) 科学态度

通过观察和比较磁力大小,保持进一步认识磁铁性质的兴趣。

【教学过程】

(一)聚焦关键实践

1. 提取经验

(1)通过演示,学生回顾已知的磁铁相关性质。

(2)呈现示意图(图2-2-2),达成"距离磁铁越远磁力越小"的共识。

2. 引入问题

(1)呈现"磁铁相同距离的四周"示意图(图2-2-3)。

(2)提问:距离磁铁远近相同,磁力大小都是一样的吗?

图2-2-2　　　　　　　　　图2-2-3

3. 提出观点

(1)学生就问题表达各自观点。

(2)教师将不同观点用图表示出来(图2-2-4)。

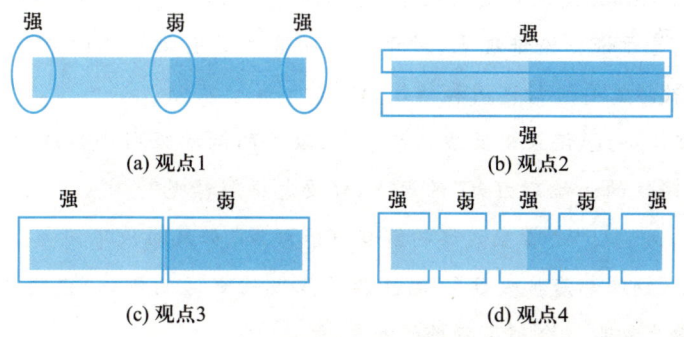

图2-2-4

(二)设计执行方案

1. 实验设计

(1)引导学生设计不同的观测方法来验证不同的观点。比如,哪个观点可能是正确的?我们要通过测试来收集证据。那么,应该怎样进行测试呢?谁能说说想法。

(2)就学生的不同想法以及可行性做出评价,并选择其中一种方法加以指导。

(3)出示学习单(图2-2-5),明确可行的操作过程:在与磁铁距离相同的一圈上,取一些点放置小钢珠,如果吸住了做好标记或者涂上颜色。依次操作。

2. 收集证据

(1)两人一组进行合作,一位同学放置小钢珠,一位同学观察并做好记录。

(2)教师引导某些组在较小圈的虚线上测试、某些组在较大圈的虚线上测试,并让他

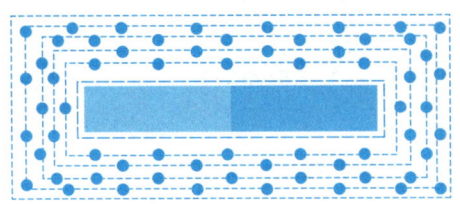

图 2-2-5 学习单

们思考为什么要这样做。

（三）基于证据论证

1. 小组讨论

（1）我们收集到了哪些证据？

（2）收集的证据最后支持的观点是什么？

（3）我们可以怎么解释？

2. 论证观点

（1）引导比较：展示两组学生的记录单，引导学生进行同步观察比较。

① 两张记录单的证据是不是支持相同的观点？或者分别支持了哪个观点？

② 记录单中的证据是怎样支持这个观点的？

【设计意图：基于证据论证观点，对于学生而言是具有挑战性的，需要学生思维的深度参与。在此，教师需要进行追问和指导。】

（2）引导解释：两张记录单反映的事实是，磁铁的两端吸引小钢珠的数更多，这似乎无法直接证明"磁铁的两端磁力大"的观点，你要怎样解释呢？

【设计意图：通过引导，学生最终的解释可能涉及"如果磁铁不同部位的磁力一样，那么在相同距离上，钢珠都能被吸住""磁铁两端能吸住更远的钢珠，说明两端的磁力更大一些"。由此，学生初步体会到了磁场的概念。】

（3）引导比较：两张记录单在细节上有什么不同的地方？这些不同的地方能告诉我们什么？

（4）学生交流看法，包括哪些做法更好，好在哪里。

（5）记录者回答质疑，或者说说自己进一步的想法。

【设计意图：在证据论证中嵌入反思评价，有助于学生提升实验设计、证据收集、观点论证的有效性，同时提升学生对科学探究及科学本质的理解。】

3. 得出结论

（1）指向概念：学生通过实验发现磁铁不同部位的磁力大小不一样，磁铁的两端磁力最强。其他学生用另外的方法也证明了这个观点。

（2）播放微视频："条形磁铁不同部位吸引回形针""铁粉盒实验"。

（3）获得概念：不同的证据都证明了条形磁铁的两端磁力最强，所以把这两端称为磁极(板书:条形磁铁的两端磁力最强,称为磁极)。

(4)理解科学的本质:通过交流,我们还知道了"观点需要证据的支持,证据需要进行解释"(板书:科学词汇——观点、解释、证据)。

(四)拓展应用延伸

(1)出示蹄形磁铁,提出新任务:条形磁铁有两个磁极,那么蹄形磁铁有几个磁极呢?你能用简单的办法进行测试吗?

(2)根据教学时间,机动地进行小组实验或演示实验。

(3)总结:通过简单的测试,发现蹄形磁铁也有两个磁极,而且只有两个磁极。事实上,任何形状的磁铁,都只有两个磁极(板书课题:磁铁的两极)。

(4)提供环形磁铁,引导学生在课后测试环形磁铁两个磁极的部位。

四、评述与建议

在"磁铁"单元的前两节课中,学生们已经初步建立"磁铁能吸铁""磁铁能对周围的铁制物品产生磁力""距离磁铁越远磁力越小,距离磁铁越近磁力越大"等课时具体概念,这些概念暗含着"磁场"这一上位概念。在此基础上,学生通过"磁铁的两极"的学习,了解了磁铁不同部位的磁力表现,进一步体会"磁场"乃至"能量"的概念,从而形成了一条体现大概念的学习路径。

"磁铁的两极"一课,教材通过"借助回形针感受磁铁不同部位的磁力""观察相同轻重的回形针被磁铁不同部位吸引的距离""借助铁粉盒观察铁粉在磁铁上的分布"三个活动,帮助学生建构"磁极"概念。在实际教学中,教师用小钢珠代替回形针,择取了"观察小钢珠被磁铁不同部位吸引的距离"作为关键实践,同时删减或压缩其他两个探究活动。教师对教材的这种处理策略,体现了小学科学"少即是多"的教学理念。

学生对磁极的探究经历三个过程,即由问题引发的对事件规律性特征的猜想,寻求证据来支持或驳斥猜想,获得对事件规律性特征的共识。本课教学中,学生的猜想源于"距离磁铁远近相同,磁力大小是否一样"这一问题。结合"距离磁铁越远,磁力越小"的学生已有概念,以及日常生活中获得的其他经验,学生们的猜想是不同的,有的认为磁铁不同部位的磁力大小相同,有的认为只有磁铁两端才有磁力。为此,他们利用小钢珠来收集证据以支持自己的猜想。

教学中,教师指导学生用画图的方法简单记录实验现象,并通过交流和论证得出"磁极"这一具体概念。教师还期望通过证据的收集和论证,让学生体验"磁场"的概念,比如"磁铁两端能吸住更远的钢珠,说明两端的磁力更大一些"。为了让教学更有效地体现大概念,教师可以在"磁铁能对周围的铁产生作用"的基础上,让学生意识到"磁极对周围的铁产生的作用力更强、作用范围更广"。

案例

探究西红柿的沉浮

一、"探究西红柿的沉浮"蕴含的大概念

"探究西红柿的沉浮"一课,实质上是以"西红柿在液体中的沉浮变化"作为一个中介事件,来探究和解释"液体的(密度)属性与物体的沉浮"之间的因果关系。此过程使学生意识到"对某种自然现象可以有不同的解释""科学知识随着新证据而不断修正",从而加深对科学本质的理解。

就像科学家对事件的因果关系的探究一样,学生对因果关系的探究一般经历四个过程,即事件的确认、"因"的尝试性解释、寻求证据来支持或驳斥解释、因果关系的建立或排除。因此,他们对因果关系的探究通常表现为,针对事件的成因进行尝试性的解释,即提出假设,并积极调用观察、实验、辩论等手段来不断验证他们的解释。

二、"探究西红柿的沉浮"指向大概念教学的关键

"探究西红柿的沉浮"一课,通过"西红柿沉浮原因的尝试性解释""设计并利用对比实验寻求证据""基于证据以及迭代探究来论证假设"等过程,帮助学生构建"液体的性质可以改变物体的沉浮"这一具体概念,并加深对事件因果关系的理解。

1. 遵循概念建构逻辑

"探究西红柿的沉浮"一课,为了在教学中体现大概念,教师必须遵循科学概念的建构逻辑,考虑学生从原始概念走向科学概念的思维历程。对学生而言,他们从西红柿的沉浮现象出发,分析与排除导致西红柿不同沉浮状态的某些原因,以液体蒸发后的残留物为证据来检验"西红柿的沉浮与水中溶解了食盐有关"的假设,利用西红柿在食盐水中的沉浮现象进一步修正观点,从而建构"液体的性质可以改变物体的沉浮"的科学概念。为此,教师需要引导学生基于情境进行问题剖析,基于假设进行任务探究,基于证据进行观点论证。

2. 关注证据论证过程

证据论证可以有效促进学生科学思维的发展,它需要教学的支持来帮助学生超越原有想法。证据论证包括从不同信息中甄别有效证据,陈述理由或引用证据来证明某种观点,解释为什么他们的质疑是有道理的。"探究西红柿的沉浮"一课,学生的证据论证活动涉及:

(1) 以两种液体的蒸发残留物为证据,来证明"水中溶解了其他物质"的观点。

(2) 以食盐和白色粉状残留物的对比观察结果为证据,来质疑"水中溶解了食盐"的观点。

(3) 以西红柿在食盐水中的沉浮现象为证据,来修正"水中溶解了食盐"的观点。

3. 渗透科学本质理解

《美国下一代科学教育标准》认为,科学教育的目标之一是帮助学生理解科学知识的本质,比如"科学探究利用多种方法""科学知识随着新证据而不断修正"。在教学中体现物质科学领域的大概念,其策略之一就是渗透对科学本质的理解。在"探究西红柿的沉浮"一课中,学生通过解释西红柿沉浮现象来理解"对某种自然现象可以有不同的解释";通过设计与实施不同的验证活动来理解"科学探究利用多种方法",通过论证与修正"西红柿的沉浮与水中溶解了食盐有关"的观点来理解"科学知识随着新证据而不断修正"。

三、教学设计

探究西红柿的沉浮

【知识点来源】

教育科学出版社《科学》五年级下册"沉和浮"单元第7课。

【教学目标】

(一)科学知识

1. 对某种物体在液体中的沉浮现象可以有不同的解释。
2. 液体的性质可以改变物体的沉浮。

(二)科学探究

1. 能通过观察、实验来收集证据,以验证关于西红柿沉浮原因的不同观点。
2. 能基于证据的论证来了解西红柿沉浮和液体中溶解其他物质之间的因果关系。

(三)科学态度

1. 激发研究自然现象中的因果关系的兴趣。
2. 体会证据在科学探究中的重要性。

【教学过程】

(一)聚焦关键实践

1. 钩沉经验

(1)取两杯清水,用障眼法将其中一杯清水换成澄清的浓盐水。

(2)将一个西红柿放入清水,另一个西红柿放入浓盐水,观察其沉浮状态。

(3)利用已有经验,解释两个西红柿在两杯"清水"中的沉浮原因。

(4)共识:对西红柿的沉浮现象可以有多种解释。

【设计意图:用两杯"清水"来观察西红柿的沉浮,有助于学生提取关于物体沉浮的已有经验,包括物体在水中的沉浮与物体的轻重、大小有关。】

2. 引入问题

(1)将两个西红柿同时放入同一杯清水或同一杯浓盐水,观察它们的不同沉浮状态。

(2)提问:为什么西红柿在这杯水中都是沉的,而在另一杯水中都是浮的?

3. 明确任务

(1)学生就问题表达各自观点。比如,物体的沉浮和液体多少有关,一杯水中可能有盐。

(2) 用演示实验排除液体多少对西红柿沉浮的影响。

(3) 提出任务：用证据证明"液体中可能溶解了一些物质"的观点。

(二) 设计执行方案

1. 实验设计

(1) 引导学生提出检验"液体中是否含有盐"的不同方法，并评估方案的可行性。

(2) 讨论：如何利用加热的方法来检验"液体中是否含有盐"？

(3) 出示实验材料，用简单示意图来展示实验设计方案。

(4) 推测实验结果，说明推测的理由。

2. 收集证据

(1) 明确实验操作方法和安全事项。

(2) 四人一组，对两种液体进行加热，每个学生都要观察和记录。

(3) 教师将学生的实验结果进行拍照，包括实物和记录单。

(三) 基于证据论证

1. 小组讨论

(1) 我们收集到了哪些证据？

(2) 收集的证据可以支持怎样的观点？是否能支持"液体中含有盐"的观点？

2. 观点论证

(1) 展示某组的对比测试证据，说说测试的过程及结果。

(2) 展示两组学生的记录单，进行观察比较。

① 两张记录单的证据有什么相同之处？

② 这些证据支持的观点是什么？为什么这些证据无法证明液体中含有盐？

(3) 两张记录单有什么不同的地方？这些不同的地方能告诉我们什么？

(4) 学生交流看法，包括哪些做法更好，好在哪里。

(5) 形成初步观点：能使西红柿上浮的未知液体中溶解了一些物质。

3. 迭代探究

(1) 提出问题：溶解在液体中的不明物质到底是不是食盐？怎样证明？

(2) 提出任务：调制一杯能使西红柿上浮的食盐水。

(3) 学生实验：在清水中加入食盐，观察西红柿是否会在盐水中浮起来。

(4) 交流证据，知道所获证据不足以证明"液体中溶解了食盐"，但足以证明"能使西红柿上浮的未知液体中溶解了一些物质"。

【设计意图：迭代探究源自观点论证中的某种分歧或某个新问题，此处的迭代探究是"调制一杯能使西红柿上浮的食盐水"，可以用定性研究加以解决。简化教材中一包一包加食盐的定量方法，体现了小学科学简约教学的思想。】

4. 得出结论

(1) 获得结论：通过实验结果的比对和进一步观察，我们可以形成一些结论："液体的性质可以改变物体的沉浮""一定浓度的液体才能改变物体的沉浮"。

（2）科学本质的理解：我们还认识到"对某种现象可以有不同的解释""科学解释会随着新证据的出现而发生改变"。

（四）拓展应用延伸

阅读有关"死海"的资料，利用所学知识来解释死海"不死"的原因。

四、评述与建议

本课教学中，学生就西红柿在"水中"为什么会表现出不同的沉浮状态，提出了多种假设。西红柿沉浮状态的差异，"因"可能是多方面的——轻重的差异，或者体积的差异，或者液体的体积、浓度、性质的差异。这些原因有的属于西红柿自身的特质，是内因；有的属于液体的特质，是外因。面对错综复杂的"因"，学生需要用一些证据来支持或反驳这些尝试性的解释。将两个西红柿互换所浸的液体，学生排除了西红柿的自身原因，最终将疑问聚焦在"液体特质是否发生变化"之上。于是，事件的因果关系逐渐从错综复杂的各种关系中浮现出来。

"西红柿在液体中的沉浮状态可能是由于水中溶解了食盐"，类似这样一种对现象的尝试性解释，实际上就是一种因果关系的假设。然而，这种因果关系的假设具有不确定性。于是，一项旨在"用证据来证明西红柿的沉浮是由于水中溶解了食盐"关键实践活动就此展开。学生们需要想出各种方法来获得证据、寻求真相，试图找到事件明确的因果关系。用嘴巴尝，是判断液体是不是食盐水的最简单的方法，可惜在科学探究中这种方法是杜绝使用的。过滤的方法，无助于因果关系的探明。于是，学生们采用蒸发水分来检测未知液体的成分。检测结果表明，未知液体中含有白色粉末。

证据能否支持观点？一场针对"白色粉末是不是食盐"的论证活动开始。如果学生当初的"因"是"水中溶解了其他物质"，那么论证活动可能会简单些，他们只要将这些物质重新放入水中，观察它是否能够溶解。然而，"因"是"水中溶解了食盐"，那么论证活动需要涉及"观察食盐和白色粉末在形状、大小、颜色等方面的相似性""观察食盐和白色粉末在溶解方面的相似性"。因此，在论证过程中，引导学生用肉眼甚至用放大镜来对比观察食盐和白色粉末的外观特征，是有必要的。事实表明，白色粉末和食盐在外观上尽管很接近，但学生依然无法得出一个肯定或否定的结论。所以，需要进一步收集证据并加以论证。调制一杯食盐水，一是要观察食盐是否也能溶解于水，二是要观察食盐水能否让西红柿浮起来，三是要渗透"食盐溶解量的变化会导致浮力变化"的观点。学生的观察表明，白色粉末和食盐都能溶解于水，并使西红柿上浮，但也无法确定其为食盐，只能确定水中溶解了别的物质。这个过程充分体现了对证据的尊重和对逻辑的尊重。

教学关键问题 2-2　案例示范

教学关键问题 2-3　如何在教学中指向生命科学领域的大概念?

 教学关键问题分析

生命科学是小学科学教育的四大领域之一,内容丰富,涉及面广。在现行的教科版科学教材中,三年级的"植物""动物""植物的生长变化""动物的生命周期"单元,四年级的"我们的身体""新的生命"单元,五年级的"生物与环境"单元,六年级的"生物的多样性""微小世界"单元等,都属于生命科学领域的主题。生命科学领域的学习,应致力于理解一些生命科学上有关的大概念。因为"科学教育的目标不是去获得一堆由事实和理论堆砌的知识,而应是实现一个趋向于核心概念的进展过程,这样做有助于学生理解与他们生活相关事件和现象"。而概念的形成也有助于学生形成科学的思想观念、方法和科学的世界观。

在《科学教育的原则和大概念》一书中,有关生命科学的主要大概念(或称为核心概念)有:

- 生物体是由细胞构成的。
- 生物需要能量和营养物质,为此它们需要依赖其他生物或与其他生物竞争。
- 生物体的遗传信息会一代代地传递下去。
- 生物的多样性、存活和灭绝都是进化的结果。

当然,这些大概念不是小学阶段就能建构完成的,它们贯穿在整个基础教育阶段,呈螺旋式上升。

《义务教育小学科学课程标准》的内容标准,以大概念为统领进行组织和呈现,通过以"联系、整体"的视角来规划生命世界的轮廓,将生命世界中零散的、具体的科学事实以大的科学概念来统整,形成多种多样的生物、生命的延续、生物与环境的关系三大主题。在教学中,应帮助学生形成6个主要概念,即小学阶段的大概念。

（1）地球上生活着不同种类的生物。

（2）植物能适应环境,可制造和获取养分来维持自身的生存。

（3）动物能适应环境,通过获取植物和其他动物的养分来维持生存。

（4）人体由多个系统组成,各系统分工配合,共同维持生命活动。

（5）植物和动物都能繁殖后代,使它们得以世代相传。

（6）动植物之间、动植物与环境之间存在着相互依存的关系。

在主要概念之下,以小学阶段的课程内容为基础,梳理和选取了适合学生学习的24个学习内容,每一个学习内容分解为不同学段的学习目标。用这样的方式,体现指向大概念的教学。

重视科学概念是当前科学教育的一大特点。但在实际的教学中,由于部分教师认识不到位,对学生的概念建构过程缺乏有效的方法指导,以及学生由于年龄特点引起的局限性等,在生命科学领域中存在着诸多教学疑难问题。

第一,前概念具有的局限性和顽固性,在一定程度上阻碍了科学概念的形成。

学生在学习生命科学的内容以前并非一无所知,他们已经在生活实践中形成了对生命世界的一些认知,我们称之为前概念。但这些前概念受年龄和思维的限制,缺乏对生命世界的观察和思考,对生命科学领域的认识是片面的、不准确的,甚至是错误的。

比如学生认为水里游的就是鱼,天上飞的就是鸟,蘑菇是植物等。一次,我们针对"鸭子是不是鸟"进行调查,结果有43%的学生认为鸭子不是鸟。这样的错误前概念对学生的学习可能产生很大影响,是学生建构正确概念的障碍和阻力。

又如,研究结果表明,即使到了十一二岁,许多儿童在关于生命概念的解释中还带有万物有灵论的影子。大部分6岁儿童还不能理解问题的含义,而常常做出自相矛盾的回答(比如,对生物和非生物的解释是一样的),或者不加区分地回答"是"或"不是"。6—9岁的儿童,普遍具有一种万物有灵的思维,或者经常用一种综合形式、运动、用途等来确认物体是否具有生命(如太阳、风、云、雨等经常被学生认为是有生命的)。

第二,缺乏生活经验,部分学生存在着自然缺失症现象,使科学概念的建构缺乏直观认知的基础。

随着工业化、城市化和现代化进程的加快,种种社会问题暴露出来。人与自然渐渐疏离,人类享受现代生活,依赖先进科技,很多人被各种电子设备牵着走,"低头族"越来越多,社交能力慢慢退化。这些问题都是"自然缺失症"的一个表象问题,在儿童身上表现得尤为明显。而且这种令人担忧的状况有愈演愈烈之势。在城市里长大的孩子已经失去了大自然赋予人类的灵性,已经习惯用物质代言快乐,很难与自然和谐共存。他们背过《悯农》,却没见过农民种地;吃过猪肉,却没见过猪跑;分不清五谷,辨不明花草,认不出飞鸟走兽。直观认知的欠缺,使他们对生命世界的认识浮于表面,难以建构科学概念。

第三,观察不深入,缺乏探究毅力,难以坚持长时观察,使科学概念的建构不牢固。

观察是小学生研究生命世界最常见和最首要的方法。儿童认识"生命世界"是从观察开始的,他们运用各种感觉形式、借助仪器,对生命体与生命现象进行系统、周密、精确、审慎的观察,并将观察结果以图形、图表、文字、数字等不同形式进行如实描述和记录,获得大量鲜明而具体的感性认识,在经过思维活动的加工、提炼之后,探寻出生物之间的差异与生命活动的规律。

由于受年龄特点和认识水平的限制,儿童早期主要用感官直接观察周围的生命事实,并进行定性描述,随后发展到借助一定的工具进行间接观察,将结果进行更科学和简明的定量描述,对观察结果的描述渐渐严谨到具有统计学的意义。

对生命世界的观察往往需要长时间的观察过程,学生缺乏持之以恒的学习动力,很难做到长时间对动植物的生长做跟踪观察和记录,往往半途而废,从而使学生在最后的交流、汇报阶段出现编造数据的现象。

第四,教学方法的单一,部分教师以影像资料代替实际观察,使科学概念的建构浮于表面。

生命世界的很多实验活动,不像物理、化学实验那样可以在实验室用相应的实验材料完成,它必须深入现场,有的还要经历一个很长的周期,没有事先的准备,只靠课堂上40分钟,很难完成科学概念的建构。于是,有些教师就用影像资料来代替实际观察,这样容易使原本生动的教学活动变得枯燥,甚至会导致部分学生产生厌学的现象。

 教学关键问题解决

学习进阶理论认为,学习是一个长期、可持续发展的过程,学生需要相当长的一段时间(少则二三年,多则七八年)来发展对核心概念真正深入、细致的理解。因此,我们的科学教学应围绕某些核心概念进行长远的设计,力图在不同年段呈现连贯一致、由浅入深、循序渐进的核心概念。所以,解决在生命科学领域发展所带来的教学疑难问题,就是要以学习进阶理论为指导,以大概念为理念进行生命科学教学设计、教学实施和教学评价。

一、了解学生认知水平,找准学习进阶的起点

在上课前,学生已经具有一系列对生命世界的观点,这些正是生命科学学习的基础。维果茨基在"最近发展区"的理论中指出,教师应了解学生认知现有发展区和潜在发展区,关注学生的最近发展区,然后据此进行教学设计。因此,在教师进行生命科学教学时,了解和测查学生认知水平,找准生命科学学习进阶起点,是教学的重要前提和基础。

在了解学生的前概念基础上,开展有效教学,不断修正和完善学生的原有认知,不断构建科学概念,实现由"此岸"(前概念)到"彼岸"(科学概念)的自然过渡与衔接。在了解学生前概念的过程中,一般可以采用画图(图2-3-1)、调查测试、访谈、画概念图等方法。

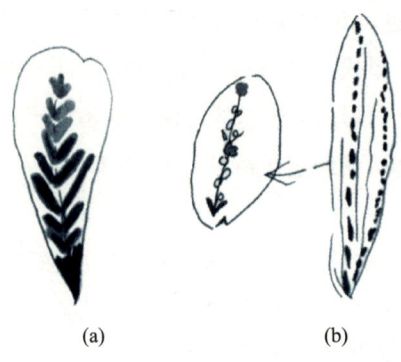

图2-3-1 两个有关种子内部结构的初始表示

小学生对概念的认识,在性质方面经历着从直观属性中解放出来,走向以本质的、一般的因素为基础,最终逐步形成深刻而精确的概念的过程。

表2-3-1是对部分2—3年级学生进行调查和访谈的记录。

表2-3-1 问题与调查结果示例

问题	调查结果	
什么叫动物?	1. 大象叫动物; 3. 会爬行的叫动物; 5. 有肉的叫动物	2. 小白兔、小猫、小鸟叫动物; 4. 会动的叫动物;
什么叫植物?	1. 杏树叫植物; 3. 不会动的叫植物;	2. 花、草、树叫植物; 4. 种在地里会发芽的叫植物
什么叫生物?	1. 不知道; 2. 生物就是生物	
什么叫食物?	1. 米饭是食物; 3. 吃的东西是食物	2. 高粱是食物;
什么叫空气?	1. 雾是空气; 3. 空气是气体	2. 空气是人要呼吸的东西;

从表2-3-1所收集到的学生前概念来看,2—3年级学生还处于一种具体形象的描述水平,绝大多数的学生认为"大象、小白兔、小猫、小鸟就叫动物""杏树叫植物""花、草、树叫植物"等。这样的调查也为后面的教学明确了学习进阶的起点。

二、认真把握教学目标,确定学习进阶的中间水平

学习进阶包括起点、终点和多个中间水平。这些中间水平,作为学生学习进阶的思维发展路径,是学生概念发展的踏脚石。如果学习进阶的终点是教学的长期目标,那么中间水平就是教学的短期目标。每个单元、每个课时、每个阶段的目标在一定程度上都是学习进阶的中间水平,比如"植物能适应环境,可制造和获取养分来维持自身的生存"这一主要概念,下面又分三个学习内容,学习内容在不同的学段又有不同的学习目标,比如"植物具有获取和制造养分的结构"就分三个小目标,如表2-3-2所示。

表2-3-2 学习内容与学习目标示例

学习内容	学习目标		
	1—2年级	3—4年级	5—6年级
植物具有获取和制造养分的结构	说出植物需要水和阳光以维持生存和生长	描述植物一般由根、茎、叶、花、果实、种子组成,这些部分具有帮助植物维持自身生存的相应功能	知道植物可以吸收阳光、空气和水分,并在绿色叶片中制造其生存所需的养分

教师要心中有"大概念",要知道"走向何方",这样才能明确应该"位于何处",知道位于"大概念的哪个中间水平"。

三、精心组织探究活动,搭建学习的台阶

《礼记·学记》中讲的"道而弗牵",就是说教师应引导学生,而不是牵着学生的思路。教师要提高教学应变能力,根据学生科学探究过程中的表现,搭建学习的台阶,优化指导要点。当学生在科学探究过程中迷失方向时,教师应指点迷津;当学生出现形形色色的错误时,教师应正确引导,变错误为生成性学习资源;当学生出现实验探究秩序混乱时,教师应稳定其情绪,拨乱反正;当学生疑惑不解、心理受挫时,教师应激励学生学习的自信心和进取心;当学生有惊喜发现或意外收获时,教师应及时表扬评价,激发学生探究的热情与兴趣。

观察活动、实验活动不一定都是科学探究,真正的探究活动必须以科学概念的建构为目标,科学概念是一节课的指路灯。探究能力的培养必须与某个具体的问题相联系,必须有对实际对象的观察,必须有关于实际对象的数据,必须有研讨交流,必须有学生的自主参与。总之,只有指向科学概念的探究活动才是有意义的。

四、指向生命科学大概念,明确学习进阶的终点

学习进阶是围绕着学科大概念构建而成的,大概念在学习进阶的设计中起着"中心骨架"的作用。一方面,它能够统整学科中的许多知识、技能和事实,使知识形成体系;另一方面,借助于统整后的知识体系,学生能够组织、建构和扩展他们对科学的理解,从而达到解决问题的目的。

知识碎片理论认为,学生的知识来源于一些零散的知识碎片,碎片化的知识转化为科学概念往往需要很长时间。学生对科学大概念的学习通常会伴随学生的整个基础教育过程。学习进阶一方面使学生对概念的学习具有连贯性,使大概念贯穿科学学习的整个过程;另一方面为学生概念学习的过程提供有力的实证数据,以支撑概念学习的完整性。

五、建立长效机制,增强学习毅力

生命世界包含丰富的探究内容,开展实践探究,如养殖、种植等实践活动,可以让学生在动手探究、参与、体验的实践过程中,观察与记录动植物的成长周期,体验生命世界的神奇,从而建构生命世界的概念。

对于学生开展的长周期观察活动,教师要采取合理的长效机制,引导学生在亲历活动中深化体验,获得深刻的感受和领悟。

(1)确立明确的观察目标。在长期观察活动的初期,教师应多指导一些,帮助学生制订具体可行的计划和观察目标,当他们带着目标去观察时,学生的有效观察就开始了。

(2)设计合理的观察记录单。与学生讨论和设计观察所用的表格,既能记录观察目标的特征和变化过程,又便于使用简图或简单文字进行记录。

(3)建立班级"长周期生命体验"的管理机制。

(4) 建立家长导师制。

(5) 加强与其他学科的整合。

(6) 展示体验成果。

当然,以学习进阶理论为指导,以大概念理念进行教学,教师将实际联系到科学大概念时会遇到一些特有的挑战,学生的探究活动一般聚焦于他们周围环境中的生物与非生物,从他们的探究和观察引导出一些具体概念,这些具体概念和科学的大概念之间的联系可能看起来含糊不清。这就需要教师加强学习,对这些具体概念和大概念之间的联系应该很清晰。

案例分析及教学建议

案例

原来是相互关联的

一、"原来是相互关联的"蕴含的大概念

目前地球上存在着许许多多不同种类的植物和动物,也有许多种类的动植物曾一度生活在地球上,但现在已经灭绝了,我们只能从化石中了解它们。为了获取物质与能量,那些具有更好适应能力的个体在竞争中存活下来,并把它们能适应环境的特征遗传给后代。

达尔文环球旅行最重要的发现,是从纷繁的生命现象中,抓住了生命的两重性,即他观察到生命既相似又有差异的现象。达尔文进化论有关生物有共同祖先的观点解释了生物的统一性,变异的不定向性、适者生存、物竞天择的观点则解释了生命的多样性。

六年级上册第四单元"生物的多样性"关注的是物种的多样性,最终指向的是"生物的多样性、存活和灭绝都是进化的结果"这一大概念。

生物多样性包括遗传多样性、物种多样性、生态系统多样性,在根本上体现了结构与功能、生物与环境的统一性(图 2-3-2)。

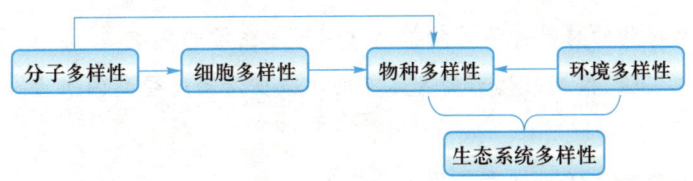

图 2-3-2

虽然这节课还没有明确提出"进化"这一概念,但通过这节课的学习使学生建构"不同的动植物生活在不同的环境"这一概念,而下一课"谁选择了它们"则需要建构"同一种

动植物为了生存,也必须改变某些特征适应环境"这一概念。正如达尔文在《物种起源》一书中所说的:"我们还应该记住,生物之间的相互关系以及它与生存的物理条件之间的关系是何等复杂和密切。因此,数不清的、具有分歧的构造,对于那些处在生存条件不停变化中的生物永远是有用处的。"当然,他也提出,"我必须毫无保留地承认,在一般情况下,自然选择的作用是极为缓慢的。"

二、"原来是相互关联的"指向大概念教学的关键

《科学教育的原则和大概念》一书指出:学生获取的科学知识应该至少有部分是从不同形式的科学探究经验中获得的。在这些探究活动中,学生应该能够发展他们的能力,包括构建问题、为回答问题通过观察和测量收集数据的方法、分析和解释数据,以及参与到有关探究和获取结果的讨论中去。

我们都知道探究是学习科学的主要方法。在发展概念的同时,促进学生探究能力的提升。

科学是讲究实证的,六年级的学生已经具备了一定的过程与方法能力,他们能够利用已有的经验对金鱼和鸽子的一些特殊形态结构的功能进行推测,他们能够想办法通过模拟实验来验证自己的推测。对于在不同环境中动物的研究,希望学生能在活动之后,更好地体会到动物的形态结构也是长期适应环境的结果,从而建构起"生物的形态结构与它们生活的环境相适应"的科学概念,也为生物的多样性提供基础。

做模拟实验是生命科学研究的主要方法之一。"纺锤形是否真的能减少水的阻力"是本节课的难点。

三、教学设计

原来是相互关联的

【知识点来源】

教育科学出版社《科学》六年级上册第四单元"生物的多样性"第6课"原来是相互关联的"。

【教学目标】

(一) 科学知识

1. 知道动植物具有与环境相适应的一些特殊身体结构。
2. 知道生物的形态结构是与它们所生活的环境相适应的。

(二) 科学探究

1. 能根据动植物的特殊身体结构推断它们可能生活的环境。
2. 通过模拟实验,推测纺锤形的身体有助于减少活动时受到的阻力。

(三) 科学态度

1. 具有用实验的方法验证自己推论的意识。
2. 在科学探究活动中主动与他人合作、交流和讨论,尊重他人意见。

(四) 科学、技术、社会与环境

认识到动植物与环境的相互影响、相互依存关系,自觉采取行动,保护环境。

【教学过程】

上课之前,我们先来玩个游戏:猜猜它是什么?

(一) 引入

从课前游戏中发现,同学们对生物都是比较熟悉的。骆驼的驼峰、鸽子的翅膀、猫的肉垫、仙人掌的叶子都是生物特殊的形态结构。是什么造成了生物具有特殊的形态结构呢?

(二) 不同环境中的植物

1. 观察比较

观察两组图片,比较一下叶有什么不同,根有什么不同。它们的这些不同与什么有关?表达自己的想法。

2. 小组讨论

每个小组选择其中的一组图片进行讨论,并填写研究报告(图2-3-3)。

生物研究报告1　　　　　　　　　　第 __4__ 组

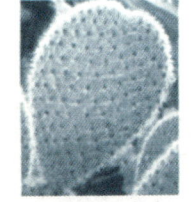  

1. 填表

	仙人掌	松树	香蕉树
生活环境	沙漠	陆地	热带雨林
叶的特点	叶刺	又细又多	大蒲扇
所起作用	不易流失水分	减少水分流失	遮阳

2. 从表中可知,植物叶的形态结构各不相同的是为了适应<u>不同的生态环境</u>。

(a) 叶

生物研究报告2　　　　　　　　　　第 __1__ 组

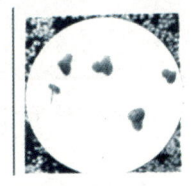 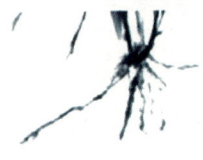 

1. 填表

	浮萍	沿阶草	玉米
生活环境	水中	土中	土中
根的特点	轻、小	长、多密	粗大
所起作用	更容易浮于水中	吸收更多养分	固定玉米,不让其翻倒

2. 从表中可知,植物根的形态结构各不相同是为了适应<u>各自的生活环境</u>。

(b) 根

图2-3-3　研究报告

3. 汇报交流

小结:通过刚才对不同环境中的植物的研究,我们发现,不同的植物有不同的形态结构,有不同的生活环境,不同的生活环境造成了植物根、叶的多样性。

板书:

植物　　形态结构　　　适应　　　不同的生活环境

(三)不同环境中的动物

1. 观察图片,比较异同

小组活动,观察教材中的图片和羽毛的实物,填写记录表。

2. 汇报交流

(1)汇报1:"猫的爪,鸟的爪,鸭的蹼脚"与它们生活环境的关系。

(2)汇报2:鲫鱼和鸽子的身体特征与生活环境的关系(表2-3-3)。

表2-3-3　记　录　表

动物名称	生活环境	身体特征	我猜想的功能
鲫鱼	水里	身体呈纺锤形	减少水对它的阻力
		鱼鳞	保护身体,减少水对它的阻力
		鱼鳍	游泳,平衡身体
		鳃	呼吸
		鱼鳔	沉浮
		侧线	感知水流速度等
鸽子	空中	身体呈纺锤形	减少空气的阻力
		羽毛	保暖,减少空气的阻力,减少重量
		翅膀	飞行
		骨骼中空	减轻重量以利于飞行
		肺	呼吸
		爪子	停歇

小结:刚才我们研究了鲫鱼和鸽子之间的不同点,那么它们之间有没有什么共同的特点呢?——都是纺锤形的。

(3)师:纺锤形身体真的可以使阻力减少吗?要判断猜测是否正确,可以用模拟实验的方法。用课件呈现装置图,讨论实验方法。

(4)学生实验,如图2-3-4所示。

(5)交流讨论:做了几次实验,大家得到了什么结论?(纺锤形身体能使水对它的阻力减小。)通过对不同环境中动物的研究,你有什么发现?

3. 总结规律,得出结论

结论:不同动物的形态结构与不同的环境相适应。

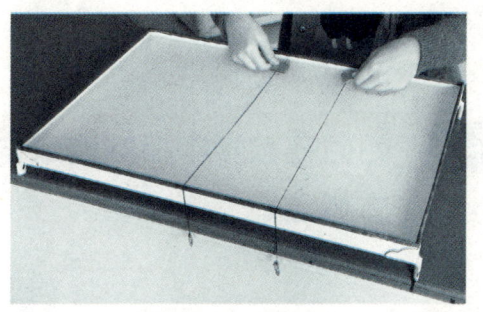

图 2-3-4

板书：

　　　　动物　　形态结构 ──────── 不同的生活环境
　　　　　　　　　　　　　　适应

这就是我们今天研究的主题——"原来是相互关联的"。

总结：通过今天这节课的研究，我们知道了不同的生物适应了不同的生活环境，那么，如果同一种生物生活在不同的地方会怎么样呢？课后可以先去研究一下。

四、评述与建议

生物的多样性是人类生存的重要资源。本节课的重要任务是引导学生理解生物体不同的形态结构是与它们的生活环境相适应的。本节课的教学保持和发展了学生对周围世界的好奇心与求知欲。

1. 场景渲染典型逼真

学生对生物的认识往往局限于个体或局部，为了帮助他们把生物与环境这两个要素连接起来，教师在课堂中展示了多个典型场景，如沙漠、山地、池塘等，通过场景的渲染，引起学生对更多生物形态结构和生活环境的关注。

2. 记录表和助学单设计独具匠心

将本课的轮状、线状集合结构的三个活动进行有机整合，使得一个个分散的活动成为两个大活动，并在记录表中体现了三个不同层次的内容，使学生的认知不断推进、螺旋上升。

学生小组的研讨分三个层次，一是学生根据图片，寻找身体特征，对功能进行推测（即原有认识的收集）；二是给学生助学单（主要是用图片出示，同时标好了各部分名称），希望能引起他们的多角度思考；三是给予补充资料（如鸽子的骨架中空、鲫鱼鱼鳔的作用等），丰富他们的研究，同时也告诉他们查找资料是判断猜想是否正确的一种方法。

3. 探讨内容自主选择

学生对生物的探讨不是由教师硬性规定的，而是采取自主选择的方式，小组集体探讨，根据小组的学习进程决定探讨的生物种类和数量，使学生的主动性得以充分体现。

教学关键问题 2-3　案例示范

教学关键问题 2-4　如何在教学中指向地球与宇宙科学领域的大概念？

 教学关键问题分析

神秘浩瀚的宇宙是学生永恒的兴趣点,学生会有无数关于日月星辰的问题在头脑中闪现。地球与宇宙科学领域的教学,将解决一些学生能认识和理解的问题,也会渗透这个领域的一些学习方法,激发学生对地球和宇宙的探究热情,发展空间想象、模型思维、逻辑推理等能力。

本领域作为小学科学课程内容的四大领域之一,期望学生建立三个主要概念及 12 个下位概念(学习内容)。

1. 在太阳系中,地球、月球和其他星球有规律地运动着

1.1 地球每天自西向东围绕地轴自转,形成昼夜交替等有规律的自然现象

1.2 地球自西向东围绕太阳公转,形成四季等有规律的自然现象

1.3 月球围绕地球运动,月相每月有规律地变化

1.4 太阳系是人类已经探测到的宇宙中很小的一部分,地球是太阳系中的一颗行星

2. 地球上有大气、水、生物、土壤和岩石,地球内部有地壳、地幔和地核

2.1 地球被一层大气圈包围着

2.2 地球表面有由各种水体组成的水圈

2.3 陆地表面大部分覆盖着土壤,生存着生物

2.4 地球表面覆盖着岩石

2.5 地球内部可以划分为地壳、地幔和地核三个圈层

3. 地球是人类生存的家园

3.1 地球为人类生存提供各种自然资源

3.2 人类生存需要不同形式的能源

3.3 人类生存需要防御各种灾害,人类活动会影响自然环境

课程标准中所呈现的地球与宇宙科学领域的三个主要概念(即大概念),是基于学生认知水平而确立的,帮助学生初步建立科学的宇宙观和自然观,以及人地协调的可持续发展观。大概念自身就蕴含了对世界(事物)认识的价值观,地球与宇宙领域大概念的建立,对学生科学地认识世界也会产生一定影响。三个大概念的建立,需要明确 12 个下位概念与相对应的大概念之间的从属关系,需要相关知识的支持。学习方法和思想方法的

渗透,是这个领域学习的重要特点。地球宇宙中的有关现象、事物变化及其规律具有一定的复杂性,因此,在指导学生建立大概念的过程中,需要用到建立模型、模拟实验、逻辑推理等方法。

教学关键问题解决

一、碎片与系统

学生对某类知识的认识与理解,会对即将的学习产生一定的影响。而他们对这类知识的认识与理解主要来自本领域的课堂学习和多种信息渠道的课外学习。

第一,本领域的课堂学习。一节课的学习有其教学目标,在实现这节课目标的同时,也应该为其他教学内容的学习打下基础。"描述一天中气温变化的大致规律"和"描述一天中太阳光下物体影子的变化规律"等学习目标,分别从属于不同的下位概念,但对四季成因的认识却有着十分重要的意义和价值。因此,教学实践中,需要教师纵观教学内容,对大概念与大概念之间的相互关联有一定的理解,用系统方法论的思想建立起现代教学观。以探究四季成因为例,学生在探究四季成因之前,已经学习了太阳的东升西落、物体影子变化的规律、一天(年)气温的变化、一年中动植物变化等相关的知识。这些知识在实际的学习过程中,是围绕着一定的概念建立进行的。太阳的东升西落、物体影子变化的规律是在认识地球自转中了解的,一天(年)气温的变化是在认识地球大气圈中习得的,而一年中动植物变化则是在"动物能适应环境"这个大概念建立中掌握的。

第二,多种信息渠道的课外学习。信息社会背景下,学生能从书籍、电视、互联网等多种渠道获取他们感兴趣的信息。信息源多、信息量大是课外学习的特点,但多数信息碎片化、不系统,由于能力有限,他们在课外学习时对相关信息的理解也存在局限,缺乏对信息的再加工,对一部分信息的理解停留在表面,一知半解。

在探究学习四季成因之前,有些知识已经存在于学生脑海中,并与一定的概念建立了联系。但作为四季成因的概念建立,这些知识可能就是零散、无序的。为建立起四季成因的概念,教学中就需要将学生脑海中的这些知识唤醒,重新进行建构,从而建立起新概念。

二、学习方法与大概念

在教学过程中渗透一些科学的学习方法,对于学生建立地球与宇宙领域的大概念有重要的意义。

1. 地球与宇宙科学领域的学习具有一定的复杂性

为了帮助学生建立相应的大概念,应该根据学习内容运用适当的学习方法适时地开展相应的学习活动。

人们对世界的认识往往是从现象开始的,人们对四季的认识也是如此。对四季的认识,人们最明显的感受是气温的变化、动植物的变化等现象。而这些现象的变化,一是具有规律性,二是变化之间存在因果关系。学生知道一天(年)中气温的变化是有规律的,通过教师的指导,学生能建立起一天中太阳高度变化与温度变化有关联,通过类比推理,类比一年的太阳高度变化与温度变化,能发现其变化规律,同时打开了对时间和空间的认识,发现事物变化的因果关系。

2. 从长期观测到合理想象

认识月相与认识其他天文现象一样,都需要一定的空间想象。而空间想象能力的培养,是离不开实际观测的。对月相的观测和对月相变化的分析,能够从月相的大小、月亮的运动等直观因素上,促使学生对月相的变化提出研究问题,将日地月的相对位置变化与月相变化建立起联系。概括地看,学生长期观测月亮及其变化—按一定顺序摆放月相图片—建立日地月模型—发现月相变化的规律与月亮运动规律的关系,这个学习过程是从具体空间到大脑想象的过程,是将长期的观测转化为空间想象的过程。同时,对月相的长期观测,也是对学生意志力和科学态度的锤炼。

3. 类比推理、科学假说、模拟实验等多种学习方法综合运用

在指导学生认识四季成因中,教师提供给学生一年二十四节气气温变化的柱状图和一年二十四节气正午影长的柱状图。通过比较,学生发现气温变化与影长变化的关联。经过类比推理,学生提出了假说:地球自转会引起一天中太阳直射角度发生变化,一年二十四节气太阳直射角发生变化可能是由于地球公转引起的。模拟实验是检验假说的重要手段。学生通过模拟实验发现,地球公转中影长确实能发生变化。这对于学生认识四季成因是非常关键的。如果在模拟实验中记录地球仪上标杆影长变化的数据,而这些数据能与观测的数据相对应,学生对大概念的理解会更加深刻。为了能观测到模拟实验中影长的数据,从标杆到北极点画上刻度,在实际操作中,学生能清晰地观测和记录到影子的长度。通过对比,学生从模拟实验中发现了标杆影子长度变化与地球仪公转的关系,还发现了这个关系与实际观测的影长变化的一致性,更有学生根据影长及其变化推断出地球仪上春夏秋冬影长的位置。在整个活动过程中,类比推理、科学假说、模拟实验和数据分析环环相扣,逻辑严密,推断合理,一气呵成。

4. 证实与证伪也是地球与宇宙科学领域学习中常用的方法

证实是通过大量的事实来归纳证明一个理论的正确性。而证伪是建立在演绎逻辑的基础上,找到实验结果或实际现象与假设或某种理论的反例,由此推断其不成立。不管是证伪还是证实,都强调用事实说话,也就是实证。一般来说,小学生的思维简单且缺少逆向思维,证实的运用会多于证伪。如果在适当的学习内容中涉及证伪的方法,能丰富学生的思维,也是理解大概念、用大概念去认识和理解世界的需要。例如,在"日食"一课上,对"是不是金星或者水星挡住太阳"的猜测,用两个事实进行了证伪。一是"近大远小"原则。金星或水星与地球之间的距离远大于月球与地球之间的距离,我们看到的金星或水星只有芝麻大小,不足以完全挡住太阳。二是金星或水星的视运动方向比较复杂,在经过

太阳表面时是自东向西的,而观察到的日食现象中挡住太阳的物体运动方向是自西向东的。运用证伪的方法,排除了金星或水星挡住太阳后出现日食的可能。

与证伪相比,证实就显得比较简单。月亮大小和运动方向都有可能挡住太阳形成日食,但是发生日食的时候月球是在太阳与地球之间吗?在从收集整理的若干次日食发生的时间和地点等信息表中,日食发生地点都是散乱的,而时间都是发生在农历初一,而这个时候月球正好运动到太阳与地球之间的位置上。

三、模拟实验与模型思维

模拟实验是地球与宇宙科学领域学习的重要方法,对学生形成相关的大概念起着不可替代的作用。课程标准提出的模型思维,就是建立与研究对象相似的模型来模拟原型,以此来发现研究对象的本质与规律。建立模型与模拟实验是模型思维的重要环节。

建立模型需要展开丰富的想象,而想象需要建立与之相适应的表象。现象的再现,发现现象之间的相互关系,建立事物变化的相互联系,都有助于学生将具体的事物经过大脑的加工转换为表象。这个过程丰富生动,能体现出学生从具体走向抽象的思维轨迹,当学生将地球、月球、太阳等模型放置到相应的轨道上,他们实际经历了从具体到抽象再到具体的模型思维过程。通过模拟实验再现得到相关现象及其变化,并发现其中规律,就是有效运用模型思维方法的成果。

模拟实验中会出现两种情况。一种是观察者置身于实验的情境中,也就是说,观察者除了观察实验现象之外,同时也是模拟实验中的元素之一。模拟月球挡住太阳产生日食的模拟实验就是这样的情形,太阳挂在教室远处,学生左手持圆片使其从左向右运动遮挡住太阳,学生就能明显看到被遮住的太阳及被遮住的过程。这时候,学生充当的角色是地球和地球上的观察者。另一种是观察者置身于实验之外,这种情况会多一些。在探究四季成因的模拟实验中,地球仪在相应的轨道上绕太阳移动,学生观察地球仪上的标杆在不同位置的变化。这时观察者置身于太阳系以外观察地球在公转时发生的现象。上述两种模拟实验都需要学生有位置感,明确自己是站在哪个角度进行观察的。

案例分析及教学建议

案例

地球的运动

一、"地球的运动"单元蕴含的大概念

"地球的运动"单元是教育科学出版社《科学》五年级下册第四单元的内容,指向的是

《义务教育小学科学课程标准》地球与宇宙科学领域中的大概念"在太阳系中,地球、月球和其他星球有规律的运动着",其下位概念有"地球每天自西向东围绕地轴自转,形成昼夜交替等有规律的自然现象"和"地球每天自西向东绕太阳公转,形成四季等有规律的自然现象"。本单元通过八节课的进阶性学习,使学生逐步建立"地球做有规律的周期性运动"的认知(图2-4-1),通过具体事实概念的积累,朝着大概念的方向前进。

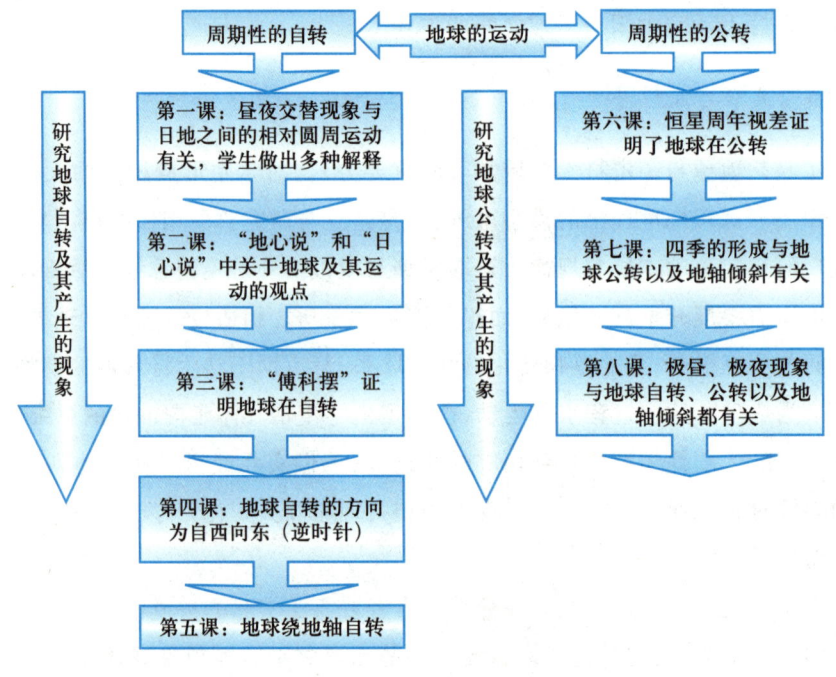

图 2-4-1

由图 2-4-1 可知,学生对于地球运动的认识是围绕现象和事实展开的,基于每节课的进阶目标,多角度、持续地搜集地球运动的证据,最终认识到地球是如何运动的,完善并内化"有规律的运动"这一大概念。

二、"地球的运动"单元指向大概念教学的关键

在具体实施教学时,教师可以从下面两个方面思考教学目标和内容的安排。

1. "可视化"的科学探究

本单元有其独特性,从宇宙空间的宏观角度去考虑问题,而这个视角在现实生活是无法实现的,所以在现象和事实面前,教师需要搭建可供学生攀爬的"脚手架",例如,代表性资料的阅读、代入性游戏、针对性假说、模拟实验和模型建构等,让学生"看见"运动过程中现象的发生。

2. "可持续"的思维发展

《义务教育小学科学课程标准》在科学探究总目标中提出以下要求:初步了解分析、综合、比较、分类、抽象、概括、推理、类比等思维方法,发展学习能力、思维能力、实践能力和创新能力,以及运用科学语言与他人交流和沟通的能力。因此,在教学中关注学生的思

维发展,提升能力是非常重要的。

五年级学生大多数已经知道地球有自转和公转这一科学事实,但是将运动与自然现象联系起来或者说出能佐证的证据还有困难,这样的解释需要学生具有一定的逻辑推理能力和空间想象能力,并将研究与思考转化为证据去验证地球的运动。所以,本单元展开教学也是在引导学生通过多种思维方式来发展思维能力。

三、教学设计

昼夜交替现象

【知识点来源】

教育科学出版社《科学》五年级下册"地球的运动"单元第1课"昼夜交替现象"。

【教学目标】

1. 太阳东升西落和地球自西向东自转都能产生我们生活中所观察到的昼夜交替现象。

2. 以生活中观察到的现象为依据,提出产生昼夜交替的假说;在模拟实验中寻找与实际现象相符的运动方式,并能在模拟实验中描述由这样的运动方式所产生的现象。

3. 认识到同一现象可能有不同的解释,需要用更多的证据加以判断,养成实事求是的科学态度

【教学过程】

课堂教学环节及时间安排如图2-4-2所示。

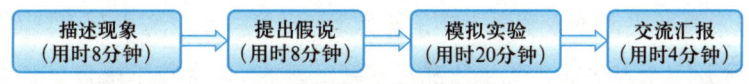

图2-4-2 课堂教学环节及时间安排

(一)描述现象

教师提问:"你知道什么是昼夜交替吗?"用开门见山的方式揭示课题,昼夜交替是每天都在发生的,学生对这个现象是熟悉的。紧接着教师又问:"你能简单描述一下,白天是怎么开始的吗?"让学生尽可能详尽地说出和昼夜交替相关的现象,用时约8分钟,教师适时做出引导和筛选,主要留下与太阳东升西落造成的一些可视的、有规律的相关现象,如"早晨,太阳从东方升起,迎来了白昼,影子长长的,指向西方;中午,太阳在头顶,影子很短,在脚下"等,这些现象在晴天都是可以观察到的。

(二)提出假说

"根据这些观察到的现象,你觉得昼夜交替的产生与什么有关呢?"根据真实发生的现象,让学生有理有据地提出假说。教师对学生的想法进行追问。最后形成三种比较典型的假说:①太阳绕地球转;②地球自转;③地球自转同时绕太阳公转。

(三)模拟实验

"根据这些假说,究竟能不能产生我们所观察到的昼夜交替现象呢?我们怎么才能

知道?"学生马上想到要做实验。教师让学生说说实验该怎么做,并介绍了模拟实验。教师在地球仪上插上立体标志,让学生观察其影子的变化特点。"你看到什么就能说明可以产生昼夜交替现象?"有了前面相关现象的铺垫,学生回答:"要和我们地球上的昼夜交替现象一样。"教师提出更细致的要求:做实验时每个同学都要说一说实验现象,为了能看清楚、说清楚,实验要做得慢一些。

(四)交流汇报

学生实验后进行交流汇报,发现根据三种假说都能产生昼夜交替相关的现象,那么事实究竟是怎样的呢? 本课留下了疑问,为学生后续单元课的探究增加了动力和兴趣。

四、评述与建议

本课是"地球的运动"单元起始课,是学生真正探究学习宇宙中星体运动的第一课。教师没有从整个宇宙或地球出发,而是让学生回顾并描述了与昼夜交替相关自然现象,将学生的生活体验延续到自己的想象和实验探究中,建立事实概念"地球自转和太阳东升西落都会出现昼夜交替现象",将这一概念往上探寻就是对"昼夜交替现象与日地间的相对圆周运动有关"的认识,最终指向"周期性的运动会形成周期性的自然现象"这一大概念。

这一课,学生对于昼夜交替现象假说的基础是什么? 学生模拟实验验证的又是什么呢? 没有哪一种假说是凭空想象的,我们应该遵从现象,遵从事实。事实是什么? 事实是地球上昼夜交替所引起的自然现象。

纷繁复杂的自然现象原本就超出了学生的认知,更何况是离我们遥远的宇宙? 所以本课伊始,教师让学生描述真实发生的可观察到的现象,既是接下来假说的依据,又是模拟实验的证据。教师帮助学生梳理看得到的现象的过程,是要让学生有顺序、有条理地知道这些每天发生的现象。在理清了这些现象之后再提出假说,学生会更加有理可依,也会循着这些现象去寻找现象的本质,而"本质"即指向地球运动的概念。

模拟实验的验证是一个再现的过程,教师注重学生对现象的关注和描述,同时让学生借助实物模型创建日地之间的空间结构。学生如果缺乏空间想象能力,通过这样的观察,可以亲眼看见日地之间的相对运动,建构起日地之间的空间初始概念,而这个概念是通往大概念的必经之路。

后面提出的三种假说都是建立在事实基础上的,是有根据地推导出来的,更合理,思维含量更高。在这个过程中,学生对生活的观察能力、分析推理能力、空间想象能力都得到了提升,也增强了尊重事实的实证意识。

教学关键问题2-4 案例示范

教学关键问题 2-5　如何让学生领悟科学的本质?

教学关键问题分析

《义务教育小学科学课程标准》指出:"科学素养是指了解必要的科学技术知识及其对社会与个人的影响,知道基本的科学方法,认识科学本质,树立科学思想,崇尚科学精神,并具备一定的运用它们处理实际问题、参与公共事务的能力。"由此可见,引导小学生正确领悟科学的本质,是培养其科学素养的重要方面。

那么,什么是科学的本质呢?科学的本质即"科学是什么",它是科学这门学科区别于其他学科的根本特征,也是区分科学与伪科学的标尺。在科学与技术主导的现代社会,公民只有理解了科学的本质,才能理解科学作为一种人类文化所具有的价值,才可以更好地进行与科学有关的社会问题的民主决策。因此,理解科学本质是公民科学素养的重要内容。[①] 具体到教育层面,我国和许多世界发达国家都将"提升学生对科学本质的理解"作为其科学教育的重要内容。

科学本质的内涵是什么呢?国内外研究者往往从科学世界观、科学探究和科学事业三个方面对科学的本质进行阐述,如表 2-5-1 所示。

表 2-5-1　科学的本质[②]

基本成分	科学的本质
科学世界观	世界是可以被认知的
	科学不能为所有的问题提供完整的答案
	科学知识具有暂时性和发展性,科学理念是可变的
科学探究	科学需要证据
	科学是逻辑与想象的结合
	科学能进行解释和预见
	科学家要明辨是非,避免偏见
	科学反对权威

---

① 万东升,魏冰,张红霞. 科学本质教学研究的国际进展与趋势[J]. 外国教育研究,2016(9):71-82.
② 王秀红,历晶. 国际基础教育中科学本质教育研究及启示[J]. 现代教育管理,2013(8):119-122.

续表

基本成分	科学的本质
科学事业	科学是一项复杂的社会活动
	科学分为不同学科
	科学研究须遵守道德规范
	科学家在参与公共事务时,既是科学家也是公民

反思我国目前的小学科学教育现状,大多数科学教师关注的是学生学了多少科学知识,掌握了多少科学技能或方法,往往忽视学生对科学本质特征的理解和认识,即忽视"知识是如何产生的""科学能解决所有问题吗"等问题。学生头脑中有许多知识和方法,却不能回答"科学是什么""科学能做什么"等有关科学本质特征的问题,以至于他们在成年后对一些迷信、伪科学和反科学现象无法识别。所以,引导学生领悟科学的本质,是提高未来公民科学素养的重要途径,也是成功进行科学教育改革的关键。

教学关键问题解决

从国内外有关科学本质的教学研究来看,科学本质的教学可以通过两种途径进行:显性途径和隐性途径。

显性途径是指在实施科学本质教学时,明确地提出相应的教学目标,直接讨论、反思有关科学本质的问题。显性途径主要是指通过科学史、科学哲学和科学社会学,或者结合STS教学来进行有关科学本质的教学。隐性途径一般通过科学探究活动,使学生在科学探究中感悟科学本质,树立正确的科学本质观。隐性途径相当于用潜移默化的方法,把学生科学本质观的改善视为一种附带的教学效果。[①]

一、显性途径:通过科学史领悟科学本质

科学史是科学教育的重要资源,科学史能为我们提供丰富的素材。将科学史融入教学,能使学生经历科学家面对问题时的思考或实验探究的历程,有助于学生领悟解决问题的方法,了解科学家的创造过程,理解知识的内涵,促进他们更加了解科学的本质。

基于科学本质的科学史教学有如下几点教学建议。

第一,选择适合儿童的科学史素材。适合儿童的科学史素材应具有以下特征:在概念情境方面,叙述的都是儿童生活中熟悉的事物,探究方法和实验装置直接来源于生活世界,学生在理解上不存在困难;在探究过程方面,探究过程具体详细,来龙去脉清晰,事件背景有相应的说明,能展现核心科学人物的所思、所言、所闻、所感、所做、所为,学生最好

---

① 季薛庆. 显性途径的科学本质教学探索:以"太阳系"教学为例[J]. 课程·教材·教法,2010(7):72-76.

能根据故事做出模拟实验;在文字表述方面,语言直白,没有过多的科学术语,不要牵涉太多时间节点,要方便学生建立时间顺序,不要牵涉太多人名,尤其是外国科学家人名①。

第二,利用科学故事开展科学史的教学。有些科学史对学生来讲比较枯燥,理解起来也比较困难。这时候,使用科学故事是一种比较有效的方法。科学故事是对科学史的简化,不仅能提高学生的学习兴趣,而且能帮助学生理解科学研究是怎么进行的。科学故事大致分为四类:科学英雄的故事——主要讲述某位科学家为科学发展做出的巨大贡献;科学发现的故事——主要讲述某件意外事件的发生揭开了科学知识的神秘面纱;科学概念的故事——某些科学现象及其作用为人们所熟知,人们随时可以在生活里观察到,但却一直没有得到提炼,直到某科学家提炼出了相关科学概念,并为人们所沿用,比如食物链、重力等科学概念;科学与社会的故事——主要讲述不同国度、种族、文化、宗教等背景的人为科学发展做出的贡献,以及科学与社会之间的相互关系及其作用。教师除了在课堂上给学生讲述这些隐含着科学本质的科学故事,还可以给学生提供一些合作学习的机会,比如在讲述了某个科学故事之后,给学生一些小组讨论的时间,让学生思考上述故事体现了科学本质的哪些方面。值得注意的是,某些错误的理解可能会在讨论中影响其他学生,因此教师需要在学生讨论期间给予学生正确的引导。

第三,正视科学史中的科学失误,理解科学只是一门无限逼近真理的学科。不是所有的科学活动都能造福人类,某些不慎重的科学研究和成果推广会给社会带来恶性后果,历史上就有一些科学失误的例子。这些例子会给学生以强烈震撼,加深他们对科学本质尤其是科学事业的理解,培养学生严谨缜密的科学思维、批判性思维能力及强烈的社会责任感。科学失误主要分为三类:误解导致的文化偏见,比如对智商的理解;科学成果推广受商业和政治利益驱使,无视道德,比如罂粟的大量种植及其工业生产;不慎重的科学应用,比如 DDT 的使用、物种入侵现象等。对这些内容的讨论可以帮助学生理解科学的另一个层面,使他们能更加清楚地认识到社会中的科学和科学工作中的伦理问题,有助于培养学生的公民意识及社会责任感,同时也锻炼学生进行科学决策的能力。②

二、隐性途径:在科学探究中领悟科学本质

科学是一种探究活动,体现科学本质的教育要让学生领悟和掌握科学探究的过程、方法及性质。而利用科学探究的方式进行教学,对体现科学本质无疑有独特的作用。

1. 帮助学生树立"人人都能做探究"的学习理念

教师要让学生领悟,科学探究是科学课程学习的重要内容,也是科学课程学习的重要方法。教师要让学生有效参与科学探究活动,就要破除"科学探究仅仅是科学家做的事"的陈旧观念,树立起"科学是每个学生都可以从事的探究活动"的新理念。因此,教师在

---

① 单道华. 从隐性走向显性:小学科学本质观教学初探[J]. 江苏教育研究,2012(5):26-29.
② 张颖之,刘恩山. 科学本质教育的课堂教学方法初探[J]. 课程·教材·教法,2007(10):60-63.

探究教学中,要让学生观察现象和提出问题,对问题解决提出猜想和形成假设,制订研究计划并进行实验设计,进行实验并收集和处理信息,对问题解决的数据和结果进行科学解释,以及评价、表达和交流等活动。教师要适时指出,学生的这些观察、提出问题、猜想假设、设计、实验、收集与处理信息、推理、评价及交流活动等,即使是初步的活动,也是一种科学探究活动,让学生体会到科学探究并不是高不可攀的,而是他们能够独立进行的一种活动,以激励他们积极主动地参与科学课程的探究学习。

2. 引导学生掌握科学探究的方法与过程

教师要让学生掌握科学探究的方法与过程。一般来说,科学探究有质疑、观察、提出问题、假设、计划、设计、实验、推理、评价及交流等要素。教师要根据学生和教学的实际,让学生循序渐进地经历部分或全部科学探究的要素,并要求学生理解这些要素的意义、方法与过程。教师要创设探究教学的问题情境,不但要让学生通过观察发现问题和提出问题,而且要让学生理解科学质疑是科学探究的基本态度,并领悟提出问题对科学发展的意义;教师不但要引导学生对问题的解决提出猜想和形成假设,而且要让学生了解科学猜想和假设与毫无根据的假想之间的区别,以及科学假设对科学探究的作用;教师不仅要引导学生制订探究计划和设计实验方案,而且要让学生理解制订探究计划和设计实验方案对提高科学探究的质量、确保探究任务完成的意义;教师不但要让学生通过亲身观察和实验来提高观察与实验能力,而且要让学生认识到观察与实验在科学研究中的重要性,明确科学并不是虚无的想象,而是需要观察与实验的实证支持;教师不但要培养学生收集信息和处理信息的能力,而且要让学生理解收集、处理信息的技术对科学探究的意义;教师要引导学生通过推理得出科学解释和评价的能力,了解科学理论的产生过程,并理解科学解释需要实验或实践的检验;教师要引导学生在探究中的表达和交流活动,领悟到不同观点的表达与交流是形成科学知识的必要环节,以及认识表达和交流对科学发展的意义。总之,在科学探究教学中,教师要根据实际,让学生经历科学探究的过程,掌握科学探究的方法,理解科学探究方法与过程的本质。[1]

实际上,无论是隐性途径还是显性途径,与具体的教学内容并没有一一对应关系。即使是科学史与科学哲学,如果没有明确提出科学本质问题,仍然属于隐性途径。同样,在科学探究活动中如果直接讨论科学本质问题,就属于显性途径。因此,显性途径除了通过科学史外,还可以在科学概念、科学定律、科学模型等科学知识的教学中直接实施有关科学本质的教学。显性途径的特征在于有明确的教学目标与计划,直接面向科学本质问题。[2]

---

[1] 朱铁成,余霞莹. 科学教育中体现科学本质之探讨[J]. 教育科学研究,2008(8):81-84.
[2] 季薛庆. 显性途径的科学本质教学探索:以"太阳系"教学为例[J]. 课程·教材·教法,2010(7):72-76.

案例分析及教学建议

案例

人类认识地球及其运动的历史

一、"人类认识地球及其运动的历史"所蕴含的科学本质

本课教材的主要内容是列出了托勒密("地心说"代表人物)和哥白尼("日心说"代表人物)的生平简介及他们各自的主要观点,然后组织学生思考:两种学说的异同点各是什么?支持各自学说的证据是什么?这两种学说都能解释昼夜交替现象吗?你支持哪种学说,理由是什么?本课教材的主要内容就是对地球运动相关科学史的回顾与分析。

本课的教学只是单纯引导学生了解和评析相关科学史吗?很多教师往往就停留在引导学生了解和评析"地心说"和"日心说"这个知识层面。然而科学教学的最终目标不是知识层面的,学生掌握的科学知识的多寡对于他们科学素养的养成没有决定性的作用。那么,什么对学生科学素养的养成是至关重要的呢?就本课来说,引导学生经历对"地心说"和"日心说"的理解和评析过程,认识到"科学是建立在证据之上的""科学是在不断发展的"才是至关重要的,因为这涉及人们对科学本质的理解,对于学生科学素养的养成乃至终身成长至关重要!时至今日,不论成人或者儿童,对科学本质的理解大多很薄弱,常常凭经验、凭感觉来处理问题,这不仅对个人的成长不利,也对社会的发展有害。作为小学科学教师,我们应承担起相应的责任,在课堂教学中开展指向科学本质的教学。

二、"人类认识地球及其运动的历史"体现科学本质的关键

五年级学生,学习本课是非常困难的。主要原因有两点:第一,本课介绍了"日心说"和"地心说"的代表人物及主要观点,这实际上是对科学史的学习。学习历史的关键是必须将历史人物、历史事件放在当时的历史背景下来审视,才有意义和价值。而五年级学生几乎没有接触过科学史的内容,不具备学习科学史的方法和能力。虽然他们通过各种途径可能知道了哥白尼等科学家的名字或故事,但与本课学习应具备的知识储备相去甚远。所以,教师必须准备好丰富且具有良好结构的相关历史资料,以供学生充实自己的知识储备,才能对"日心说"和"地心说"加以理解和评析。第二,对"日心说"和"地心说"的学习涉及日、地等星体空间位置的建模活动,这要求学生有较强的空间想象能力,而五年级学生的空间想象能力较弱,这就需要教师采用多种教学方法(直观演示法、模拟实验法等)来降低学生对星体空间位置的建模难度。

本课中的科学史涉及大量的文本资料和图片资料,这些都是前人的优秀研究成果,属于间接经验。对于间接经验的学习,只运用自主探究这一学习方式,其效果往往不佳。对

科学史的学习,最有效的方法就是资料阅读。但需要注意的是,科学教学中的资料阅读与一般的文本阅读相比,更关注对资料中数据、插图、表格的阅读和理解,因为其中包含了大量有价值的科学信息。而且科学教学中出现的资料行文相对严谨,数据客观真实,并强调资源来源的权威性,这是由学科特点决定的。

随着教学的进行,教师不断地出示新的证据(文本资料、直观演示、模拟实验等),引导学生利用这些证据不断修正自己对地球运动方式的认知模型。学生在学习过程中,自然而然地感受到证据的重要性,意识到"科学是建立在证据之上的""随着证据的更新,科学也会随之发展"。本课还有一个教学细节对学生树立证据意识是有所体现的。教师在每一张PPT的资料下都注明了其文献出处,它们对学生会产生潜移默化的影响,对学生证据意识的树立是很有好处的。

本课的教学流程为:比较两种学说的异同→认识两种学说的局限性→评价总结。

三、教学设计

人类认识地球及其运动的历史

【知识点来源】

教育科学出版社《科学》五年级下册"地球的运动"单元第2课。

【教学目标】

(一)科学知识

了解"地心说"和"日心说"的相关内容,知道两者的局限性。

(二)科学探究

尝试利用文本阅读的方式,逐步完善对"地心说"和"日心说"的认识。

(三)科学态度

经历多个否定之否定的思维过程,认识到科学是建立在证据之上的,随着证据的更新,科学也会随之发展。

【教学过程】

(一)比较两种学说的异同

1. 在黑板上贴上一张有时间箭头的纸,在左端做好标记,定位为"公元元年",在右端做好标记,定位为"2019年"。

2. 教师分别介绍托勒密和哥白尼的生平,在时间箭头上贴上托勒密和哥白尼的头像,标注时间。

【设计意图:本课立足于科学史的学习,时间序列显得很重要。教师引入形象的"时间箭头",并将几位科学家按照时间的顺序排列,这对于帮助学生理解科学史的发展是有益的。】

3. 组织学生自学课文,并在表格(表2-5-2)中填写"地心说"和"日心说"的相同和不同点。教师根据学生回答板书。

表 2-5-2 两种学说的异同点

学说	相同点	不同点		
		谁是宇宙中心？	谁在绕着中心旋转？	地球运动吗？
地心说（托勒密）				
日心说（哥白尼）				

在学生回答过程中，教师适时呈现"地心说"和"日心说"的PPT，帮助学生加深印象。

【设计意图：了解两种学说的基本观点是本课学习的基础。考虑到这两种学说是对同一现象(昼夜交替)的不同解释，本环节通过让学生填写"两种学说的异同点"，引导学生在比较中了解两种学说的基本观点。】

（二）认识到两种学说的局限性

1. 组织全班学生表决：你觉得哪种学说更科学？

【设计意图：表决的目的其实是暴露学生的前概念。在信息社会，几乎所有学生都知道地球是绕着太阳公转的，所以基本上都认为"地心说"不科学。但实际上，"地心说"能统治人们思想一千多年，它也是具有一定科学性的。教师应引导学生学会辩证地看待问题。】

2. 导语："地心说"真的不科学吗？

谈话：古代没有卫星等现代技术，托勒密经过研究和推论，认为地球是球体，这在当时是非常了不起的事。

阅读PPT：天圆地方说。

设问：和"天圆地方说"相比，托勒密的"地心说"是否更科学？

【设计意图：将"天圆地方说"和"地心说"进行比较，实际上是在展现人类认识地球运动历史的基础上，让学生发现"地心说"和一些缺乏合理推断的学说相比，是具有一定科学性的。】

3. 导语：让我们来了解托勒密是怎样的一个人。

阅读PPT：托勒密的学术水平。

阅读PPT：托勒密修改"地心说"。教师介绍托勒密学说中"本轮"的加入，是其计算推演的结果，这在当时是比较先进的。

4. 谈话：托勒密的"地心说"也是经过科学计算的，能解释看到的现象。现在你们还觉得"地心说"是不科学的吗？

【设计意图：经过与"天圆地方说"的比较，对托勒密生平及其对"地心说"的发展等的了解，学生已经扭转了对"地心说"的偏见，开始认识到"地心说"在托勒密时代是具有先进性的。这里隐含了一种科学思想的教育："科学是在不断发展的，任何一种学说的先进

性与时代性是相关联的。"】

5. 导语:哥白尼为什么会怀疑"地心说"?他有什么依据吗?

阅读PPT:哥白尼对"地心说"的怀疑和批判。

【设计意图:哥白尼对"地心说"的怀疑发端于"行星逆行"现象的解释。要说明的是,科学阅读并不是纯粹地让学生自学自读,PPT呈现了大量科学信息,教师应该采用生动形象的讲解让学生感知其信息。要注意的是,哥白尼在这里进行的是推论和计算,并没有切实的证据。】

6. 导语:哥白尼也是一位严谨的科学家。

阅读PPT:哥白尼生平。

用PPT展示问题,组织学生讨论。

7. 导语:到现在为止,哥白尼提出的"日心说"已经打败了托勒密的"地心说"吗?

演示实验:利用一个红球模拟太阳,让学生模拟地球,测试"日心说"和"地心说"是否都能出现昼夜交替现象。

【设计意图:这个模拟实验很关键,学生通过主观体验,发现"日心说"和"地心说"都能解释昼夜交替现象。也就是说,哥白尼并没有事实证据来否定"地心说"。】

8. 导语:事实上,在哥白尼提出"日心说"之后的几十年中,因为缺少证据,只有少数几位科学家相信,直到下面这位伟大科学家的出现,才给"地心说"以真正致命的一击。

在时间箭头纸上贴上伽利略的头像贴纸。

阅读PPT:伽利略的望远镜。伽利略利用自制望远镜发现的事实证据否定了"地心说",意义十分深远。

阅读PPT:伽利略被审判的油画。伽利略的事实证据给教会支持的"地心说"带来了颠覆性的影响。此后,"日心说"才逐渐被很多天文学家接受。

9. 设问:"日心说"已经打败了"地心说",那么,"日心说"就是真理吗?

阅读PPT:伽利略发现太阳黑子。

阅读PPT:恒星的大小。

设问:你对这样的解释满意吗?你认为太阳是宇宙的中心吗?

【设计意图:利用事实资料,让学生了解到"日心说"也有不科学的成分,从而否定"日心说"。】

10. 讨论:你认为谁是宇宙的中心?你确定这就是宇宙的真相吗?

【设计意图:通过讨论,让学生意识到科学是不断发展的,没有绝对的科学真理。】

(三) 评价总结

1. 设问:请思考,是什么使"地心说""日心说"这些科学假说不断发展和进步的?

阅读PPT:"日心说"的最早提出者。

谈话:科学是建立在证据之上的。当时阿里斯塔克斯没有证据,所以他的学说没人相信。(板书:证据。)

【设计意图:通过科学史的回顾,让学生意识到科学是建立在实证上的。】

2. 阅读PPT:"超光速"事件。

讨论:目前还没有任何证据表明有超光速现象。那么,可不可以认为"光速不变"是永远正确的呢?假如你以后成为一名科学家,发现了能证明"超光速"的证据,你将怎么办?如果有别的大科学家,甚至是你的导师也反对你,你怎么办?

谈话:其实这种事情在科学发展历史上发生了很多次。从"地心说"到"日心说",再到"宇宙无限说",只要有新的证据出现,科学就会不断获得发展。希望大家以后能成为注重科学证据的人。

【设计意图:通过情境测试,让学生意识到科学是讲究证据的,是在不断发展的。】

四、评述与建议

反思本课基于科学本质的教学,具有以下两个特色。

1. 体现科学的发展性,是指向科学本质的教学

小学生往往将科学理解为写在教科书或著作上的一条条科学概念和定律,这些概念和定律是科学家经过研究而发现的,所以它们是绝对正确、一成不变的。当然,小学生的这种理解是错误的。事实上,没有绝对不变的科学真理!托勒密的"地心说"被当时的人们认可为"科学真理",但随着时代发展,"地心说"被更为科学的"日心说"所代替,而"日心说"后来又被"宇宙无限论"所代替,这个过程就体现了科学的发展性,即"科学是在不断发展的",这就是科学的本质之一。大量的事实表明,科学的发展永远不会停止,当前的科学只是适应了当前的时代,随着时代的发展,科学也将不断发展。由此,"宇宙无限论"只是当前的科学假说,以后一定会有更先进、更科学的假说将之取代,科学在不断地发展中得到进步。

为体现科学的发展性,本课教学设计了一系列有结构的教学环节:暴露学生前概念("褒日贬地")→球体的提法("地心说"有科学之处)→托勒密及其"地心说"统治千年("地心说"的先进性)→行星逆行("地心说"受到质疑)→哥白尼及其"日心说"("日心说"只是假说)→伽利略发现木卫("日心说"获得有力证据)→伽利略发现太阳黑子、恒星天("日心说"也不正确)→"超光速"事件(引发质疑)。这种设计让学生经历一个否定之否定的思辨过程,在活动中感受到"科学是在不断发展的",以后必然会有更先进的科学假说出现,由此感悟科学本质。

2. 强化历史背景,是指向真实的科学史教学

目前有关科学史教学的最大问题是失真,即不真实,原因在于教师没有将历史事件和历史人物放置在历史背景中去审视和评析。许多教师在教学托勒密的"地心说"时,往往将其完全否定,还会贴上"维护中世纪神学统治的帮凶"等政治标签。实际上,托勒密的"地心说"在当时是很先进的。与印度的"神象驮大地"、中国的"天圆地方说"等相比,托勒密的"地心说"已经从神话性、直观性的猜测走向了以理性推理、数据计算为特点的科学假说。所以,就托勒密所处的历史背景来说,他的"地心说"是具有科学性和先进性的,

教师不能完全抹杀其在科学史上的地位。本课的教学从"地心说"和"天圆地方说"的比较、托勒密的学术成就等方面入手,将托勒密的"地心说"放在当时的历史背景中去评析,学生都意识到"地心说"在当时也是科学的,这才是真实的科学史。

同理,哥白尼的"日心说"也应该还原其历史真实性,而不能一味地夸大和拔高。事实上,哥白尼的"日心说"虽然是经过长期观测和思考的结果,但当时信服其学说的学者非常少。其主要原因是缺少真实的、可观测的事实证据!没有实证的支持,"日心说"在当时一直不被认可和重视,直到几十年后伽利略用望远镜进行观测获得了事实证据。由此,本课的教学如实地呈现了哥白尼时代对"日心说"的评价,让学生意识到"科学是基于证据的,科学是在不断发展的"。

如果我们在科学史的教学中忽视历史背景的作用,将历史事件和历史人物抽离到历史背景之外,历史真的会成为任由后人涂鸦的画板,失去真实性的科学史将没有任何教育意义。

教学关键问题 2-5　案例示范

教学关键问题 2-6　如何进行技术与工程领域的教学？

 教学关键问题分析

《义务教育小学科学课程标准》指出：技术与工程领域的学习可以使学生有机会综合所学的各方面知识，体验科学技术对个人生活和社会发展的影响。技术与工程实践活动可以使学生体会到"做"的成功和乐趣，并养成通过"动手做"解决问题的习惯。在培养学生创造能力方面，"技术与工程"所发挥的作用是其他任何科目所无法替代的，正如人们常说的"科学是用脑和手认识自然世界，技术是用脑和手改造世界"。

科学课里的"技术与工程"领域内容主要侧重于科学的设计和技术能力，是建立在学生有一定的科学概念或原理的基础上的科技类实践活动。现行科学教材中既安排了常用工具、简单机械等工程领域的内容，又专门设置了设计和制作的课文，如教育科学出版社小学《科学》教材中有"做个小开关""制作指南针""做个太阳能热水器""设计制作一个保温杯"等实践课，旨在培养学生勇于探索的创新精神、善于解决问题的实践能力。然而理想的预期与现实相距甚远，我们对知识教学目标紧抓不放，而往往对科学课中的动手实践项目比较忽视，以为这些内容进不了作业本、上不了考试卷，是可教可不教的"软任务"，主要问题体现在如下几个方面。

一、学生学习层面的挑战

第一，兴趣浓厚与材料缺乏的矛盾。由于"技术与工程"科学课需要大量的操作材料，需要课内外时间的充分保证，但当下学校的教学计划比较固定，在校内没有自主的时间，又缺乏整体推动，材料问题、时间问题都成为制约因素，学生实践能力的锻炼难以保证。

第二，乐于动手与指导缺失的矛盾。目前，"技术与工程"类的科学课教师基本上以放羊式为主，学生由于得不到有效指导，往往处于无助之中，有手足无措之感，实践水平原地踏步，时间一长，动手实践兴趣逐渐下降。

第三，喜欢模仿与创新缺少的矛盾。由于教材中呈现了一部分科学制作的作品，教学时教师过于依赖教材，认为能照着教材做就已经很不错了。学生模仿教材中的科学制作，自行设计和制作的思维含量大大降低，缺乏创新。

二、教师教学层面的挑战

第一，目标模糊，认识不足。"技术与工程"作为一个新领域，许多教师对此缺乏目标意识，上课时往往简单地"一笔带过"，缺乏深入的研究。由于缺少对技术本质的认识，不少一线科学教师在开展设计与技术领域教学时，将这些内容轻易裁剪删除，或蜻蜓点水一带而过，甚至出现了一些背离技术本质的做法，大大削弱了技术与工程教育的初衷。

第二，过程单一，指导不够。设计是人类社会最基本的一种生产实践活动，技术是人类为实现社会需要，解决实用问题而创造和发展起来的手段、方法和技能的总和。"技术与工程"类课看似简单，实际对学生综合运用知识的能力提出了更高的要求，而且将知识转化为作品，其中的难度可想而知。在实际教学中，教师往往以讲代练，对设计和制作的操作难点缺乏有效指导。

第三，评价缺位，激励不够。小学科学课程正呈现出加大"技术与工程"教育的趋势。但由于教师重知识教学，轻实践操作，尤其是需要课内外支持联动的科学制作活动，评价缺位，学生得不到应有的激励性评价，影响了参与的热情。

由此可见，当前科学教师缺乏对教材的整体研究与把握，简单抱怨科学教学时间紧而缺乏一定的创造性与机动性，把动手实践的科学教学内容当成知识教学的附带品，对这一领域内容的价值、教学方法和课内外资源整合均缺乏足够的认识，对学生参与这一领域内容的学习难度和估计不足、跟进缺失，因此课程目标难以落实和体现。

教学关键问题解决

"技术与工程"领域的内容是从产品出发，设计者对多种知识进行获取、加工、处理、集成、转化、交流、融合和传递，主要指向原理运用和工程技术实践。在教学中教师需要把握以下关键点。

一、让学生在活动中感知工程实践的基本特点

教师指导学生通过观察、使用常见工具（包括身边的科技产品）、经历典型的设计制作活动，了解科技产品的使用方法及基本的科学原理，初步理解工程实践的基本过程。学生通过阅读和交流，了解工程师的工作性质，意识到工程师和科学家的不同，明白科学家探索世界以发现科学原理，而工程师根据科学原理设计科技产品，这些产品给人类生活带来了方便和舒适。在具体教学中，可以是间接的认知，如通过阅读等活动了解著名工程师和发明家的科学故事，但更提倡直接的感性认知，如通过观察一些生物的构造了解仿生学的知识，通过操作常见简单工具感受其隐含的科学原理，通过亲身设计与制作了解设计和工程实践活动的基本过程，感受到制作一件成熟的作品需要一个不断改进、持续完善的艰辛过程。

二、做好充分的材料准备和方案准备

"技术与工程"的教学,材料是基础,而小学实验室往往缺少配套的材料,因此材料的准备就成为教师备课的重要内容。从准备的途径来说,一是教师要树立整体的备课观,提前准备相关材料,把身边常见的与"技术与工程"有关的材料收集起来,必要时可从网上购买,尽量保证小组活动的需要。二是可以提前布置,发动学生一起准备,将瓶瓶罐罐等材料积累起来再利用。有了材料,师生活动的方案设计就有了保障。学生在准备材料和操作材料的过程中,对工程方案的设计可能会获得启发。从学生层面来说,设计方案与动手做两者同样重要,在起始阶段,设计方案的基本要求需要教师指导,方案的完善需要在积累实践经验的基础上推进。随着学生主体水平的提高,方案的设计、论证和完善要逐步由学生自主完成,使学生在充分的交流分享中碰撞出智慧的火花,在设计方案的过程中养成有计划行动的好习惯。

三、用评价量表引领学生的长时间、大空间活动

评价量表指的是在方案设计后,对作品制作和团队合作等提出方向性的意见,描述不同等级对应的作品要求和活动要求,这种前置式的评价量表可以减少活动的调控,让学生在长时间、大空间的活动中自主管控、主动调整,在反思和改时中提升技术实践能力。重视学生在作品评价改进中的情感体验和认知。爱因斯坦的三个小板凳的故事启示我们,不断实践可以实现由量变到质变的飞跃。在初步完成作品后,评价和改进不仅着眼于物质层面的作品,更要指向学生认识水平的提升,反思哪些设计在实践中是可行的,哪些是需要修改的,哪些小组的设计更有价值,再设计时可以从何处入手,如何把设想变为现实,操作中的难度在哪里等,这一连串的问题对学生原有认识不断形成冲击,学生也在实践中不断完善认知、提升能力。

四、把工程实践和科学探究融为一体

知识和实践两者不可或缺,知识需要在实践中学习和不断运用中加以深化,实践活动也一定要有先前知识为基础展开,知识和实践应整合贯穿于中小学科学课程的教学设计中。学生不应该仅仅学习"探究"这一主题,相反,探究应作为学生的实践手段去解决一些科学工程问题。这句话可以从两方面来理解,一是在工程实践中不断尝试制作和改进的过程本身是探究的过程;二是在工程实践中同样可以产生问题并引发对相关科学原理的探究,在"动手"的过程中更需"动脑",并不只是简单的操作活动。从小学生的年龄特点和认知特点来说,在操作材料中产生问题是具体的,由此引发的探究有巨大的吸引力。不论是哪种情形,都要求教师把工程实践和科学探究相结合,在具体任务中,将两者紧密地结合在一起,共同指向学生科学素养的提升。

五、在工程实践中渗透 STEM 理念

《义务教育小学科学课程标准》在学科关联建议中提出：倡导跨学科的学习方式。STEM（即科学、技术、工程与数学）是一种以项目学习、问题解决为导向的课程组织方式，它将科学、技术、工程与数学有机地融为一体，有利于学生创新能力的培养。科学、技术、工程与数学之间存在着一种相互支撑、相互补充、共同发展的关系，只有在相互碰撞中，才能实现深层次的学习、理解性学习，也才能真正培养学生各方面的技能和认知。教师需要提出基于真实情境的任务，让学生主动激活碎片化的知识，在聚焦任务和规划行动中挑战自己，着力发展学生的设计思维、工程思维、计算思维，发展团队协作的能力，在分享交流中体验成长的快乐。

 案例分析及教学建议

 案例

做个太阳能热水器

一、"做个太阳能热水器"蕴含的工程技术理念

设计与工程技术结合的科学课是让学生根据已有知识、材料和限制性条件对制作任务进行研究设计，并把这个任务转化成操作的一种路径，通过控制相关变量，最终完成作品的制作、改进和创新的完整的科学实践过程。本节课围绕"做个太阳能热水器"的任务展开，通过落实教学的基本环节：明确任务—激活概念—设计制作—测试改进—展示交流—课外拓展，让学生经历设计和工程技术的实践过程，感受到设计与制作能力的重要性，体会到设计和工程技术运用在实际生活中的实践意义。

二、"做个太阳能热水器"渗透工程技术实践的关键

"做个太阳能热水器"的实践活动是对教育科学出版社《科学》五年级上册"光"单元学习内容的实际综合运用，是通过设计、制作、评价太阳能热水器的活动，在理论联系实际的运用中让学生巩固升华本单元学到的知识和技能。"做个太阳能热水器"的教学环节从如下几个方面突显了工程技术理念的渗透。

第一，备足多样化可选实验材料，为学生的创新设计打好物质基础。激活学生已经掌握的光和热有关知识后，充足、多样的材料配备可以为学生打开设计思路，让学生更综合地运用单元教学中光和热的知识形成优质工程方案设计。

第二，运用评价量表促成长时探究，为学生高效实践提供坚实保障。太阳能热水器的"设计—制作—评价—改进"是一个长时间、大空间的探究过程。在这样的探究实践活动

中,利用前置的评价量表间接地调控学生的制作活动、团队配合、效能检测,有利于培养学生的自主管理能力,增强学生的小组合作能力,提升学生的工程技术实践能力。

第三,精选实验器具提高检测实效,为客观评价学生作品提供技术支持。太阳能热水器的热效能实时监测数据是评价太阳能热水器功能的关键依据。精细化选择检测器具,能解决受天气、时间、检测精确度等制约的问题,提高设计和工程技术课的课堂实效。

三、教学设计

做个太阳能热水器

【知识点来源】

教育科学出版社《科学》五年级上册"光"单元"做个太阳能热水器"和"评价太阳能热水器"。

【教学目标】

综合运用"光"单元中光和热有关的知识,设计制作简易太阳能热水器,通过测试改进优化太阳能热水器的热效能。让学生在设计、制作、完善太阳能热水器的工程实践活动中,认识到在科技创造中运用科学知识的重要性,学会将知识转化为技术并运用到实际任务中,体会到设计、制作太阳能热水器的乐趣,培养团结合作及善于学习、反思、改进的精神,树立开发利用太阳能有利于保护环境、节约能源的观念。

【教学过程】

在前一节课已经学习了太阳能热水器的结构及各部分的作用,布置了准备制作简易太阳能热水器的材料的任务。

(一)开门见山,直奔主题

出示任务:今天这节课我们来设计制作一个简易太阳能热水器。

【设计意图:开门见山,直奔主题,任务清晰,目标明确。】

(二)激活概念,明确方向

1. 明晰功能,确定制作目标

太阳能热水器最大的功能是什么?(吸收光线,储存热水。)

太阳能热水器制作时应注重在哪些方面提升能效?(注重升温和保温效果。)

2. 讨论影响太阳能热水器热效能的因素

如果设计制作一个太阳能热水器,你们认为哪些因素会直接影响其升温、保温的效果。

升温:颜色、反光、照射角度。

保温:储水方式、保温材料使用。

3. 交流增强升温、保温效果的做法

① 吸热部件材料选择:黑色纸,黑塑料食品袋、废旧黑色布料、涂黑颜料。做法:用锡箔纸反光、用塑料纸反光,制作支架。

② 保温部件材料选择:棉花、丝绵、泡沫塑料、海绵。做法:盖上盖子、蒙上塑料薄膜。

【设计意图:通过交流研讨,激活学生已掌握的光和热有关的知识,为学生设计高效能太阳能热水器做好知识储备。】

(三)设计制作一个简易太阳能热水器

1. 明确要求

(1)小组讨论完成太阳能热水器的设计方案。

(2)自由选择自带材料或课堂"材料超市"提供的材料,制作一个简易太阳能热水器(装水容器统一为橡胶盖的小玻璃瓶)。

(3)对照小组活动评价表(表2-6-1)完成自我评价。

表2-6-1 小组活动评价表

项目	优秀	良好	合格	小组自我评价
设计	根据制作要求,能综合运用所学知识画出清晰的草图,制作一个简易的太阳能热水器,并能结合制作过程合理调整设计图	根据制作要求,能运用所学知识画草图,制作一个简易的太阳能热水器,并能结合制作过程合理调整设计图	根据制作要求,能运用所学知识画草图,但草图表达不够清晰,调整后未能及时修改设计图	( )优秀 ( )良好 ( )合格
制作	能根据设计进行制作,制作过程中适当调整设计;能规范使用工具;能对作品进行解释;结束时能整理好相关器材	制作过程中不断调整设计;能比较规范地使用工具;结束时能整理好相关器材	能使用工具进行制作,注意安全;结束时能整理好相关器材	( )优秀 ( )良好 ( )合格
任务	完成全面、详尽的设计方案,并能严格按照设计方案,运用多样化的材料和策略制作外观精致的简易太阳能热水器	完成比较全面的设计方案,能大部分按照设计方案,运用材料和策略制作外观整洁的简易太阳能热水器	完成基本的设计方案,能基本按照设计方案,制作基本的简易太阳能热水器	( )优秀 ( )良好 ( )合格
协作	有良好的合作习惯,能合理地进行角色分工,能积极回应同学的意见和建议,小组协作效果好	有较强的合作意识,任务分工较合理,小组协作效果比较好	极少数学生主导小组活动,缺少分工与协作,参与度低	( )优秀 ( )良好 ( )合格

2. 小组设计制作

小组分工协作,按要求,参照活动评价表进行设计制作。

【设计意图:让学生在长时间、大空间的工程技术实践活动中,根据活动评价表的要求自主调控活动进程,培养良好的团队协作能力。】

(四)初步检测热效能,交流并改进设计

1. 现场热效能测评

(1)了解检测规则,明确公平性原则。

公平性:60 mL初始温度相同的水、固定照射方向和照射距离的相同功率的浴霸灯、摆放位置相同、光照时间相同。

(2)明确达标等级划分及测试操作要求。

(3)进行热效能现场检测与记录,填写表2-6-2。

表2-6-2 太阳能热水器热效能记录表

第 组	开始时的水温	2分钟的水温	4分钟的水温	水温一共上升多少	达标等级
改进前					A. 4分钟上升10℃及以上 B. 4分钟上升5~10℃ C. 4分钟上升5℃及以下
改进后					A. 4分钟上升10℃及以上 B. 4分钟上升5~10℃ C. 4分钟上升5℃及以下

2. 全班交流设计方案与升温、保温策略

分别请不同达标等级的组介绍,互相学习长处,互提修改意见。

参观各组作品,总结各组采用的升温保温措施。

(1)加深颜色(将塑料容器用颜料涂黑或用黑色卡纸包住)。

(2)聚集更多光线(在装水容器后侧、底部等位置用锡箔纸、平面镜反光或用凸透镜、四面镜聚光)。

(3)周围用保温材料(用泡沫塑料、报纸、毛巾等材料围住装水容器)。

(4)调整被照射角度(给热水器装支架)。

(5)减少与外界的接触(用保鲜膜把装水容器和空气隔离)。

3. 二次改进设计,再次检测改进后太阳能热水器的热效能

【设计意图:在尽可能公平的情况下进行太阳能热水器热效能检测,让学生用有结构的实验材料实时检测出自制太阳能热水器的升温效果,有针对性地了解不同热水器的升温效果。】

（五）展示完善后作品，交流改进后设计

学生对比前后设计，交流改进点和升温效果。

【设计意图：让学生通过交流了解各组改进后的升温效果，进一步明确不同设计的升温实效，进一步掌握高效地升温措施。】

（六）拓展延伸，寻找更多的热效能提升策略

再次对比参照真正的太阳能热水器，思考更多的策略。

【设计意图：让学生通过与生活中实际应用的太阳能热水器的比较，拓展思维，寻找出更多的升温保温措施，形成更完善的太阳能热水器设计方案。】

教师为本节课制作太阳能热水器准备的实验材料和检测装置，如图2-6-1所示。学生制作的简易太阳能热水器成品及检测，如图2-6-2所示。

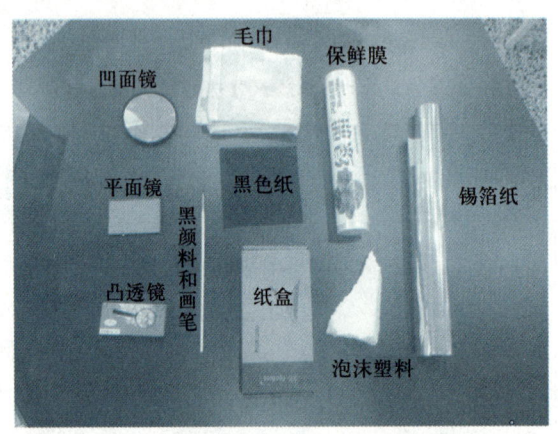

(a) 课堂"材料超市"提供的部分材料

(b) 强功率浴霸灯

(c) 探头轻便的高精确度数显温度计

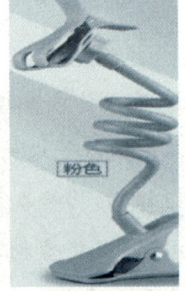

(d) 万向懒人支架

图2-6-1 实验材料和检测装置

四、评述与建议

"做个太阳能热水器"需要让学生经历"设计—制作—评价—改进"这样一个完整的长时工程实践过程，是典型的设计和工程技术课。在以往的教学中，受材料、天气、时间、实验效果等多方面的制约，很难将这个活动高效、完整地在课堂上呈现，学生也难以在现场得到自行设计的热水器升温效果反馈，无法找到理论与实际效果的最佳契合点。这些问题在设计和工程技术课中，是比较普遍存在的。本节课在材料准备、活动评价、工具选

(a) 检测自制的简易太阳能热水器

(b) 简易太阳能热水器成品

图 2-6-2　成品及检测

择等方面进行了突破,让整个环节高效、紧凑呈现,很好地展现了工程技术理念在科学实践活动中的优化运用。

1. 让学生经历一个典型的完整的工程实践过程

"做个太阳能热水器"和"评价太阳能热水器"两课的内容合在一起是一个完整的工程设计实践过程。在实际教学过程中由于需要中途自备制作材料,往往进行分时段教学,这样会打断学生的思维进程,影响学生的动手制作热情。本课的设计则将太阳能热水器各部分设计及功能的学习在课前解决,提前布置下节课要制作简易太阳能热水器的任务,让学生提前将材料准备好,以确保基本制作材料的配备,减轻教师备材负担,同时确保了接下来设计制作过程能够完整呈现。

2. 优化实验材料为有效设计和制作提供保障

在学生自主准备部分制作材料的基础上,教师多样化地备齐、备足材料,可以给学生在开放设计时做好材料补给,确保多样化的设计能在作品中顺利落实。

用高功率浴霸灯代替阳光照射,解决了受天气制约和光照强度不够的问题,缩短了光照时间,提高了课堂检测实效。精确显示到 0.1 ℃的数显温度计让升温效果显示更加精确,增强不同设计之间热效能的对比。万向懒人支架的运用让光照角度基本保持一致,更加体现检测的公平性。将以上的检测配件整合起来,可以在有限的课堂时间里实现高效精确测量,可以让学生实时了解自制太阳能热水器的热能效,提高了课堂检测实效。

3. 设计前置评价量表促成长时工程实践活动高效达成

在长时的设计制作过程中,如何协助学生更好地完成实践活动,一直是比较难权衡的问题。教师说得太多、要求太多,给学生束缚太多,学生主体地位难以体现;教师干涉少,又可能使学生在设计制作过程中因为目标不明确、要求不清晰等问题导致活动无法高效顺利地完成。针对这样的现状,本节课设置了前置评价量表,间接协助学生自主管控,引导学生自主完成协作,同时提升了实践能力。

教学关键问题 2-6　案例示范

教学关键问题 2-7 如何渗透和培养工程思维？

 教学关键问题分析

当前，小学科学课程正呈现出加大"技术与工程"教育的趋势。然而，由于一线教师缺乏对"技术与工程"本质的理解和经验的积累，往往无法真正遵从技术领域的核心思想去设计课堂教学，也就无法达成让"像工程师一样做研究"的教育初衷。

在常态的"技术与工程"课中，设计和制作往往始于任务、终于任务。在始与终之间经历一次性设计和制作，无法达成让学生基于原先的设计去分析并发现问题与不足，不断思考并提出改进的措施与方法，最后达到使其更加完善的目标。而从学生发展的角度来说，从自己或小组的设计和制作中看到一些问题，并且一次次尝试着去改善问题，才是走向科学的发展之路。

一、工程思维：像工程师一样做研究

在小学阶段，以"技术与工程"为主线的科学课，将学生的动手能力之"技术"与基于科学概念之"设计"有效结合，形成科学活动。然而，现实中，科学课中的"技术与工程"内容往往被忽视，尤其是在设计、制作方面，诸如多次改进、反复验证等过程的体验与学生素养的培养，即工程思维的渗透与培养几乎被无视。真正的工程师，对待工程的态度，并不是像课堂教学中那样提出任务，简单利用已有的科学知识和技能进行分解，那样是远远达不到"像工程师那样做工程"的效果的。"技术与工程"课的教学设计，应该指向更为严谨、更为科学的研究过程。

二、学习过程：不断地自我反思

如何让学生在学习过程不断反思，走出一次性设计、一次性制作的误区？教师需要思考：在"技术与工程"课的教学中，如何嵌入"提出任务→设计→实践→再设计→再实践……"的结构，这样的结构有始无终，是真正为学生从简单走向专业的道路铺垫，发展的是学生态度严谨、注重细节、反复实践的工程思维和科学核心素养。

 教学关键问题解决

一、对接工程学的"再设计"理念

1. 工程和工程思维

什么叫工程？工程是通过科学和技术使自然界的物质和能源的特性能够以最短的时间和最少的人力、物力做出高效、可靠且对人类有用的东西。

什么叫工程思维？从工程的定义出发，工程思维是基于科学和技术来解决问题，还要考虑到省时、省力、省材、效果可靠、造型完美等多方面要求的复杂的过程思维。

2. 再设计

小学科学课堂中的"再设计"，指的是学生在探究学习中，基于原先的设计，运用已有的概念去分析、发现问题与不足，在此基础上，不断思考并提出改进的措施与方法，最后达到一定的要求，使其更加完善。简单来说，就是遵循学生在科学探究中"怎么去做"的实践路线，从朴素的意识转变为科学的思考，从下意识地动手操作转变为有计划地改进实施。这一过程的教学设计，其内在追求是回到儿童学习的原点，重新审视原先的设计，来探索儿童科学学习的本质。

3. 再设计与工程思维

从"工程思维"和"再设计"的定义来看，"再设计"的底层是儿童的生活经验，也可以理解为工程思维中的数学和科学方面的基础理论；它的发展路径是不断改进、重审原先的设计，也可以理解为结合工程的成本与可靠性、系统性、艺术性等一般特点做出的再构思，它的顶层没有终点，只有更加完善的过程。从工程学来看，理论研究与工程研究是相辅相成的一对整体：新的理论促进工程技术的革新，工程技术的需求推动新理论的产生。"再设计"理念与工程思维的关系如图 2-7-1 所示。

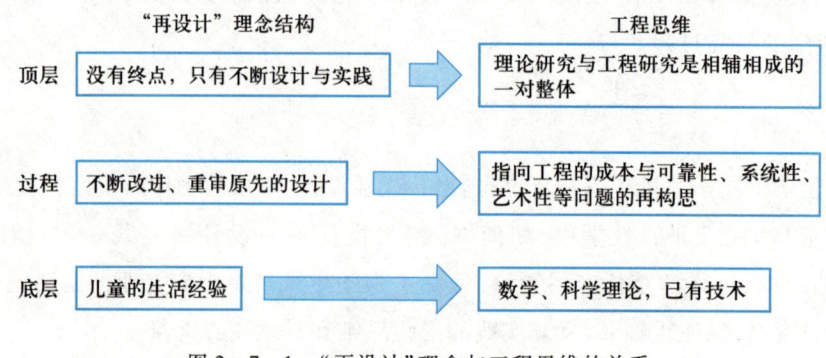

图 2-7-1 "再设计"理念与工程思维的关系

二、指向工程思维培养和渗透的"再设计"理念下的过程教学

我们以"建纸塔"一课为例（它是以"建高塔"一课拓展而来的拓展性课程），进行"设

计→制作→再设计→再制作"的科学课模式研究,基于"再设计"理念的过程教学与工程思维培养的有效对接。

1. 以科学素养引领课程目标

从劳技课到传统的技术类科学课,再到"再设计"技术类科学课,课程目标从过去的"双基"到"三维目标"再到"科学素养"发展,如图2-7-2所示。

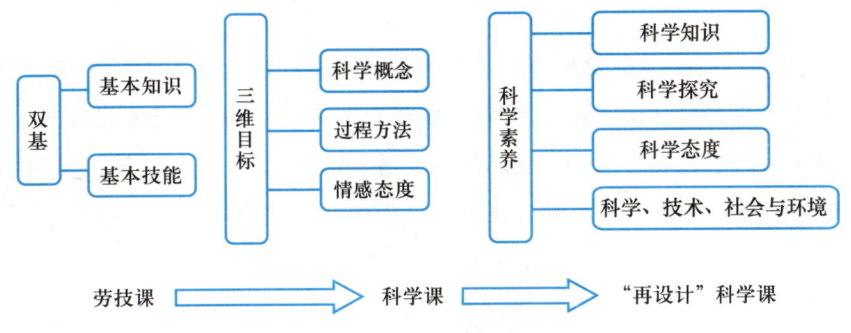

图2-7-2 指向学科素养的目标设计

以"再设计"理念来架构工程类项目化科学课,以科学素养来描述课程目标尤为贴切,反映出项目化学习不再像过去那样只关注科学知识的运用和感性的图纸设计,更多的是走向STEM(或STEAM)的丰满维度,包括科学、技术、工程、数学(及艺术)的综合体现。有了再设计,学生才能在再设计的过程中看到自己的不足,而有意识地关注技术类科学课在STEM方面发展的必要性,追求更多的发展区,即工程类科学课。

因此,从课程走向课堂就有了以学习素养作为目标的引领,构建了以"再设计"为理念的"建纸塔"具体课堂,形成了"首次设计(第一课时)→再设计(第二课时)"的系列课堂,如图2-7-3所示。

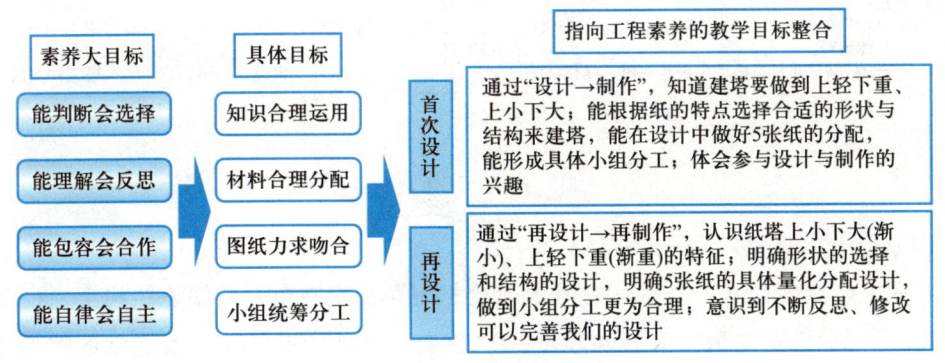

图2-7-3

2. 以工程系统规划指导概念教学

过去设计与技术类科学课的结构往往是先设计、再制作、后反思,从概念发展路线来看,设计能暴露前概念,制作成为冲击前概念的活动构架,形成的冲击(反思)是发展成的新概念,如图2-7-4所示。这样的课堂更多的是对单元知识的运用和停留在技术经验的反思。

（1）重构系列课堂的概念路线。

从"再设计"不断地引发系列课堂来看，再设计与再制作融入了技术工程类科学课，学生从走进课堂到走出课堂，他们的前概念是什么？对应的活动架构是什么？新概念又是什么？

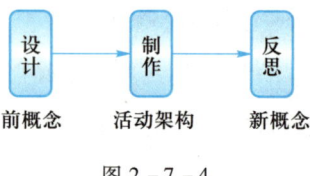

图 2-7-4

如图 2-7-5 所示，我们发现原先的设计和制作合并成为大的前概念，而再设计和再制作成为技术工程类科学课的新概念，对应的活动架构就是对前期活动的反思，从而形成了设计与技术大概念发展过程。从微观角度来看，我们从第一课时和第二课时的具体目标（图 2-7-6）便可看出这种大概念路线的可行性，学生能通过不断"再设计"而不断发展技术与设计类任务所要发展的科学素养。

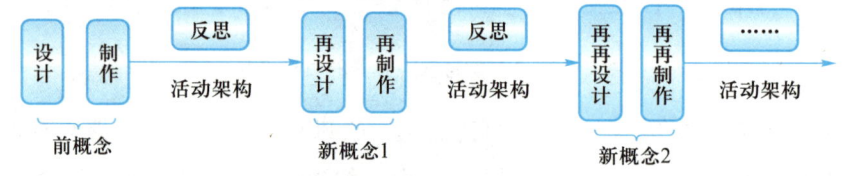

图 2-7-5

"建纸塔"第一课时	"建纸塔"第二课时
概念追求： 1. 知道建纸塔可以通过改变形状、合理分配材料、选择合适的形状与组合方式，做到上轻下重、上小下大。 2. 在设计和制作中认识到上渐小渐轻、下渐大渐重的物体稳定性较好。	概念追求： 1. 知道完成纸塔工程，需要考虑形状（哪种形状合适）与结构（紧扣塔形结构特征）、组合方式、材料分配、分工与合作。 2. 进一步认识纸塔上小下大(渐小)、上轻下重(渐重)的特征。
技能追求： 1. 会小组合作，能根据材料的特点选择合适的形状与结构，并能解释。 2. 在科学设计与技术创造活动中逐步运用、深化已学科学概念。	技能追求： 1. 能够通过再设计、制作，综合考虑各种因素(形状选择、材料分配、人员分工等)，建一座又高又稳的纸塔。 2. 在"设计—制作—再设计—再制作"的纸塔工程实践活动中逐渐形成反思能力。

图 2-7-6

（2）重定"知识到工程"的教学起点。

在课堂起点的具体行动上，一线教师常会把视角固定在单元的知识结构上，将"形状与结构"单元的已有知识作为教学起点，以"改变一张纸的形状从而改变纸的抗弯曲能力"作为课堂的起点。这样做只能让我们在理想上追求学生核心素养发展，在行动上还是停留在单课或单元的三维目标，必须要形成教学概念到教学起点问题的转化。"建纸塔"指向的是工程问题，面对具体材料和任务要求形成的系统构思，才是工程问题的构思起点，也是教学的具体起点。

（3）确定"评奖到推进"的课堂走向。

"再设计"体现在课堂上的动力是什么？已有的技术类科学课一般以评价作品结束，

例如教师用各种评奖(高度奖、美观奖、牢固奖)的方式来激发学生的课堂参与度,可以在一节课看到学生努力的成果。

换位思考一下:如果站在"再设计"的发展角度,学生再设计的动力是什么?我们会发现评奖或不同指向的测试都不是对工程起点思考的合理反馈,也不是促进学生进行再设计的动力源泉,因为每个学生(或每个小组)的原有水平(知识结构、技术水平、合作能力等)不具备可比性,所以再设计的走向应该是以"建塔"课程的纵向设计元素(高度)变化来重新聚焦学生的前概念,从而促使学生做出自我定位的构思。比如当学生第二次、第三次完成制作并讨论评价之后,教师引导:"如果在已有的高度上再增加 10 cm,你们能完成任务吗?你们会怎么做?"这样更能聚焦促进学生面对工程问题进行再设计的动力。

3. 以课程架构实现课时的转型

在常规课堂,我们已将技术类科学课"建纸塔"从"设计和制作"发展到"设计、制作和再设计",这似乎已是一节课的极限了。当把"建纸塔"作为"再设计"课程来看时,我们就有了继续研究的动力,可以跨出常规 40 分钟课堂的约束,继续沿着"设计→制作→再设计→再制作"的纵向发展路线研究,一次设计制作、两次设计制作、三次设计制作……2015 年 12 月,在浙江省小学科学学术年会上,来自瓯海区实验小学的科学团队就选择了"建纸塔"的第一、二课时作为展示课,两位教师合作上了一节 80 分钟的课,让我们从课堂里看到了课程,从课程里看到了课时的转型:从常课走向长课。

工程素养的培养不是一蹴而就的,而是在有结构的体系中循序渐进发展的,也就是说,工程素养并不是在某一节技术类的科学课中就能培养起来的,而是需要一个课程内容体系,来不断地促进学生工程方面的相关素养。瓯海区实验小学科学组把"建高塔"由技术类科学课提升到"建塔"课程的高度,内容拓展出纸塔、面塔、牙签萝卜塔、瓶塔、木塔、扑克牌塔等,实现了课程化的内容架构,有效对接了学生对"建塔"这项工程的多元认识。其内容体系如图 2-7-7 所示。

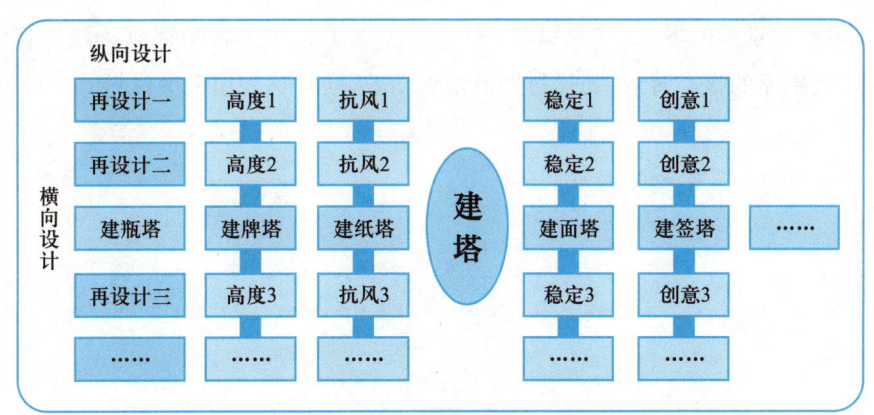

图 2-7-7 "建塔"课程内容体系

综上所述,基于"再设计"的过程教学,可以理解为把课程内容当作一个项目,当作一个工程,各项活动架构都可以理解为工程学的一般过程,从而实现在课堂上培养和渗透学生的工程思维,如图 2-7-8 所示。

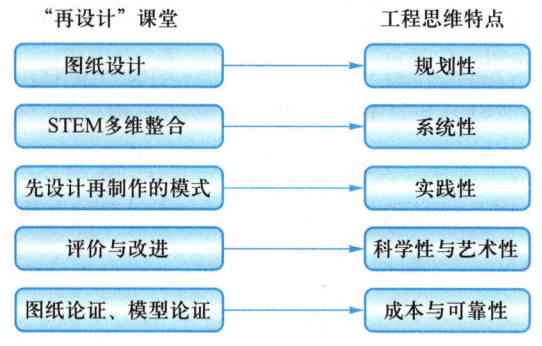

图 2-7-8 基于工程思维特点的"再设计"课堂

三、"再设计"理念对于培养和渗透工程思维的意义

从课程走向来说,"再设计"是课程创新的核心元素。技术工程类科学课以关注学生发展为时代变量,从过去指向"双基"的劳技课,到指向核心素养发展的工程问题,所以技术工程类科学课可以成为 STEM(或 STEAM)课程在小学科学课程中的新载体。从课程形式上说,因为"再设计"课程的蓝图引领,科学课从常课走向长课也成为一种可能。

从概念发展来说,"再设计"是概念形成的创意路线。打破原来 40 分钟谈概念发展路线,构建 80 分钟、120 分钟甚至更长的大概念发展路线,拥有大框架细推进、大起点握全局、大走向促素养提升的"再设计"课程,在发展过程中设置的发展区会更多维化、更有广度、更能体现科学思维的发展。

从素养发展来说,"再设计"起到抛砖引玉的作用。哪个环节出问题,"再设计"这块砖就砸在哪里,学生就在哪里做改进。再设计理念不是说只进行第二次设计,而是不断设计,不断地对前概念去伪存真,不断地促进学生知识合理运用、材料合理分配、精打细算、小组合作等科学素养的发展。"建纸塔"有效地突破了技术类科学课只关注知识结构的局限,而走向单元的核心背景:同样材料取最大功效,同样功效用最少材料。

 案例分析及教学建议

 案例

建 纸 塔

一、从教材出发:"再设计"是培养工程思维的核心元素

"建纸塔"是一节典型的技术与工程领域的科学课。原教材采用空矿泉水瓶,根据塔

形结构上小下大、上轻下重的特点设计并制作不同高度的塔,但是"基于塔形结构上小下大、上轻下重的特点"这样的科学概念及技术要求,对于六年级学生来说过于简单,学生的工程思维如何找到着力点?

于是,我们对教材进行了大胆调整:在材料上,由空矿泉水瓶改为几张普通的A4纸。在概念发展上,由"上小下大、上轻下重"改为"上渐小渐轻、下渐大渐重"的物体稳定性较好。相应的,学生需要不断地"再设计",去解决这个过程中暴露出来的问题:材料的合理分配、图纸精打细算、小组统筹分工等,也就是工程思维的问题。

二、从学情出发:"再设计"是培养工程思维的创意路线

研究表明,儿童学习的前概念是科学探究活动的起点与基础。再设计的起点是基于第一次设计之后形成的初级概念、技能、态度等,更包含了第一次设计制作之后产生的新问题、新需求。如"建高塔"(第二课时),就是在观察研判学生第一次设计与制作高塔之后,引导学生发现新问题,并在此基础上激发内部驱动力,展开再设计与再制作的。

"再设计"打破原来用40分钟构建概念的发展路线,而是用80分钟、120分钟甚至更长的时间构建大概念的发展路线,拥有大框架细推进、大起点握全局、大走向促素养提升的"再设计"课堂,在发展过程中设置的发展区会更多维、更有广度、更有利于工程思维的融入,打破了教师上这类课时的原有观念和原有模式。

三、教学设计

建纸塔(第一课时)

【知识点来源】

教育科学出版社《科学》六年级上册"形状与结构"单元第6课"建高塔"。

【教学目标】

(一)科学知识

1. 知道建纸塔可以通过改变形状、合理材料分配、选择合适形状,做到"上轻下重、上小下大"。

2. 在设计与制作中再次认识"上渐小渐轻、下渐大渐重"的物体稳定性较好。

(二)科学探究

小组合作,能根据打印纸的特点选择合适的形状与结构。

(三)科学态度

在设计与制作中学会合作学习,体会参与设计与制作的乐趣。

(四)科学、技术、社会与环境

学习像工程师一样先设计再制作,评价自己和同学的作品,提出建议。

【教学准备】

为小组准备:5张A4打印纸、导学单、剪刀、胶带、圆的铅笔、50 cm长直尺。

教师准备:彩纸做成各种形状并贴胶带,讲台上放白纸,长的板贴组号,演示台,米尺,PPT。

【教学过程】

（一）热门话题，引爆挑战

1. 播放《奔跑吧兄弟》节目片段，聚焦游戏成败的原因。

2. 明确挑战任务：跑男团用纸箱造船，今天我们要用5张纸建一座纸塔。

3. 任务：每个小组有5张A4打印纸，少量胶带，要在12分钟内建一座高至少40 cm的纸塔。比一比哪组纸塔又高又稳。

4. 建一座纸塔，我们要考虑哪些问题呢？

预设1：塔的特点。

生：上小下大、上轻下重、框架结构、三角形结构。

预设2：改变纸的形状。（如果学生说不出来，教师可以提示：你看这纸软塌塌的，有什么好办法增强它的抗弯曲能力，以便我们更好地建塔呢？）

预设3：材料分配。（提示：今天我们准备的是5张A4纸，你觉得应该考虑……）

预设4：分工合作。

预设5：要画一张设计图。

【设计意图：用纸来建高塔贴近学生的生活与实际水平，技术与制作的含量更高。但在前期的问卷调查中，学生对于用纸建高塔往往第一反应是惊讶、茫然，面对软、薄的纸建高塔不知所措，但他们在日常生活中已经学会用纸折各种形状的物体。不经意之中，在设计与制作材料上的改进，拓宽了对科学概念的理解，过程与方法的目的性更明确、更行之有效，提升了学生科学探究能力、决策能力和创造能力。】

（二）设计图纸，按图施工

1. 设计纸塔草图。

（1）工程师要建一个纸塔，他们首先会干什么？

（2）只有先设计，制作时才能做到心中有数。

2. 明确图纸要求。

（1）课件出示图纸设计要求。

（2）1/2是什么意思？如果更小，你可以用1/3、1/4表示（旁边出示工程师设计的图纸做参考）。

（3）设计完成了吗？真棒，5分钟就设计成功了！非常期待你们建的纸塔，小建筑师们，请按照你们的设计图开始施工吧！

【设计意图：教师在设计图边上出示了工程师设计的图纸进行参考，并提出要求：在4分钟内画出设计图，标注纸张数（如1、1/2等）、负责人（学号）等。对于看不到的部位或细节构造，要尝试画出分解示意图。让学生也像工程师一样进行图纸设计，在真实的情境中，运用工程思维、新工具和新技术解决实际任务，以达到技术训练的目的。】

3. 小组合作，制作纸塔。

4. 验收作品，汇报交流。

（1）音乐已经响起，任务结束，请同学们马上上交作品，整理材料，保持安静。

（2）各位同学，六(5)班建纸塔最高奖已经产生，第____小组，他们组高度达到____，掌声祝贺。

（3）今天一共有____个组在规定的时间里完成高至少40 cm的纸塔，我们也用掌声表示祝贺。

（4）成果分享。

① 你们的纸塔怎么做到"上小下大"？是怎么做到"上轻下重"呢？请第____组派一个代表带上图纸，分享你们组的成果。

② 其他小组的纸塔都做到"上轻下重"了吗？有没有哪一组做得还不够好？

③ 有没有哪一个小组的纸塔"上轻下重"做得特别好？

5. 梳理经验，过渡小结。

现在大家对于"上小下大、上轻下重"有更深的认识了。我们发现：越往上越小、越轻，越往下越大、重，这样一个渐变的过程，可以把纸塔建得更高、更稳。

【设计意图：学生在设计时会画一个草图，但做的时候往往和原先的草图不完全一样，行动总是与设计脱节。在"交流反思"环节中教师可以追问："你们起先就是这样设计的吗？""在座的工程师们有什么想说的吗？"就是引导学生当行动与设计不一致时如何优化处理，并学会根据科学原理来评价自己和同学的作品，为渗透工程思维做好准备。设计只是一种意图，而在动手制作的过程中，学生可能会发现原先的设计存在问题，或不能实现，或需要改进，这个过程是个边做边设计的过程，也是一个培养工程思维的过程。】

（三）设置悬念，再次改进

1. 同学们，一张白纸看似普通，但却创意无限；一座纸塔看似简单，但却独具挑战。12分钟建一座纸塔真是了不起，再次把掌声送给最棒的你们。

2. 如果对纸塔进行再设计，你会做怎样的改进？

3. 下节课老师将带大家进入"建纸塔（第二课时）"的学习。

【设计意图：这一环节的设计就是工程思维的一种渗透。在课内进行修正，让学生明白"再设计"的重要性，也是指导学生把所获得的知识和技能应用到"再设计"和"再制作"过程中，再现工程师的设计与制作，让学生真正经历工程师的"设计与制作"过程。】

建纸塔（第二课时）

【教学目标】

（一）科学知识

1. 知道完成纸塔工程，需要考虑形状（哪种形状适合）与结构（紧扣塔形结构特征）、材料分配、分工与合作。

2. 进一步认识纸塔上小下大（渐小）、上轻下重（渐重）的特征。

（二）科学探究

1. 能够通过再设计、制作，综合考虑各种因素（形状选择、材料分配、人员分工等），建一座又高又稳的纸塔。

2. 能够在"设计—制作—再设计—再制作"的纸塔工程实践活动中不断反思。

（三）科学态度

1. 体验多次改进、不断完善的严谨态度。

2. 体会设计与工程中分工与合作的重要性。

（四）科学、技术、社会与环境

意识到不断反思、修改可以完善我们的技术，使工程更适应社会与环境的需求。

【教学重难点】

通过再次设计、制作纸塔，知道完成一项工程需要综合考虑并合理运用各种因素（形状选择、材料分配、分工合作等），并且能够不断反思和改进。

【教学材料】

为小组准备：5张A4打印纸（不同颜色）、设计图、剪刀、胶带、米尺。

教师准备：彩纸、米尺、PPT。

【教学过程】

（一）反思问题，聚焦思维

1. 唤起回忆

大家经历了一次设计与制作纸塔的活动，有什么收获吗？

2. 聚焦问题

（1）材料分配不合理（还有纸多）。

（2）分工不细致（我们这组有两个同学没事做）。

（3）形状选择不合适（底下用了长方体，不太稳定）。

（4）设计难以实施（有设计图，但是做不出来）。

3. 激发动力

从哪里摔倒就从哪里站起来！继续研究"建纸塔"。

【设计意图：在聊天中打开话题，能够梳理对建纸塔原有的概念基础，更能引发学生反思第一次设计、制作中的问题，包括分工、形状选择、材料分配、实施制作等，然后引导再设计，激发学习内驱力。】

（二）再设计，卷入思维

1. 出示挑战任务

材料：5张A4彩纸，少量胶带。

任务：针对你们遇到的问题，改进纸塔设计，建一座50 cm以上且稳固的纸塔。

2. 学生再设计

再设计提示：针对你们遇到的问题，改进纸塔设计，画出第二版设计图。还可以进行高度估计。

3. 再设计交流

(1) 交流提示:

汇报组——先说说你们原先遇到的问题,再说说你们打算怎样改进。

其他组——仔细倾听,提出疑问或建议。

(2) 追问:

你们觉得这样改进可行吗?说说你的理由。

你们受到了哪些启发?快速完善你们的设计。

【设计意图:理清问题之后,小组针对遇到的问题,运用获得的概念和经验,展开再设计。在答辩会中,从自评和他评两个角度提出更多的建议,完善再设计,沿着概念发展方向,充分渗透工程思维。】

(三) 再制作,深化思维

1. 学生制作

学生根据图纸建塔12分钟。教师巡视指导,关注学生的改进情况。

2. 交流研讨

(1) 比较两次作品,有没有进步?怎么做到的?

(2) 哪几个小组的作品没有进步?想一想存在什么问题。

【设计意图:这一次,学生能够严格按照自己的再设计进行再制作,并表达想法。但有些小组第二次的作品不比第一次好,在比较两次作品的优劣中进一步深刻构建科学概念,培养工程思维。】

(四) 挑战再设计,激发兴趣

1. 到目前为止,我们班的最高塔,达到了＿＿＿＿cm!

2. 如果再增加20 cm,你们打算怎么改进?

【设计意图:材料不变,增加高度的挑战蕴含着需要对科学概念更为恰当地运用,需要学生更加专注地应用已经形成的概念,持续运用工程思维。】

四、评述与建议

本课采用纸作为建塔材料,将本单元前几课形状与结构的研究更充分地进行整合,让学生有机会运用学习中掌握的事实概念和科学概念来完成建纸塔的任务。教学中,学生经历了反思、再设计及完善、再制作的科学实践活动过程,在不断地反思改进中渗透工程思维。

回顾两个课时的教学,我们需要注意以下几个方面。

1. 聚焦关键问题,明确工程思维目标

以"工程思维的形成"来描述"技术与工程"类科学课的目标尤为贴切,反映出技术类科学课不再单薄地只关注科学知识的运用和图纸设计,更多的是走向 STEM(或 STEAM)的丰满维度,包括科学、技术、工程、数学(及艺术)的综合体现。

所以有了"再设计",学生才能在"再设计"的过程中,聚焦关键的问题,看到自己在STEM(或STEAM)的弱势,更能针对自己小组的问题快速、明确地展开具体反思,追求更多的发展区,为工程思维的形成提供更多可能。

在"建纸塔"一课中,关键问题如"第一次建塔时,你有什么收获?发现什么问题?""比较两次作品,哪里进步了?"等,都能够促进从设计到再设计的工程思维介入。

2. 优化探究活动,递进工程思维发展

科学探究是科学学习的主要方式,六年级学生已经初步学会用绘画或图示的方式记录表达自己观察、实验的过程和结果。但是设计图纸不同于简单的画图,它是由感性的绘画或图示转化为理性的思维介入,是一个包涵了观察、分析、综合、表达、内化的过程,是一个动手的过程,更是一个需要工程思维积极介入的过程。

因此,在"建纸塔"这一课的教学中,教师让学生也像工程师一样根据成本预算进行图纸设计,并根据图纸进行施工、再设计、返工,在真实的情境中运用工程思维,以及新工具和新技术解决实践任务,以达到技术训练的目的。通过环环相扣、层层推进的探究活动,学生对于塔的科学概念得以深化,工程思维获得有效提升,实现了核心素养的发展。

3. 精炼评价导向,激发工程思维动态

"科学课程的教学评价主要是为了促进学生的学习和发展,因此评价不能仅在学习过程结束后进行,而必须伴随在教学过程之中。"在再设计的过程中,除了教师的评价外,更应开展生生评价。

在"建纸塔"教学中,教师以"这样的改进可行吗?"引领学生进行生生评价,学生在思维碰撞的过程中充分调动已有概念,有理有据地表达自己的观点和建议。除此之外,在学生再建纸塔之后,交流两次作品的比较,生生互动,你评我评,发现了更多的进步和问题。学生在同意或不同意的争辩中,活跃和发展了工程思维。

"再设计"为"技术与工程"领域的教学为学生打开了一扇窗,基于学生再设计的起点,明确终点,为学生搭建了有效的脚手架,从而促进了学生工程思维的形成与发展。

教学关键问题2-7 案例示范

第三部分 教学策略

教学关键问题 3-1　如何基于学生经验开展教学？

 教学关键问题分析

经验是指人在多次实践中得到的知识或技能，也指人的亲身经历。在哲学上，经验指人们在同客观事物直接接触的过程中，通过感觉器官获得的关于客观事物的现象和外部联系的认识。辩证唯物主义认为，经验是在社会实践中产生的，是客观事物在人们头脑中的反映，是认识的开端。在日常生活中，经验亦指对感性经验所进行的概括总结，或指直接接触客观事物的过程。但经验有待于深化，有待于上升到理论。

建构主义的学习观认为，世界是客观存在的，但是对于世界的理解和赋予的意义却是由每个人自己决定的。每个人都是以自己的经验为基础来建构现实或解释现实，每个人的经验世界是通过自己的头脑创建的。正是由于每个人的经验以及对经验的信念不同，所以每个人对外部世界的理解也不尽相同。所以，学习不是由教师把知识简单地传递给学生，而是学生自己建构知识的过程。学生不是简单被动地接收信息，而是主动地建构知识的意义，这种建构是无法由他人来代替的。学生的学习过程是根据自己的经验基础进行建构的，以原有的经验为基础，重新进行信息编码来建构自己的理解，学习包含着由新旧经验冲突引发的概念转变。教师通过各种途径了解学生的前概念，了解学生已有的知识储备水平，并结合学生的认知水平和心智发展水平，合理设计教学过程，让学生的学习过程变成发自内心的需求。在这种内心需求的驱动下，学生才会主动去学，从而提高学习效率。

每个学生在成长过程中，或多或少对自然现象都有一定的认知，也必然有一定的经验。不同的年龄，不同的环境，不同的个体，经验的积累也势必不同。教师应该了解学生，基于学生原有的经验开展教学，否则教学就会出现诸多问题，例如，课堂提问脱离学生实际，教学情境的创设不合理，对教材的处理不科学，对教学的难点难以突破，导致学生进入课堂没有发展，或者失去学习兴趣，这就偏离了教育目标。

 教学关键问题解决

每个孩子在接受正式的科学教育前，一定已经积累了丰富的有关自然现象的常识以及观察体验，并由此产生"似理论般"的知识概念或技能，这种相对原始的、不够精准的经验需要教师设法了解并加以利用，才能实现真正的因材施教。

一、因地制宜,形式多样,全面了解学生的已有经验

经验存在于每个学生的思维和言行中,带有强烈的年龄认知特点和个性特征,不是教师凭想象就能够推想出来的。只有到学生中间去,提供合理的方法才能把学生的已有经验充分展现出来,才能得到最真实、最可靠的资源。如何简洁有效地了解学生的已有经验呢?以下列举了几种常用的方法。

1. 课前调查法

课前调查,即让学生在课前进行相关内容的前测,一般采用问卷法,即先用几个简洁的问题让学生写出自己的认知,然后教师进行归纳整理,设计课堂教学活动。一般问卷调查可以使用判断、选择、填空这三种类型的题目,这种方法的长处是检测内容覆盖面大、便于学生理解、作答方便,但比较费时。相对而言,比较适合教师作专题研究时使用,或者在某一单元起始课上作为整体了解时使用。最大的缺点是很难获得每个学生作答的思考过程的真实原因。

2. 课前个别询问法

课前个别询问法,也就是随机访谈法,即教师跟学生进行随机的、面对面的交流,气氛一般比较融洽,教师可以对学生的回答做出回应,也可以不做任何回应,任由学生发表见解。可以说,这种方法容易操作,能让教师及早了解学生的已有经验,从而设计相应的探究活动,帮助学生纠正错误概念或建构新概念。教师在利用个别询问法获悉学生的已有经验时,要注意两点:一是不能暗示学生正确答案是什么;二是要读懂学生言语背后的真正意思。

3. 课堂直接提问法

在课堂教学活动中,教师直接对全体学生进行提问,从而了解学生的起点。一般有两种常用提问方式:一种是 KWLH 提问式。K(know)是我们知道什么;W(want)是我们想知道什么;L(learn)是我们已经了解了什么;H(how)指我们是如何了解的。教师可以通过这种模式化的提问来了解学生的已有经验。另一种是学生对教师提出的关键问题进行回答,即教师预设几个跟探究内容有密切关系的关键性问题进行现场提问,从而了解学生的原有认知。当然,教师提出的关键性问题要注意符合学生的认知水平,提出的问题最好是学生能够定量测量和定性描述的。例如,向三年级的学生提问:你认为空气有质量吗?学生第一回答是"有"或"没有",在作答的同时,学生会思考用什么来证明自己的回答是正确的。

课堂直接提问法是教师了解学生已有经验比较直接、快速的方法,最大的优点是教师在与学生面对面的交流过程中,了解学生对某个问题的看法,不依赖学生的书面表达能力。对于小学生而言,他们的口头表达能力远远高于书面表达能力。

4. 画图展示法

画图展示法是指让学生用画图的方式来表达对某一概念或某一实验过程的理解。小

学生的思维正从具体形象思维逐步向抽象逻辑思维过渡,具有很大的直观性,并存在用语言文字描述的逻辑性不强、不够严密的特点。与询问法和提问法相比,画图展示法有不可替代的优势:首先,在学生不能完全清晰地通过语言文字表达时,图示可以更加简易地表达出自己的真实想法。其次,对一些似是而非的模糊认知,教师可以通过学生的图示探查到他们更深层的想法。最后,画图展示法可以照顾到每个学生,让那些不善于表达或者不敢口头表达的学生有机会展示自己内心的想法。此方法比较适合中低年级小学生。

5. 观察分析法

教师可以对一个学生的多种表现或多个学生的不同表现进行观察和比较,从中发现一些规律。可以观察学生的学习材料,也可以观察学生的日常生活习惯和课堂学习行为,从而了解学生一些普遍的行为习惯和能力水平。此方法需要教师善于观察,适用于教师对学生实验操作等技能水平的把握。

上述仅为几种常用方法,可以单独使用,亦可综合灵活运用,有助于教师正确、全面地了解学生的已有经验。

二、搭建支架,经历探究,有效开展基于经验的教学

了解学生的已有经验,目的是帮助教师确定教学的起点,让学生走进课堂和走出课堂的认知和技能是有提升和发展的。奥苏贝尔在他的《教育心理学》一书的扉页上写道:"如果我不得不把全部教育心理学还原为一条原理的话,我会说,影响学习的最重要因素是学生已经知道了什么,根据学生原有的知识状况进行教学。"虽然这句话可能不够全面,但他强调原有知识水平对新学习的重要影响却无疑是正确的。

学习不是学生简单地"输入、储存"课本和教师提供的信息,而是主动地将原有经验和新信息进行对比、分析、批判、选择,以及重建知识结构的过程。学生建构知识的基本方式是同化和顺应。当新的知识与其原有的知识结构和思维方式相符时,就被同化、吸收并储存,否则就会被排斥或经修正、重组后再吸收。针对小学生的学习特点,下面提出三条教学建议。

1. 了解已有的知识基础,以学定教,顺学而导

以学定教,即依据学情确定教学的起点、方法和策略。这里的"学情"包括学生的知识、能力基础,学生的年段认知水准,学生课前的预习程度,学生对学习新知识的情绪状态等学习主体的基本情况。而"定教",就是确定教学的起点不过低或过高,在恰当的起点上选择最优的教学方法,运用高超的教学艺术,让每个学生达到最优化的发展。

每一个进入小学科学课堂的学生,其生活经验并非一张白纸,对科学现象也并非一无所知。要让学生能够有收获、有发展,就需要教师在了解他们已有知识的基础上进行教学设计,让他们的"生活经验"和"科学前概念"顺利地上升为"科学概念",实现知识的正迁移,使原有经验更加丰富,把知识体系逐步建构完整。例如,通过前测可以知道,小学三年级学生在学习磁铁之前都已经玩过磁铁,也都知道磁铁能吸铁,那么课堂上不妨直接从学

生难以把握的磁铁到底能不能吸其他金属切入研究,高效且突破难点。再如,五年级学习"时间在流逝"一课时,体验一分钟到底有多长,能做哪些事,这些早在二年级数学课里就充分体验过了,让五年级的学生再来重复,学生兴趣不大,积极性也不高,不如把更多时间用在学习了解日晷、太阳钟等内容上,实现"用教材"而非"教教材",让学习走向深入,真正落实以学定教、顺学而导。

2. 修正原有错误概念,重建新的认知

通过各种方式了解学生已有经验的过程中,教师不难发现,学生头脑中的经验和认知有些是不科学的、不规范的,甚至是错误的。这就需要教师在教学过程中创设能引起学生产生认知冲突的教学情境,以其无力解决的"冲突"动摇其顽固的错误前概念,让学生感受到必须修正原来的错误观念或模糊认识,从而指导学生进行认知顺应,形成或重建与科学观念一致的新认知。

一般情况下,教师可以采用"诊断—修正—解释"三步走。即教师创设一定的教学情境,充分暴露学生的已有认知,诊断其前概念是否正确。如果是不科学或者错误的,教师不妨提供活动材料,创设个人认识与事实证据之间、个人认识与科学概念之间的"冲突",引导学生自主探究,并且在观察、实验的基础上,依据事实有层次地推测与验证。在这个过程中,学生会进一步暴露和明确自己的前概念和认知,感受不同观点与解释之间的差异,从而产生思维碰撞和深入学习、探究的兴趣,从而修正原有错误认知,逐步建构新的科学概念体系,使教学过程向着预期的科学目标前进。心理学表明:凡经过否定质疑的知识,在学生头脑中才有较高的确信度。

3. 呈现科学事实,经历探究过程,习得新技能

学生原有经验并非只有知识和概念,还有他们在生活实践中积淀下来的行为习惯和思维定式。这些亲身经历的技能或认知,有些是符合科学事实的,可以直接迁移到科学学习和探究活动中,作为生长点继续往前发展。而有些技能或认知可能是学生根据生活常识进行推测或者从大人言语中"继承"下来的,与科学事实可能并不符合,这就需要教师了解学生,并根据学生的特点适时开展活动,用事实说话,帮助学生修正、确认并发展。

在小学科学的学习中,学生接触较多的技能训练就是各种实验仪器的使用,比如酒精灯、温度计、天平、弹簧秤、显微镜、放大镜、量筒、滴管等工具的使用。相对而言,日常生活中,学生多少会接触一些常用工具,比如镊子、筷子、钳子、体温计、量杯等,有一定的使用技能,但对于一些专用仪器使用的较少。这时,教师不妨先调动学生的原有认识,试着用多种方法了解新器材或工具,揭开其"统一规定"的来源和目的所在。如果教师了解到学生存在一些错误的习惯和认知,就应该把科学事实呈现在学生面前,用多次实践去巩固学生的新认知,从而强化其正确的技能和行为。每个学生作为一个学习的主体,在进行科学学习时,也进行着语文、数学、音乐、美术等的学习,在那些学科里,他们也积累了一定的学习方法与技能,比如在语文学习中,学生掌握了写说明文的方法,用举例子、列数字等方法

来说明一个物品或一件事物;在数学学习中,知道用建模、解析等方法来认识一种图形、一个公式……科学教师可以利用学生的已有经验来实现认知、方法和能力的正迁移。

基于学生已有经验展开教与学或许不是一个新鲜话题,但对于科学教师来说,它永远是新鲜变化的,因为我们的学生在变,他们的"经验"也在不断改变。教师只有善于揭示和把握学生的已有经验,有的放矢地采用恰当的教学策略,对学生正确地引导,才能促进学生科学素养不断发展,使科学教育更加富有实效。

案例分析及教学建议

案例

玩 磁 铁

一、了解学生已有知识基础,以学定教

建构主义学习理论认为,由于矛盾和冲突的出现,我们的认知结构便不断地同化、顺应、统整和改变,以融合新的概念和扩展旧的知识结构,形成一个更大的概念。所谓"顺应",是指对原有认知结构的调整和改变,以便更好地理解和接纳新现象,实现由原有的日常概念向更完善的科学概念的转变。"玩磁铁"案例整合了三年级下册"磁铁"单元第1课时"我们知道的磁铁"和第2课时"磁铁有磁性"。学生对磁铁有丰富的日常经验,比如生活中见过各种各样的磁铁,知道磁铁能吸引铁等。本课例利用问卷、谈话等调查学生对磁铁的日常经验,由于学生在生活中经常玩磁铁,他们见过不同形状的磁铁,对它们的一些特性比较熟悉,经验中已有"磁铁能吸铁、两端的磁力强、能隔着物体吸铁"等概念。在这种情况下,我们在设计探究活动时,特别关注学生原有的概念,课堂中舍弃对学生已有概念的低效重复,基于学生已有的知识基础,以学定教,顺学而导,让学生经历科学探究活动,为日常经验转化为科学概念提供平台,从而使学生获得更加丰富的科学概念。

二、基于学生已有知识基础顺学而导的解决策略

1. 通过日常经验探查发现教学的起点

在以往的教学中,"磁铁"单元的起始课是"我们知道的磁铁",教师在上该课时发现该内容过于简单,学生对磁铁已经有相当多的日常经验,有许多体现在第二课时"磁铁有磁性"中。原来设定的教学重点对学生的认知发展并没有多大的意义。本课例利用课外时间进行调查,利用前测将学生看到过的磁铁形状做了一个统计,同时布置学生将生活中所看到的磁铁带到课堂中来,结合教师补充的一些其他不常见的磁铁形状,即可完成一个知识点的学习,既节约了课堂时间又促进学生在生活中细心观察,从生活中继续发现磁铁

的其他奥秘。

2. 通过探查原有概念调整教学重点

基于教材的内容,对"我们知道的磁铁"和"磁铁有磁性"两课时的内容进行重新建构编排。首先"磁铁有磁性"这一科学概念,以"自助餐"的形式让学生自由选择出磁铁的"菜",这样的尝试既基于学生的原有概念,又充分体现了学生在课堂中的主体地位,深受学生喜欢。在"隔物吸铁"环节,让学生选择舞者、舞台和操纵器来进行。通过选择不同材料的舞台,让学生有针对性地选择不同类型的磁铁来解决问题,该环节既富有趣味性又增加了实验的难度,也让学生了解到隔着物体能吸铁与三个因素有关。最后提出一个问题引发学生深思:铁片很薄,可是为什么隔着铁片不能吸引铁类物质呢?

三、教学设计

玩 磁 铁

【知识点来源】

教育科学出版社《科学》三年级下册"磁铁"单元第 1 课"我们知道的磁铁"和第 2 课"磁铁有磁性"。

【教学目标】

(一)科学知识

1. 磁铁有各种各样的形状。
2. 磁铁能吸引铁类物质,这种性质叫磁性。
3. 磁铁隔着一些物体也能吸铁。

(二)科学探究

1. 用实验方法研究磁铁能吸引什么,不能吸引什么。
2. 根据材料设计实验,研究磁铁隔着卡纸、布片、薄铝片、厚度不同的塑料片等能不能吸铁,体会随着条件的变化,磁铁隔物吸铁的本领是如何变化的。给部分小组磁力大小不同的磁铁进行研究,体会变化。

(三)科学态度

通过实验获取证据,认同用证据来检验推测的重要性。

【教学过程】

(一)调查引入新课

1. 前几天在我们班进行了一个关于磁铁的调查(表3-1-1),下面我们一起来看看同学们回答的情况。看,这是我们在生活中见到过的磁铁(投影展示)。谁能来概括一下,我们见过的磁铁都有哪些形状?

【设计意图:通过课前调查,直接出示不同形状的磁铁,直接导入,效果好且节约时间。】

表 3-1-1　课前调查表

生活中你见到过的磁铁是什么形状的？（图文结合）	
你希望怎么玩磁铁？	

2. 我们看到,磁铁有多种多样的形状,我们今天的主题就是:玩磁铁。

【设计意图:利用课前调查了解学生心中所想,展示学生的心愿卡,并在课堂上进行活动和猜想。在猜想时,经常有学生提出铜、铝等也可能被磁铁吸引,教师需对铜、铝等金属是否可以被磁铁吸引加以讨论。同时,学生的心愿卡上还有让"小蜗牛跳舞"的设计,教师则根据学生的想法设计活动,完成探究磁铁隔着物体吸铁的教学环节。】

(二) 游戏1:谁是磁铁的"菜"?

1. "食材区"为大家准备了很多"食材",这些"食材"的反面是某种材料,还注明了主要成分。小组内先商量取哪些物质,填写"自助食材表"(表 3-1-2),然后派出一位代表前往"食材区"领取,要求每样物品只能领取的数量为一,不可多领。)

表 3-1-2　自助食材表

铁类物质	非铁类金属物质	非铁类物质

【设计意图:让学生拿着盘子去教室内的选菜区域进行自主选择,如同在生活中去吃自助餐一样,更加符合学生的心理,同时将玩磁铁中的关键环节——谁是磁铁的"菜"展示得更加淋漓尽致。】

(要求:从磁铁的"菜"中选择一个合适的"舞者",从卡纸、布片、薄铝片、薄的塑料板、厚的塑料板等中选择合适的"舞台"。注意在选择的过程中思考:为什么选择它们?选择合适的"舞台"与"操作器"(磁铁),然后来一场华丽而优美的舞蹈表演。)

2. 小组实验汇报。

(1) 通过刚才的实验,我们来看看哪些是磁铁的"菜"(铁钉、螺丝钉、回形针、一元硬币)。其余的材料均不是磁铁的"菜",对吗?

(2) 通过实验你发现了什么?(板书:磁铁吸引铁类物质。)我们把它这一性质称为磁性。

(三) 游戏2:让磁铁的"菜"跳起舞

1. 既然已经知道磁铁具有磁性,可以吸引铁类物质,那么接下来让我们一起利用它的这一性质让它的"菜"翩翩起舞吧!

2. 游戏2后汇报。

（1）游戏2效果如何？请一位同学来试一试，并说一说。

（2）有没有其他发现？这些现象说明了什么？

【设计意图：通过游戏1学生选出了磁铁的"菜"，然后通过游戏2学生选出适合跳舞的"菜"，使活动得以延伸。此环节中，学生不仅要选出适合的"舞者"，还要选择适宜的"舞台"和"操作器"。教师给动作快的小组发磁性强的强磁铁，从而引起此小组与其他小组在厚塑料板上的不同情况的反差，促进学生进一步思考。】

（四）"隔物吸铁"拓展

1. 磁铁隔着厚的塑料板是不是一定吸不起来铁呢？你有没有什么办法让它能吸铁？

2. 出示小铁屑，用强磁铁演示实验。

发现：当增大磁力和减轻物体重量时，物体能被吸引起来。由此说明，选择怎样的道具，可以使磁铁更好地隔着物体吸铁？

3. 磁铁隔着一些物质能吸铁与哪些因素有关？是不是磁性强的磁铁隔着薄的物体就一定可以吸铁呢？

4. 为什么强磁铁隔着薄的物体（铁片）却依然不能吸铁了呢？

【设计意图：通过此教学环节，小组发现越轻的"舞者"、越薄的"舞台"，越容易"跳舞"。隔着厚塑料板几乎很难操作，解决的办法一是减轻物体的重量，二是加强磁铁的磁力。在学生提出建议后，教师拿学生的磁铁成功吸起铁粉，再拿强磁铁吸起普通"舞者"，实验现象令学生惊叹不已。教师反问是不是隔着的物体越薄，磁铁就越容易吸铁呢？引起学生反思，接着教师出示薄铁片引发学生思维冲突，并进一步提升教学效果。】

（五）课外延伸

1. 利用今天所学，我们可以将知识运用到平时的生活中，你有没有办法设计方便擦窗的小工具呢？

2. 利用磁铁的磁性，我们还可以寻找身边更多的铁类物质。

【设计意图：利用课外生活实践，进一步延伸课堂。同时将课堂所学运用到实际生活中，理论联系实际，使学习效果更佳。】

四、评述与建议

"玩磁铁"一课是将"我们知道的磁铁"和"磁铁有磁性"两课内容进行了整合并有所拓展。原教材第一课主要通过让学生交流等形式反馈已有对磁铁的认识和生活应用；第二课则是通过磁铁能吸引铁的活动引出磁性概念，再对隔物吸铁的内容用相关实验来验证。在"玩磁铁"一课中，教师在课前对学生在磁铁的认知方面进行了细致的调查，同时在调查的基础上针对学生集中的问题实施教学，突出了以学生为本的教学理念。在确定磁铁能吸铁的性质后，舍去对复合材料的实验，而是将重点放在磁铁隔物吸铁的探究活动中，让学生从不同的角度探究磁铁隔物吸铁受哪些因素的影响，进一步突出磁力的相关知识，为学生建构磁力概念开辟了新的途径。

"玩磁铁"的教学设计还可以在大概念指引下,让学生在活动中建构磁铁周围存在磁场的概念。首先,让学生根据生活经验回忆自己所知道的磁铁,说说磁铁的本领。其次,引入玩磁铁的活动——让桌上的铁钉竖起来且能让它"跳舞",感受磁力的存在,并画一画磁铁是怎样吸引铁钉的,再现学生对磁场的认识。最后,通过拓展应用——让磁铁滚起来,让学生在感受磁场作用距离的基础上,进一步巩固磁铁周围有磁(作用力)这一核心概念。这样的设计通过课堂直接提问的方法暴露学生的已有知识,利用学生对磁铁能吸铁的已有认知,在活动中将学生的思维引向更深的层次,进一步丰富了学生的科学概念。

两种设计都有相关的因素和考量,其共同点就是对学生已有知识的了解和应用。结合本案例,基于学生经验开展教学要注意以下几点。

第一,收集了解学生的已有知识要具有真实性。为了更好地反应学生的已有认知,在调查中设计的问题或话题要能真正发现学生对后续学习内容的认知程度,即学生真实的知识经验。

第二,对学生已有的知识和问题要进行分析、归类和归因。教师要在归因分析中发现学生对某一知识或问题的认知特点,思考其原因,同时对学生的不同反应进行归类,为后续的教学设计做好准备。

第三,利用归因对教材内容进行系统的改编或整合。教师要根据学生的认知发展,适当地改编或整合教材内容,将一些学生已然明了的知识内容简化,把重点放在学生有困惑、有发展的内容上去,让有限的课堂教学时间发挥最大作用。

教学关键问题 3-1 案例示范

教学关键问题 3-2　如何利用生成的资源进行教学?

 教学关键问题分析

《义务教育小学科学课程标准》指出:小学科学课程资源是指有助于进行科学教学活动的各种资源。教学过程中合理使用课程资源,将会很大程度上提高学生学习科学的兴趣和质量,也会提高教学活动的水平。

生成的资源是在教育教学过程中动态生成的,它不是预先计划和设定的。生成的资源是在课堂教学情境中通过积极的师生互动、生生互动,在共同思考与共同发展中产生的超出教师教案设计的新问题、新情况,即表现在言语、行为、情绪方式表达中出现的"节外生枝"的情况。它具有动态性,是稍纵即逝的。

利用生成的资源进行教学,要围绕教学目标来展开。如师生在教学过程中由于自身的理解而产生的新知识,师生的体验、师生的行为、师生的情感态度与价值观等都可以成为教学的素材或来源,对其加以合理地利用,可以促进学生对知识的理解和把握,有利于创造良好的教学氛围,从而有利于教学活动的展开,有利于学生的发展。利用生成的资源进行教学往往是通过多种因素相互作用而形成的发展过程,体现了课程的实践性质和创新价值。因此,教师准确、及时地捕捉到这些生成性资源,并对其加以合理利用,有利于教学目标的实现。

 教学关键问题解决

一、对生成的资源进行价值判断

如何利用生成的资源进行教学?一堂课的教学时间是有限的,教师对生成的资源首先要进行价值判断。其价值判断的标准则是教师的教学理念,具体可以根据以下几条价值判断标准进行辨别。

1. 是否有利于激发和保护学生的探究热情

《义务教育小学科学课程标准》的课程基本理念指出:小学生对周围世界具有强烈的好奇心和求知欲,这种好奇心和求知欲是推动学生科学学习的内在动力,对其终身发展具有重要的作用。保护学生的好奇心和求知欲,激发学生学习科学的兴趣,引导学生主动探究,积累生活经验,增强课程的意义性和趣味性。学生通过科学课程的学习,保持和发展对自然的好奇心和探究热情。所以判断是否将生成的资源纳入教学活动,要分析这个生成的资源能否激发更多学生的探究热情。

2. 是否有利于培养和深化学生的科学精神

《中国学生发展核心素养》指出:科学精神主要是学生在学习、理解、运用科学知识和技能等方面所形成的价值标准、思维方式和行为表现。具体包括理性思维、批判质疑、勇于探究等基本要点。科学精神是人们在长期的科学实践活动中形成的共同信念、价值标准和行为规范的总称,是指由科学性质所决定并贯穿于科学活动之中的基本的精神状态和思维方式,是体现在科学知识中的思想和理念。"实事求是"是科学精神的核心,"开拓进取"是科学精神的活力。培养和深化学生的科学精神是提升科学素养的重要渠道。所以判断是否将生成的资源纳入教学活动,还要分析这个生成的资源能否培养和深化学生的科学精神。

3. 是否有利于提升和发展学生的探究能力

通过小学科学课程的学习,能够使学生体验科学探究的过程。探究式学习方式类似于科学研究的方式。这种符合儿童天性的学习方式可以激发其学习科学的兴趣,促进其对科学概念的理解,也是培养学生科学探究能力、科学思维能力、科学精神的有效学习方式。探究能力作为人们探索、研究自然规律和社会问题的一种综合能力,通常包括提出问题的能力、收集资料和信息的能力、建立假说的能力、进行社会调查的能力、进行科学观察和科学实验的能力、进行科学思维的能力等。所以判断是否将生成的资源纳入教学活动,还要认真分析这个生成的资源能否提升和发展学生的探究能力。

4. 是否有利于学生巩固和理解科学知识

小学科学课程是一门基础性课程。初步了解与小学生认知水平相适应的一些基本的科学知识;培养提问的习惯,初步学习观察、调查、比较、分类、分析资料、得出结论等方法,能够利用科学方法和科学知识初步理解身边自然现象和解决某些简单的实际问题。所以判断是否将生成的资源纳入教学活动,还要仔细分析这个生成的资源是否有利于学生巩固和理解科学知识。

二、运用生成的资源进行教学的方式

围绕以上价值判断标准对生成的资源进行辨别,并根据课堂教学具体情况进行运用,具体有以下几种方式。

1. 全面重构,根据生成的资源全面调整教学预案

生成的资源是动态的,有些生成的资源具有典型性,符合小学科学课程标准的理念,是小学科学教材很好的补充、深化和拓展内容。在出现这些生成的资源时,可以根据课程理念进行教学预案的大调整,开发出既能激发学生的探究兴趣,又有利于培养和深化学生的科学精神,既能提升和发展学生探究能力,又有利于学生巩固和理解科学知识的教学内容,真正做到"活教育"。

2. 顺势而为,根据生成的资源局部调整教学预案

生成的资源具有现场性、动态性,是教学的常态。教师应追溯其存在的价值,使其成为教学的增长点。教学中有些生成的资源虽偏离但并未背离预设的教学思路与教学目的,其核心与教学主线仍保持一致,甚至教学价值高于预设。此类生成的资源更容易激发学生的探究热情与求知欲,需要教师适时对预设环节进行局部调整,敢于舍弃、勇于改变,紧紧抓住生成的资源,使其成为提高教学有效性的机遇。

3. 直接点拨,根据生成的资源细微调整教学预案

在课堂具体实施过程中,学生得出的一些结果与预设有出入,而这些发现确实是学生花心思得来的,在一些定量研究中这种情况很普遍,主要表现为以下几个方面。一是数据异常,有个别小组的数据,出现很大的差异或不支持大部分小组的结论。二是数据有争议,在同样的变量下得出的数据却有争议。三是数据误差,得出的数据与预想的数据相差一点。学生积极参与探究,收集证据,有了不同的数据,教师应该积极应对,可以采用"从学生中来,还到学生中去"的方法,引导学生自己发现问题,走出困境。

4. 暂时搁置,按原计划继续教学预案

判断课堂生成的资源是否有用,我们需要注意这些生成的资源是否能保护学生的探究热情,是不是面向全体学生。当课堂中出现一些无用的或不必要的生成的资源时,我们可以做个别提醒,以冷处理或者不处理的方式来继续我们原先的教学预案。

案例分析及教学建议

案例

乌　鸫

一、利用意外生成的资源开展主题教学

乌鸫筑巢育雏是由一个意外发现而生成的教学资源,是生命科学领域的"植物和动物能繁殖后代,使他们得以世代相传"概念的具体展现,利用好这一资源,可以使学生对鸟类繁殖行为和特征有深刻的了解;抓住这样的机会开展生命科学领域的主题教育,可以促进学生在科学知识、科学探究、科学态度以及科学、技术、社会与环境等课程目标上有很好的发展。

二、呵护学生兴趣,开展观察研究交流

根据小学生的年龄特点,保护他们的探究兴趣,通过实时直播的方式开展观察活动,再通过教师的指导交流,初步认识鸟类的生命过程及鸟类的繁殖特性,研究鸟类的繁殖行为,从中获得知识并掌握证据。

三、教学设计

乌　　鹊

【课程资源】

3月30日,老师发现有乌鹊在教学楼四楼筑巢产卵。学校设置了保护区,同时安装了直播设备,引导学生关注和观察。4月17日,5只乌鹊鸟成功孵化出来,目前小乌鹊正在长大。

【教学目标】

1. 认识乌鹊和一些常见的鸟,了解乌鹊的一些生活习性。
2. 通过阅读资料、观察视频、开展实验等方法研究乌鹊生命过程及繁殖的相关问题。
3. 培养学生爱鸟、护鸟的情感,进而引发学生关注身边的动物。

【教学重难点】

重点:通过观察视频、阅读资料、开展实验等方法研究乌鹊的相关问题。

难点:通过对比实验,了解乌鹊的相关生活习性。

【教学准备】

1. 学生使用平板电脑登录,在作业平台下载录像、课件、视频材料等。
2. 乌鹊鸟巢的实验材料:鸟巢模型、小电扇、记录表。
3. 学生课前通过多种方式了解乌鹊的相关生活习性。

【教学过程】

(一)谈话调查

1. 这段时间,大家都特别关注教学楼四楼的乌鹊一家(用平板电脑出示图片)。
2. 用平板电脑出示问题:你是通过哪些方式了解乌鹊一家的?(　　)

A. 专家讲座　　B. 网络直播　　C. 电视报纸　　D. 调查讨论

3. 我们现场做一个调查,请你选取一个或者多个关注方式参与调查。
4. 通过调查我们发现,很多同学都选择了多种方式了解乌鹊一家的生活,我为大家关注乌鹊一家生活,了解鸟类生活的科学态度点赞!

(二)了解乌鹊

1. 通过关注,相信大家对乌鹊有了很多了解,让我们一起来看大屏幕。

(1)哪只是乌鹊鸟?(用大屏幕呈现麻雀、乌鹊、喜鹊和乌鸦的图片)

(2)乌鹊卵孵化需要多长时间?(　　)

A. 3天左右　　B. 7天左右　　C. 14天左右　　D. 21天左右

(3)小乌鹊的食物是什么?(　　)

A. 米饭　　B. 昆虫等小动物　　C. 植物果实

2. 讨论下面的主题。

(1)4月4日我们发现有6枚乌鹊卵,到4月17日孵出5只小乌鹊,用了14天左右的时间。

（2）乌鸫的育雏通常由雄雌鸟依次喂食，一般的食物为蠕虫和昆虫。

（三）观察研究乌鸫

1. 在收看直播中观察乌鸫，在讨论活动中了解乌鸫，老师也对大家感兴趣的问题进行了收集整理。这里有几个有趣的问题，我们一起来讨论一下！

（1）乌鸫蛋怎么会少一个？（用PPT展示图片）

（2）乌鸫妈妈为什么不直接回巢？（用PPT、微视频展示）

2. 4人一组分成两个2人小组，分别重点研究一个问题，利用平板电脑中相对应的微课资料和课件资料，完成研究报告，确定主题后进行研究，完成一个问题的研究之后，可以研究另一个问题。

研究报告	
	第　　小组
研究主题	□A. 乌鸫蛋怎么会少一个？ □B. 乌鸫妈妈为什么不直接回巢？
初步研究结论	

3. 实时投影直播学生研究情况。

4. 提醒学生完成后用平板电脑进入课堂互动平台。

5. 以2人小组为单位进行交流：

（1）乌鸫蛋怎么会少一个？（　　）

A. 什么原因导致鸟蛋损坏？

B. 发现损坏的鸟蛋，鸟妈妈的心情会怎样？

C. 如果有其他动物或者有人损坏鸟蛋，你是鸟妈妈会怎么做？

（2）乌鸫妈妈为什么不直接回巢？（　　）

A. 鸟妈妈觉得有危险为什么不直接离开？

B. 为什么要多次进行试探？

C. 我们应该怎样观察鸟类及动物的生活？

6. 通过对这两个问题的研讨，我们不仅观察到了鸟类的生活，还增长了关于鸟类的知识，更难能可贵的是，我们感受到鸟妈妈的尽心尽职、谨慎聪明、勇敢慈爱，这些都是乌鸫给我们带来的，真的感谢它们。

（四）实验研究鸟巢

1. 在乌鸫宝宝出生前一天晚上，风特别大，我们精心设置的乌鸫保护区的栅栏被风刮倒了，树都被吹倒了，我们特别担心乌鸫宝宝的安全，但是通过直播我们发现鸟巢安然无恙，大家悬着的心都放下来了！

2. 当时就有同学提出一个问题，大风连树都能吹倒，鸟巢为什么能安然无恙？让我们一起来观察一下鸟巢吧！

3. 你有什么发现？

（1）鸟巢的位置。

（2）鸟巢的形状。

（3）鸟巢的材料。

4. 这里有一些关于形状研究的阅读材料，让我们一起来研究一下。

鸟巢的研究记录

第　　小组

不同条件：鸟巢的形状	相同条件：模型鸟巢的材料、重量、摆放位置、风力等	
	1级风	2级风
立方体形		
圆柱体形		

我的发现：

5. 做好实验，发布实验结果，小组集体汇报交流。

6. 没想到小小的鸟巢还有这么大的学问，关注乌鸫，让我们增长了更多的知识！

（五）研究更多问题

1. 这么用心修筑的鸟巢，不知道将来会给谁住？（　　）

A. 乌鸫父母住　B. 乌鸫宝宝继续住　C. 父母住　D. 都不住

你觉得可能是哪个答案？说说你推测的理由。

2. 让我们一起看一段视频：学校计划等雏鸟长大后，就地用有机玻璃把这个鸟巢封存，作为乌鸫成长故事的展品，大家觉得怎么样？

3. 一些同学在看直播时发现了一个有趣的问题，有资料显示这个现象和一项发明有关,请同学们持续关注!

【设计意图:鼓励学生在观察中发现更多的问题进行研究。】

四、评述与建议

依据乌鸫在校园筑巢的实际进行观察研究,是这堂课的出发点和归宿点。这堂课主要体现的是学生在观察中自己发现问题和解决问题的过程,从中了解乌鸫鸟的一些习性和特点,体会长时间观察对于研究生物的重要作用。本案例所举的研究问题并不是要在一节课中完成,而是要根据学生的实际情况来定。问题的产生源自学生的观察,所以在这堂课之前,应该安排学生对乌鸫鸟做一个较长周期的观察,学校组织学生持续观察了一个月,学生观察到乌鸫孵化的神奇过程,这种经历对学生非常有价值。乌鸫鸟虽然很常见,但并不是所有学校都会有乌鸫鸟来筑巢,有些学校有燕子或其他鸟类来筑巢,同样可以作为生命教育的一个很好的教学资源,组织学生开展类似的教学活动。案例中出现的这些研究问题是学生感兴趣的问题,可以作为教学参考。

教学关键问题3-2　案例示范

教学关键问题 3-3　如何引导学生提出有效的问题?

教学关键问题分析

课堂是以实现学生的学习为目的的。大多数教师在课堂中追求如何能够保证每一个学生的"学习权",从而实现每个学生的自我发展。课堂的学习通常都是从"有效问题"开始,最后指向问题的解决,来评价教学实效和学生所得。

因此有效问题是教学过程的出发点。教师创设一定的教学情境,在有限的课堂教学时间中,使学生在有效问题的引领下,自觉主动地观察、思考、记录、交流研讨,通过提供的材料、小组合作、师生互动,尝试解决提出的问题,从而发展学科核心素养。

有效提问可以是教师根据教材内容开门见山地提出问题,也可以根据学生的动态生成提出问题。常言道:"学起于思,思起于疑,疑解于问。"教学是一门艺术,而课堂有效提问是组织课堂教学的关键环节,也是课堂教学中引发师生思考的一个重要手段。精彩的提问可以启发学生的思维,引导学生在思考解决问题的过程中产生新的疑问,从"教师之问"走向"学生之问",也是课堂教学中"教"走向"学"的过程。

在课堂教学中追求有效的课堂提问,优化课堂的提问环节和表述,都会对整堂课的有效建构产生深远的影响。这些都需要我们不断地进行教学实践探索。

教学关键问题解决

提问是课堂教学中教师最常用的语言形式之一,提问是否有效在很大限度上决定了教学的优劣。从教师层面讲,所谓"有效提问",是指向学生提出的、要求学生思考和应答解决的问题。通过"提问",可以启发每个学生思考,引发集体的思考,借以提升教学效果。从学生层面讲,"有效提问"是对教师教学内容的"反哺",是继续生成学习的新起点,也是自主学习真正发生的开始。

一、理解倾听学生,培养学生提问的意识

现代教学论研究指出,从本质上讲,学习发生的根本原因是问题。问题意识是问题解决的基础,对学生掌握知识、优化思维结构、发展个性和形成创新意识有较大的促进作用。爱因斯坦也曾说过:"提出一个问题比解决一个问题更有价值。""科学的本质就是从提出问题到解决问题。"科学教育的重要目的之一就是培养学生科学的思维方法,在小学科学

教学中首先要培养学生的问题意识。

1. 理解学生，相信学生都有提出问题、思考问题、解决问题的能力

培养学生的问题意识要回到教师的儿童观、学生观、课堂教学观。或许有人会认为，如果我们不给学生讲解，他们就不会明白、提不出问题。其实不然。根据临床心理学研究发现，每个儿童都带着强烈的好奇心和疑问来到这个世界，儿童比成人有更加强烈的求知欲，他们能够自己思考，提出问题，我们不应过低地评价儿童。

2. 创设民主轻松的课堂气氛

从心理学角度来说，问题意识是人在认知活动中遇到一些不了解或者难以解决的问题时所产生的想探究、疑惑等心理状态。问题意识反映在学习中，是一种积极的学习态度。带着问题学习，可以使学生学习更主动、更有效。

学生只有在安全、民主、轻松的课堂文化中，才会有自觉的问题意识，继而大胆地提出问题，与教师产生积极互动。在讲授式、满堂灌的教学中，学生根本不会有问题意识。

小学科学涉及的教学内容，大多贴近学生生活实际，科学学科本身就以探索宇宙万物的奥秘深深吸引着学生。因此，教师在课堂中，把自己当成探索者、学习者，和学生一起沉浸其中，倾听学生的声音，带着好奇和欣赏去感染学生，促使学生萌发问题意识。

3. 营造生本童趣的问题情境

心理学研究表明，当出现与自己原有观点或信念不一致的地方，就出现认知矛盾，问题意识便油然而生。在科学教学中，通过营造生本有趣的情境，吸引学生注意力，激发学生产生好奇和兴趣，可以使学生产生问题意识。

常见的方法有以下几种。

（1）实验演示情境引发学生产生疑问。

例如"给塑料袋里的冷水加热"，用密封的小塑料袋装一些冷水，然后把它浸入热水中，学生观察到冷水袋先沉下去，过一会儿又浮上来了。自然会提出问题：为什么冷水袋在热水中先沉后浮呢？冷水袋发生了什么变化呢？把热水袋放入冷水里会怎么样呢？

（2）生活情境再现引发学生有效提问。

在六年级上册"机械"单元的教学中，滑轮、轮轴、斜面等课的引入，都可以借助生活中使用机械工具的场景，让学生建立知识与生活经验的联系，自然产生提问：为什么在这样的情况下要使用滑轮、轮轴、斜面呢？它们的结构装置上有什么科学原理呢？怎样通过设计对比实验来证明呢？

在真实的生活情境中，学生发现问题，提出疑问，继而在解决问题的过程中体验到科学学习的乐趣和价值。

（3）创设与原认知冲突的情境引发学生有效提问。

在"摆的研究"一课中，教师调查学生的原认知发现，学生都觉得摆的快慢和摆锤的轻重、摆幅的大小、摆绳的长短有关。在教学的重点环节，教师先让学生预测，然后在讲台上直接出示三组对比的摆装置，将全班分成若干大组共同计时、数数，学生发现"摆的快

慢好像和摆锤轻重、摆幅大小无关,只和摆绳长短有关",这时学生将信将疑,产生了本节课的核心有效问题:摆的快慢真的只和摆绳长短有关,和摆锤轻重、摆幅大小无关吗?在实验现象与学生的原认知产生强烈冲突时,再组织学生分组领取材料进行控制变量实验,学生的学习专注度和有效度就会大大提升。学生从学会提问到学会提出有效的问题,需要教师的引导和不断的训练。

二、整体把握教材重难点,找准每课核心有效问题

激发学生的提问兴趣,离不开教师对课程标准理念的解读,对整体教材的系统把握,继而根据每一课的重难点,分析每课的核心有效问题,才能在课堂上启发学生提出有效问题。

1. 基于课标,立足教材,充分把握教学重难点

要找准课堂核心有效问题,就要在课程标准理念的统领下,教师吃透教材的编排体系,了解各册单元之间的前后贯通关系。教材是为了达成一定的教育目标而选择的具体素材。以教科书为代表的"主要教材"是典型的教材,而小学科学课的教材还有一部分来自特殊的实验材料——学材。教材是通过"教"的逻辑而产生的,学材则是通过"学"的逻辑而产生的。不同教材观造成教材运用策略的不同,教师"教教材"还是"用教材教"是在完全不同的两种理念下对教材的使用。

教师把握好教学重难点,提出有效问题,引领学生探究,学生就可以通过与教材这一媒介的对话,形成提问和反思的能力,从而体现出课堂教学发展智慧的价值。

如三年级"水珠从哪里来"一课中,课题就是本节课的核心有效问题。学生在观察了盛冰的杯子外壁上的小水珠后,产生疑问:杯子外壁的小水珠是从哪里来的?教师再引导学生仔细对比观察,杯子上部分和下部分的区别,摸一摸杯子外壁的温度,学生又产生进一步的疑问:为什么杯子有冰部分外壁的水珠更多、更密,而上部分的水珠较少呢?

在分组观察这一环节中,教师肯花时间让学生分层观察、对比观察,指向学生提出核心有效问题,这也是基于教师对教材的解读后,把握了本课的重难点,即杯子外壁的水珠是怎样从无到有的。

由于"空气中有水蒸气"的概念是下一课的教学内容,所以在"水珠从哪里来"这一课结束,学生还是带着疑问下课,并不需要教师把答案解释清楚。如抽丝剥茧般层层递进地解决问题,更顺应教材安排的体系,符合学生对问题的探究流程,也实现了通过科学概念这一媒介载体,在科学课中培养学生质疑、思考、解决问题的能力,建构自己新的认知。

实践表明,要实现这一目标,教师必须紧扣教学目标和教学内容、重难点,创设问题情境促进学生思考,并以此作为问题设计的依据,使问题既简明准确,又能突破重难点,使教师课堂教学的关键问题与学生生成的核心有效问题相吻合,实现教与学的无缝对接,水到渠成。

2. 设计动态生成的教学环节,示范学生有效提问的方法

学校教育不是单纯地使学生获得现成知识,而是通过探究学习学会提问。日本教育

家木下竹次指出,传统教育以解释疑问为主,即教师提出问题由学生解答,然后由教师提供标准答案。这种教学以释疑为主,很少期待学生质疑品质的形成。他认为,课堂教学的价值体现在教师千方百计地引导学生进行质疑,这才是儿童进行自主性学习的根本道路。

美国教育学者提出,教师不仅要引导学生质疑,更要使学生超越单纯的提问,不断地提出挑战,去寻求更好的答案、更深度的理解和更多的解决方案。因为,衡量课堂教学成败的标志之一是看教学是否激发了学生的不断提问和无尽的兴趣。

在教学中,教师通过提问来提高学生的思辨能力和语言表达能力,学生能否提出有效的问题,也需要教师在动态的教学环节中进行示范指导。这就要求教师在教学各环节的提问设计中摒弃简单、重复,诸如"是不是""好不好""对不对"之类的提问,表面上营造了热烈的气氛,实质上流于形式、华而不实,有损学生思维的积极性。课堂提问是一项设疑、激趣、引思的综合性艺术,教师要重视课堂提问的艺术性,把握提问的"度"和时机、对象,充分发挥课堂提问的效能。同时,教师要给学生置疑的思路,让学生对课堂教学的各环节进行有效提问,让学生明白不同类型的问题问法不同,如判断型问题"是什么""对不对";描述型问题"怎么样""怎样";整理型问题"哪些";分析型问题"为什么""与什么因素有关";比较型问题"有什么异同"。

教师在课堂教学的环节能有意识地给学生预留自主提问的时间,教给学生有效提问的方法,并经常训练,学生的有效提问就会逐渐成为课堂中的重要环节,和教师的课堂教学设计互相呼应,实现真正的生本课堂。

三、及时反馈评价,生发更多有效问题促使有意义学习

罗杰斯强调:"有意义的学习是兼备逻辑性直觉、理性与情感、概念与经验、构思与意义的。"

围绕有效问题的学习过程中,教师要对学习的各个环节做出有针对性的及时评价,尤其对学生提出的有效问题、背景意义及可持续性等,保持善意的鼓励、理性的支持、积极的反馈,学生就会产生个性化、多样化思考,形成深化探究活动的根据和事实。

如"污水与污水处理"一课是"环境和我们"单元的第6课,学生从了解身边的垃圾及有效处理和利用垃圾,过渡到对水资源的研究和调查。学生通过记录一天的用水量,在数据分析与对比中发现用水的无时不在和损耗巨大。而地球上的淡水资源又相当缺乏,水污染更是给人类和其他生物造成威胁。目前,全球有近40%的人口喝不上洁净的水。而水污染恰恰主要是人类活动造成的。

1. 课前有效问题引领,让学生在真实情境中进行有意义学习

在学习本课前,根据"身边的水污染有哪些?"这一问题,学生调查生活中的各种污水现象,并让家长帮忙拍摄了一些视频、图像。课堂上,教师选择几组视觉冲击力强的图片,让学生说说生活中的污水。学生在亲身体验的基础,基本达成情感上的共识——我们制造的各种污水太多了,污水对周围的水体产生后续污染甚至土地污染有直接影响。课前

准备充足,研讨交流的素材来自真实的生活,这样的学习对学生产生的影响更大。

类似这种基于有效问题的项目化学习,在科学调查实践类课堂上运用较多,教学的关键是对有效问题的提炼、活动前的准备、活动过程中教师的参与评价等。教师的肯定激发了学生学习的动力,学生也增强了学习意义感的体验。

2. 分层设置有效问题,因材施教,让每个学生学有所长

不同学生存在客观的差异,教师在教学的过程中,要尊重和正视差异,并且要运用差异,可以让学生分层、分类、分项目组进行研究,肯定学生的每个学习过程,学生会在教师的肯定和鼓励中学有所长。

在观察比较污水和清水的异同之后,针对有效问题"如何对污水进行有效处理呢?"各小组使用教师提供的材料,使污水沉淀之后用多种不同的方法过滤。教师通过过滤的小视频,动态评价各小组的实验情况。学生在等待中充分感受到污水处理的不容易。

同时,学生在实验过程中自然会提出新的疑惑:"在真实的生活中人们是怎样处理污水的呢?处理后的污水到哪里去了呢?"教师在课堂上提供视频让学生观看污水处理厂的情景,利用图片分析各个处理环节的原理,还可以运用课后的社会实践机会。例如,科学教师可以与班主任配合,在节假日,采用调查实践、实地观察了解,有充足的时间让学生自主根据选择的问题进行研究,让学生自觉从多个角度思考问题。教师及时进行肯定评价,学生才会产生更多的疑问,使学习又有新的开始。

总之,科学课堂教学的内容涉及天文、地理、生物、物理、化学等学科,学生提出的问题也会五花八门。教师要培养学生的问题意识,教给学生提问的方法,不是一朝一夕即可形成的。叶圣陶先生说得好:"一要得其道,二要经常历练,历练成了习惯,才算有这种能力。"这里的"道"指的便是方法。当然,学生受认知水平的限制,最初教师可以加以引导,不仅教给学生提问的方法,而且要做好提问的示范,要站到学生的角度去提问。另外,教师也可以引导学生围绕教学内容,多角度、有顺序、有层次地提出问题。把学生的积极性纳入预定的教学轨道。学生通过自己发现问题、提出问题、解决问题这样的长期训练,就能在扎实掌握和灵活运用知识的同时,发展核心素养。

案例分析及教学建议

案例

机 械 摆 钟

一、从单元结构和本科教材解读中提炼有效问题

"机械摆钟"作为"时间的测量"单元中的第 5 课时,是对计时工具的研究和改进自然

发展的产物。从科学史上看,伽利略观察教堂吊灯,无意中发现摆的等时性,继而进行研究;荷兰科学家惠更斯在此基础上不懈努力,发明了机械摆钟,大大提高了计时的准确度。本课的教学设计是沿着科学史上观察到摆动现象、探究发现摆具有等时性、应用于科学设计发明这样的思路进行的。

从单元结构上看,在后续的几课中,学生将进一步深入研究摆的快慢影响因素,并制作自己的钟摆、计时器,所以本节课的定位,在科学探究技能上是解决学生操作方面的问题,让学生的测量尽量精确一些;在科学概念上重点是在一系列相同的时间段中测量摆的摆动次数,经过分析,概括出摆具有等时性。五年级学生对摆的等时性规律比较难理解,所以教师重点要对学生的实验数据进行全方位的解读。通过实验数据分析发现每一次摆动都是等时,即摆的等时性。通过纵向比较各组的数据,发现各组的数据是不一样的,从而产生新的问题——不同的摆是有快有慢的。那么,摆的快慢和什么因素有关?自然进入下一阶段的学习探究。既然摆具有等时性,那么它能否作为计时器的一个原理应用?通过出示实物摆钟,观察机械摆钟的摆每分钟摆动的次数,进一步验证了摆具有等时性。通过探究和学习,理解重复实验的重要性,产生对计时工具研究的兴趣,更加关注和思考日常生活中的现象。

整节课的流程是从熟悉的生活场景出发,创设激发学生有效提问的真实生活场景,建立模型,产生有效问题,继而进行实验探究,收集数据,分析交流,表达结论,思考与产生新的问题,应用拓展,继续探究。

二、教学设计

机 械 摆 钟

【知识点来源】

教育科学出版社《科学》五年级下册"时间的测量"单元第5课"机械摆钟"。

【教学目标】

(一)科学知识

1. 同一个单摆每摆动一次所需的时间是相同的。

2. 根据单摆的等时性,人们发明了摆钟,使时间的计量误差变小。

(二)科学探究

1. 根据情境提出问题,小组合作设计单摆等时性实验。

2. 小组合作重复观察和测量每十秒摆钟的摆动次数,记录并分析摆的规律。

(三)科学态度

1. 小组愉快合作,体验到重复实验的重要性,形成科学严谨地获取数据的意识。

2. 养成提出问题、愿意去思考、实践并不断质疑的习惯。

(四)科学、技术、社会与环境

1. 科学的发现为人们的生活提供了更多方便。

2. 感受到科学原理规律应用于科技创新的魅力。

【教学重难点】

重点：初步认识到摆具有等时性，学生小组操作摆的技术。

难点：在众多的数据中发现摆的等时性。

【教学准备】

课件，大小不同的螺母、棉线、秒表、铁架台、卡纸、记号笔、实验记录单等。

【教学过程】

(一) 引入真实场景，聚焦摆现象，产生疑问

1. 秋千在人推动后的摆动(播放课件)。

我们观看了荡秋千的一段录像发现，在一定的外力作用下，秋千会前后摆动起来。吊灯在风力的作用下也前后摆动(播放课件)。荡秋千和吊灯摆动是生活中常见的摆动现象(板书：生活中的摆现象)。

2. 请大家观察并比较秋千、吊灯在结构和运动上有什么相同点。

3. 像秋千、吊灯这样由一根绳子和一个重物组成的装置，我们把它称为摆(板书：摆)。

【设计意图：通过播放视频，让学生观察对比，思考荡秋千和吊灯摆动两种现象背后的共同点，归纳出它们都有重物和吊绳，继而教师直接出示"摆"的概念，使摆的概念从具象到抽象自然过渡。】

(二) 做一个摆，观察单摆结构及摆动特点，提出研究问题

1. 教师提供材料，小组合作制作一个摆。

2. 用一定的方法让摆摆动起来，观察摆的摆动，它有什么变化吗？（播放课件）

3. 观察一下自己小组的摆由哪几部分组成？揭示摆的各部分结构名称(板书：摆绳、摆锤)。

4. 交流：你们小组是用什么方法让摆摆动起来的？发现摆有什么变化？你的依据是什么？

5. 教师示范正确的摆动方法。

6. 根据实验现象，提出核心问题——如果要证明摆是先快后慢，还是在相同时间段摆动次数一样，我们可以怎样设计实验来证明？

【设计意图：教师给小组提供有结构的材料，在此基础上，学生尝试制作一个摆，并使它摆动起来，观察摆的摆动，从中获得感性认识。全班进行交流，针对摆动现象聚焦到有效问题——每一个摆在相同时间段内摆动的次数一样吗？】

(三) 设计并完成实验，探究摆的运动规律

1. 小组学生讨论，交流实验方法。

组间互相改进方法，提出这个实验过程中的注意点。

教师强调：计时的同学每10秒喊一下"到"，但是数数的同学不能停。计数的同学每10秒重新开始计数，记录的同学则马上把计数同学的10秒汇报数据给记录下来。三个

人的合作要相当紧密默契。大家有信心吗?

全班同学和教师合作示范一次。小组同学1人计时,2人数数,2人记录,开始合作。

2. 教师出示摆动次数的观察记录表(表3-3-1),有针对性地进行指导。

(1) 控制摆的角度,角度不要太大,来回摆动算一次。

(2) 控制好时间点,计时、数数、记录一定要配合好。

(3) 拉住摆锤,摆线拉直,听到口令后松手,不能推一把。

(4) 每组记录算出平均数后,把平均数也填写在表格中。

表3-3-1 摆动次数的观察记录

时间段	第0—10秒	第10—20秒	第20—30秒	第30—40秒
第一次				
第二次				
第三次				
平均数				

3. 完成小组实验后,小组代表把填好的表粘贴在黑板上。

【设计意图:这是本课针对有效问题研究的中心环节,以学生小组共同体的形式进行探究。教师在课堂教学中提供给学生有结构的材料,对于学生可能会出现的问题要进行多方预设,以及策略的思考和准备。如果前期的操作指导到位,学生的实践是没有难度的,重点要放在学生操作的数据记录上。因此,在实验开始前,教师要先进行全班性的实验操作指导,再放手让学生做,从而保证实验的有效性和解决问题的针对性。】

(四) 分析研讨数据,形成结论

1. 纵向比较各组的数据,分析其规律。

我们发现摆在摆动过程中每摆动一次时间都一样,把摆的这种规律称为等时性。伽利略发现摆的等时性对我们人类做出了巨大的贡献。

板书:等时性(伽利略)。

2. 横向对比全班同学的数据,产生新的疑问。

我们一起来比较全班的数据,发现了什么新的问题吗?

对数据产生疑惑:为什么每个组摆动的次数不一样?

【设计意图:数据的记录和分析,既是解决问题又是产生新问题的重要一环。本节课教师引导学生横向、纵向对比分析数据,即能得出摆具有等时性这一规律,又会产生"为什么每个组摆动的次数不一样"的问题。这时有效问题的产生和提出都是从学生的实验记录中分析得到的,也为下节课做了铺垫。】

(五) 迁移到摆钟,观察摆钟的结构及摆动特点,产生新的问题

1. 摆的等时性——我们能把它应用到计时工具中吗?荷兰科学家惠更斯经过多年的

研究,把摆的等时性应用到了钟摆中,发明了机械摆钟,大大提高了计时的精确度。

板书:应用(惠更斯)。

2. 生活中的机械摆钟(实物展示)。

机械摆钟的构造比我们制作的摆更加精密。

3. 用秒表测一测,摆钟的摆每30秒摆动几次?全班同学心里默数,汇报。每个同学把数字记录在课本的表格中。

4. 老师这里还有一个录像中的摆钟,大家来看看这个摆钟每30秒摆动的次数是多少?我们的钟摆每分钟摆动的次数相同吗?摆钟具有等时性。但是不同的摆钟,每分钟摆动的次数一样吗?我们又发现了什么问题?

5. 总结:今天这节课,我们从观察生活现象出发,制作了摆,进行多次实验和数据分析,回顾你的研究,你在有所获得的同时又有什么新问题吗?

【设计意图:科学研究可以解决生活中的问题,给生活带来更多方便。摆钟就是将摆的规律性应用到生活中。教师把实物引入课堂,让学生深刻认识到科学规律确实能够为解决日常问题带来方便,从而产生强烈的科学探索热情。此外,学生对不同摆钟的延伸探索,又将课堂扩展到更广的空间,产生了新的疑问:所有摆钟的摆动速度都是一样的吗?摆钟速度太快太慢该怎样调整呢?有效问题的提出和解决是一个连环链,学生不断深入学习、思考质疑,让这个学习链延伸得越来越长。】

三、评述与建议

1. 结合科学史教育聚焦核心探究问题

从科学史上看,机械摆钟的发明是伽利略在对教堂吊灯的观察中发现了摆的等时性,继而进行研究。本节课以此为起点,引导学生提出问题,之后教师提供有结构的材料让学生小组制作摆,形成对摆的概念和结构的认识。这也是对摆进行后续研究的基础。

2. 立足于学科本质,在合作探究中解决核心有效问题

摆的等时性研究是本课的重难点。也许我们可以用一句话直接告诉学生这个规律,但科学学科的本质是学生用自己的方式去研究和解决问题。本节课,学生设计好实验后,小组合作(计时员、数数员、操作员、记录员)的通力合作特别重要。教师通过全班指导和小组合作分步指导的策略,使学生在探究过程中充分合作,得出有效的数据,为解决问题起到有力的证据作用。

3. 充分研讨数据,理解核心有效问题,继续产生新问题

对五年级学生来说,摆的等时性规律是比较难以理解,课堂上教师充分运用数据记录纸,横向、纵向解读数据,通过纵向看各个组的数据,发现各组的数据是不一样的,从而产生新的问题:不同的摆是有快有慢的。那么,摆的快慢和什么因素有关?引导学生自然进入下一阶段的学习探究。

4. 有效运用科学方法,助力学生自主解决有效问题

在科学课堂上,每一节课所学仅仅是一节内容或解决一个有效问题,关键是我们需要

在问题的提出和解决过程中培养学生解决问题的能力。教师在单元备课时,课与课之间除了知识点的衔接外,要做到科学方法的有效运用和衔接,让学生能够在解决问题的过程中举一反三,旁征博引,这样学生才会越学越聪明、越灵活,才真正做到活学活用,有效解决问题。

教学关键问题 3-3　案例示范

教学关键问题 3-4　如何引导学生基于证据进行论证?

 教学关键问题分析

美国国家研究理事会于 2011 年 7 月发布了《K—12 年级科学教育框架:实践、交叉概念和核心概念》,其中科学实践被放在科学教育的首位。"框架"还描述了学生在科学课堂上可以进行的八种科学实践活动,其中让学生参与基于证据的推理论证是科学实践活动的核心。

从某种角度讲,科学教育的本质在于推理论证,论证是由"资料"推论而产生"主张",同时说明论证过程与理由,并且在"主张"受到质疑时能够对自己的理由和依据做出合理性辩护的一种活动。

传统的以"验证"为核心的科学探究在教学实践中往往只是学生按照教师与教材既定的程序验证的过程,由此造成了科学探究的机械化与形式化。将论证引入科学探究过程,学生能围绕核心问题开展论证活动,经历假设猜想、用各种方法收集所需要的证据,在探究逐步推进时,接受同伴的质疑,对自己的观点做出反思与辩护、调整,最后达成共识,这是一个动态的建构科学概念的过程。这种学习方式落实了科学课让学生经历类似科学家问题解决方案论证的过程,学会用科学的思维方式,感悟科学论证过程,以及对科学本质的理解。

 教学关键问题解决

科学课正在逐步走向科学教育的本质与核心——推理和论证。引导学生科学论证就是要想方设法地让学生去获取证据,让学生经历推理、举证,用证据进行解释的论证过程。它能发展学生对科学本质的深层理解,优化科学教学,有利于学生科学素养的培养。

一、带着寻找证据解释问题的想法与目标组织科学探究活动,让学习成为学生的一种内在需求

探究学习有时也被称为"问题导向式"学习,因此"问题"往往被视为探究学习的核心,而把"研究问题"上升为"科学论证的核心问题"又是推进科学课堂改革的一个新切入点。

课堂上通常会出现"老师让我怎么做,我就怎么做"的情况,看似热闹的活动往往只停留在浅层操作状态,学生对自己动手的目的和意义不清晰,缺乏内在需求的支持,学习处于虚无缥缈的状态,效果也是可想而知的。心理学指出,引导学生基于核心问题进行学习活动,他们为了寻求问题的解决,就会主动经历活动去寻找证据。学生由关注"自己做什么"发展到关注"自己在学什么",会主动参与到集体论证的过程中,变被动学习为主动学习,科学证据意识的培养才能得到有效落实。

教育科学出版社《科学》六年级上册"相貌各异的我们"是非常典型的课例,通常教师会先向学生亮出"我们的相貌是不一样的"课题,然后提出先观察两个同学的相貌特征,再观察全班同学的相貌特征,统计一下全班同学的相貌是否一样的学习任务。整个学习过程学生比较被动,是教师强加给学生的活动。教师尝试以论证问题引领学生探究,产生了很好的效果。在学生提出研究问题"人的相貌是否一样"后,教师把问题又抛给学生:"科学是讲究证据的,你们能寻找充分的证据来证明这个观点吗?"学生接收到论证核心问题,就像船有了航行的目标,接下来就能围绕"我们的相貌是不是各异"的问题自己设计论证方案,用各种方法收集证据,不仅使学习有目标指向性,还赋予活动以挑战性,就不会出现"老师让我怎样做,我就怎样做"的被动应付状态。这样可以激发学生像科学家一样进行自主探究的欲望。

当然,并不是所有的科学问题都适合用论证的方式来解决。教师应选取那些并非只有单一解释的现象或主题作为学生开展论证活动的课题。例如,物质发生了什么变化?月球环形山是怎样形成的?金鱼嘴巴一开一合在干什么?这样的论题具有争辩性,具有多元的观点,能挑战学生的原有立场,激发学生寻找证据并经历论证过程,通过争辩引发学生的反思建构,这样才能引起有效的论证。

二、带领学生经历基于证据的推理论证过程,并使论证思维过程显性化

科学教育是学生发现问题、搜集证据、寻求解释的过程。心理学研究表明,听了会忘记,看了能记住,做了才能真正理解。引领学生经历一次次的推理论证过程,在亲历中感悟推理论证,是培养学生科学素养的最有效途径。一位教师对"水珠从哪里来"一课的教学设计如下。

学生发现带有瓶盖的杯子外壁布满水珠,提出了"水珠从哪里来"的研究问题,根据观察到的现象提出各种推测。有的小组认为,是杯中的液体通过瓶体渗出来的;有的小组认为,是小水珠从瓶盖缝中流出来;还有的小组认为,是外面的空气变出来的。根据小组的不同推测去观察实验,寻求证据;根据第一轮的证据分析,修正解释,提出"水从哪里来"的解释;针对修正的推测解释,再次寻求证据,直至得出正确解释。学生经历了推理论证的过程并从中体会到科学解释必须要有证据,要收集证据就必须进行观察研究中,像科学家那样亲历探究过程,感受探究之路的迂回与曲折。

基于推理的论证突出了科学思维方式与过程,是思维从具体向抽象发展的过程。小学生活泼好动,自制力不强,思维缺乏自觉性,自觉检查、调整或论证自己思维过程的能力

较差。因此，把学生的科学论证思维过程全部显现表达出来，让每位学生明晰论证过程，起到相互学习的作用，并且通过对论证过程的表达，促进学习个体思维过程与方法的巩固与理解。在教学"相貌各异的我们"一课中，教师发现学生对性状组合后相貌种类的增加只是比较浅表的认知，在课堂上只是看着性状编码图一层一层增加，相貌种类也随之增加，然而，到底中间发生了怎样的组合，与统计分析"全班同学的相貌是否各异"这个观点有什么关联，学生是似懂非懂的。这是一个有难度的论证环节，教师却把学生论证的思维过程都掩藏起来，导致许多学生只能滥竽充数。因此，只有让学生统计分析这个论证过程显性化，在学生需要帮助的重难点处教师适时引导，才能真正将学习活动转变为学生自己的论证活动。为了达成目标，下面设计了一张导学单作为帮助学生经历论证的支架。

"相貌各异的我们"导学单

第（　　）小组

同学们，通过观察，我们已经知道了自己的相貌性状，全班同学的相貌各异吗？

一、分类

想一想：我们选取的酒窝、耳垂、眼皮、头发、前额发际这5个性状进行组合，一共可以组成几类人？

请小组同学合作，从信封中取出性状纸片，在下面的分类结构图中摆一摆、组一组、数一数，一共能组合成几种相貌类型的人？

二、统计分析

自己的相貌属于哪一类，全班同学的相貌都一样吗？

在教学中，学生根据导学单操作，摆一摆、组一组、数一数，通过操作与思考把性状的组合显性化，为理解性状编码图做好了充分的准备，降低了学习难度，避免了论证活动出现漏洞与"死角"。

尹晗在《思维可视化研究之目的与技术支撑》一文中指出，隐性思维显性化的过程是指将原本不可见的思维路径、方式、规律运用图示或图示组合的方式呈现出来，以期产生增强记忆及加深理解的效果。凸显学生的论证过程其实是强化科学思维训练的一种方式，导学单只是其中一种典型的方式，还可以是思维导图、结构性材料、语言表述等方式。[1]

三、重视交流研讨,引领学生对推理论证进行评价与反思,强调证据与观点的协调

论证活动要让学生面对多种证据与各种可能的结论形成合理的主张,其中有效的连接平台就是借助交流与表达。在论证的过程中,学生要有理有据地表达自己对问题的看法,借助于精准的语言交流和表达、推测和解决问题的方案,采用科学的语言,概括和整理论证过程中直观、零散的科学发现,使之形成有条理、有内在逻辑的科学概念。

例如,在进行小苏打和白醋混合活动之后,教师组织学生交流小苏打和白醋的混合与小苏打和水的混合有什么不同,有什么证据?学生小组交流如下。

小组1:小苏打在水中慢慢地消失了,是溶解在水中了。小苏打和白醋混合后,会产生大量的气泡,小苏打和白醋不是溶解现象。

小组2:小苏打和白醋混合后,一开始冒泡泡,后来就变成一杯液体,看不到小苏打了,我们觉得小苏打也溶解在白醋里了。

小组3:我们组往小苏打和白醋混合后剩下的液体中再倒入一些白醋,液体不会冒气泡,说明小苏打不在了,就不是溶解现象。

小组4:我们组往小苏打和水的溶液中再放入白醋,发现会冒气泡,说明小苏打还在,说明两个混合是不一样的。

……

可见,师生、生生之间的表达反思、评价辩证,让学生的"缄默性"个体经验转化为显性的可以言说的集体性共识,成为学生推理论证、构建科学概念的催化剂。

在"相貌各异的我们"一课的交流反思环节,学生围绕"我们的相貌是否各异"这个论点,先从对两个同学的相貌观察入手,再扩大到对全班学生相貌的观察、统计,针对统计中出现信息分散、难以发现规律的情况,学生想出了分类和编码的方法。接着,学生在交流研讨中发现全班有相同性状的学生出现,教师就以班级出现的相同性状编码的几个学生为继续深入研讨反思的突破口,趁热打铁追问:这几个性状编码相同的学生的相貌真的相同吗?请说明原因。学生经思考马上想到:这几个学生只是这5个性状相同,随着性状个数的增加,这些同学不可能总是分在同一类。教师就顺势出示了在5个性状基础上增加1个性状能分成几类,再增加2、3、4、…、40个性状会有多少种相貌特征。教师找准时机引导学生对自己的论证进行反思和评价,并对自己建构的观点做出有根据的调整和修改,随着论证交流的进一步深入,学生能把他人的说法与自己的论证过程及发现进行比对,引发学生之间不同想法的多重"碰撞",原有的想法与新证据之间产生多重"对质",从而提炼出更为合适的解释,最后达成理论与证据的协调一致,即促进前概念向科学概念的真正转化。

---

[1] 尹晗. 思维可视化研究之目的与技术支撑[J]. 中国信息技术教育,2013(4):76-78.

科学论证并不是否定科学探究,而是科学探究的深化和发展。随着科学教育的发展,科学论证必将得到科学教育的重视。鼓励学生参与论证活动,不仅可以帮助学生建构科学知识、发展科学思维,而且给学生提供了体会科学实践、理解科学本质、进而发展论证能力和科学素养的机会。同时,科学论证是需要理性的逻辑来维护和表达的,这种理性实践怎样与小学生形象化思维达成和谐与平衡,是值得科学教学工作者继续探究的问题。

案例分析及教学建议

案例

探索马铃薯沉浮的原因

一、从科学学习本质出发,科学论证符合学生的思维逻辑,促进科学探究、构建科学概念

科学学习的本质是让学生经历典型的"观察—发现—推测—验证"的科学探究活动过程。学生对实验方法进行设计和改进,通过实验获得数据并转化为证据,在此过程中,提高了逻辑思维能力。在"探索马铃薯沉浮的原因"一课中,学生根据马铃薯在不同液体中的沉浮现象,推测马铃薯在不同液体中所受到的浮力可能是不同的。测一测马铃薯在不同液体中的浮力成了证据中最重要的一环。用马铃薯做实验不太方便,于是选择用钩码来代替马铃薯进行实验,这个替代材料的选择符合寻找证据的科学性,如果通过实验得出钩码在不同液体中所受到的浮力大小是不同的,就可以论证马铃薯在不同液体中所受到的浮力也是不同的。学生在寻找证据的过程中一步步接近科学事实,证据思维、批判思维得到发展。因此,科学论证能够让学生从被动的科学知识的接受者转变为主动的、积极的科学意义的建构者。

科学论证致力于用证据来建构主张,它是科学的本质特征。为什么马铃薯在不同液体中所受的浮力不同呢?为了解决学生心中的疑问,引导学生继续探究其中的秘密,教材基于学生的逻辑思维发展设计了论证活动:"同体积的浓盐水和清水轻重一样吗?与同体积的马铃薯比较,它们的重量相同吗?"这一系列问题的提出,又把学生引入更深入地寻找证据活动中。他们需要解决"怎样取体积和马铃薯相同的浓盐水和清水,以及如何来比较三者的轻重"的问题。学生在收集一组组数据的过程中慢慢揭开了马铃薯沉浮的秘密,从而构建了用同体积的物体比较重量的概念,完成了沉浮现象的最终解释。

二、从学生的学情出发,考量让学生经历科学论证过程的意义

"探索马铃薯沉浮的原因"是教育科学出版社《科学》五年级下册"沉和浮"单元的最后一课,没有出现"密度"一词,而是采用了"相同体积下的不同重量"的描述,主要是考虑了小学生的年龄特点及其对应的思维发展水平。

学生通过实验比较同体积的浓盐水、清水、马铃薯的轻重后,并没有马上确定结论:同体积的马铃薯比浓盐水轻,所以上浮;同体积的比马铃薯比清水重,所以下沉。仅凭这三种材料所显示的证据不够充分,需要提供更多的证据才有说服力。因此,后面的环节安排了判断塑料沉浮的活动,首先出示了 1 cm³ 的塑料块、清水、浓盐水、食用油的轻重分别是多少,接着请学生进行判断:塑料块分别放入清水中、浓盐水中和食用油中的沉浮情况。这部分的实验论证活动,既是进一步验证前面活动的证据,又让学生巩固了通过比较相同体积物体的轻重来判断物体沉浮的核心概念。

最后一个活动是解释"比重计",让学生通过前面几个论证活动所得的结论来解释说明为什么同一个比重计可以测量出同体积不同液体的轻重。让学生在经历了诸多论证后感受到证据的重要性,没有证据的论证是凭空想象、毫无意义的,只有在科学合理设计的活动过程中,基于证据的论证才更有说服力,才更能接近科学现象背后所隐藏的规律。

在传统的科学课堂中,教师掌握着教学的话语权,学生被动地接受教师所传递的科学知识。科学教师倾向于向学生呈现"科学就像他们教的那样",抑制了学生主体性的发挥,没有促进学生对科学的洞察、理解、批判和意义建构。相反,基于证据的论证要求协商、对话、研讨成为科学课堂的重要组成部分,学生有了建构科学的权利和机会,于是学生和教师基于证据的话语权也就建立了。

三、教学设计

探索马铃薯沉浮的原因

【知识点来源】

教育科学出版社《科学》五年级下册"沉和浮"单元第 8 课"探索马铃薯沉浮的原因"。

【教学目标】

(一)科学知识

1. 不同液体对物体的浮力作用大小不同。
2. 比同体积的水重的物体,在水中下沉;比同体积的水轻的物体,在水中上浮。
3. 比同体积的液体重的物体,在液体中下沉;比同体积的液体轻的物体,在液体中上浮。

(二)科学探究

引导学生的科学论证思维一步步向前递进,明确物体的沉浮与液体之间存在某种联系,在实验的基础上,强调把"同体积"的物体与液体的轻重进行比较。

(三)科学态度

1. 认识到物体的沉浮现象是有规律的,规律是可以被我们认识的。
2. 意识到基于证据的论证才更具有说服力。

【教学过程】

(一)复习引题

复习上节课马铃薯放入不同液体中的沉浮情况,为什么会这样?实现现象如图 3-4-1 所示。

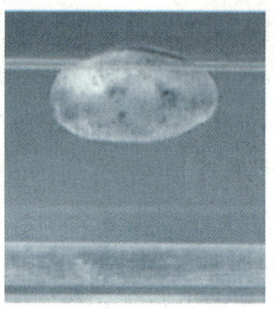

图 3-4-1

【设计意图:学生在复习回忆的基础上整理出马铃薯在不同液体中的沉浮情况,教师提出一个核心问题:为什么会这样?让学生的思维一下子聚焦在马铃薯的沉浮现象背后的原因,在问题导向的驱动下,学生进行各种各样的猜测。面对这么多种猜测,究竟哪一种猜测才是合理的呢?我们应该怎样去寻找证据呢?学生有了证据意识以后,会追寻现象背后的内在原因。接下来教师就要在学生寻找证据的过程中适当加以引导,例如在选择实验方法、选取实验材料等方面。】

(二)测量钩码在不同液体中受到的浮力大小

1. 同一个马铃薯为什么会出现不同的沉浮情况?
2. 马铃薯在不同的液体中受到的浮力是否有大有小呢?
3. 在清水中的浮力怎么测?在浓盐水中的浮力怎么测?
4. 用钩码代替马铃薯,测量钩码在不同液体中的浮力。
5. 实验前我们需要注意哪些问题?
6. 学生实验,填写实验记录单(表 3-4-1)教师巡视指导。
7. 学生汇报、交流。

表 3-4-1 钩码在不同液体中受到的浮力记录单

	清水	浓盐水	浓糖水	酒精
在液体中的重量/N				
受到的浮力/N				

8. 根据实验数据,师生得出结论:钩码在不同液体中受到的浮力是不同的。
9. 马铃薯在不同液体中受到的浮力为什么会不同呢?

【设计意图:学生试着去寻找马铃薯在不同液体中受到的浮力不同的证据,在实际操作中却发现用马铃薯做实验很不方便,教师适时引导学生是否可以用钩码来代替马铃薯,钩码材料选取容易,且实际操作也方便。这一环节的替代材料选取过程,向学生渗透了在寻找证据时应该选择可操作性强的实验材料,这样不仅减少了实验时间,提高了实验效率,而且降低了实验误差,在此基础上将获得的实验发现作为证据,显然会更有说服力。】

10. 浮力为什么会不同呢?

教师出示 10 mL 水和 10 mL 油（强调体积相同），将水倒入装油的试管中，水下沉到试管底部，油浮到水上面。油为什么会浮在水上？

【设计意图：五年级学生都很熟悉油和水，通过设计这样的小活动，给学生一个科学论证的支架，从而顺利打开了学生的思路：油比水轻，所以油浮在水上。真的是这样吗？（教师随手拿起一大瓶油和一小瓶水），学生马上意识到这样表述问题不严谨，因为没有在同体积下比较轻重是不公平的。这样的设计，让学生了解到追求证据的过程中容不得半点马虎，只有在控制变量相同时，所获得的证据才有意义。】

（三）推测与验证

1. 这只是推测，如何来验证我们的推测呢？
2. 要解决这个问题首先要测出马铃薯的体积，你会测吗？
3. 介绍溢水杯（图 3-4-2）原理及使用方法。
4. 学生实验，填写实验记录单（表 3-4-2），教师巡视指导。

图 3-4-2　溢水杯

表 3-4-2　同体积马铃薯、清水和浓盐水的轻重比较

	马铃薯	清水	浓盐水
重量/g			

5. 学生汇报、交流。
6. 你能解释马铃薯在浓盐水中上浮、在清水中下沉的原因了吗？
7. 现在你发现物体沉浮的秘密了吗？

【设计理念：在本课的教学中，学生需要取和马铃薯体积相同的清水和浓盐水，该实验操作复杂，特别是对实验数据的精确度要求高，我们经过多次实验发现用量杯量取液体误差较大，且不容易操作。于是尝试改进实验，改用初中科学中的溢水杯来量取与马铃薯体积相同的盐水、清水。改定性实验为定量实验，这样便于五年级学生理解和操作，证据的解释更加合理科学。从而论证得出马铃薯沉浮的原因：马铃薯比同体积的液体重就下沉；马铃薯比同体积的液体轻就上浮。】

（四）学以致用，巧辨轻重

1. 将塑料块放入清水、浓盐水和食用油中，它的沉浮情况会怎样？
2. 出示书中的两张图片，你知道同体积物体的轻重吗？
3. 出示两个悬浮在量筒中的比重计，判断哪种液体重、哪种液体轻？请说说你的想法。

【设计意图：既是进一步验证前一个活动的证据，也是巩固同体积的物体比较轻重的概念，学生通过一系列具体的动手实验，在获取证据的基础上，论证了物体"沉和浮"与"同体积物体与液体轻重"之间存在联系。在实际应用中，可以学以致用，通过比重计在

不同液体中露出部分的多少来判断液体的轻重。】

四、评述与建议

本节课是上一节课"马铃薯在液体中的沉浮"的延续,进一步探究马铃薯在液体中沉浮的原因。课堂中实际上是要学生讨论浮力和什么因素有关,小学阶段还不出现密度的概念,在教学中遇到的问题是:有的学生说到密度、天平的使用或液体的轻重。普遍发现小学生知道一些名词,但是对其实际意义是不清楚的,例如有学生知道"密度"两个字,但对其具体含义并不明白,所以只能通过质量和体积的比较来对应密度的概念,教材上的处理也是适合小学生的认知发展的。基于证据的论证过程来促进学生思维的发展,对于学生建构科学概念,培养学生的科学素养有着重要的意义,结合本节课教学内容,师生在基于证据的论证过程中应该多关注以下几方面。

1. 重视学生在寻找证据时思维的递进发展

寻找证据是一项层层递进、思维严谨性较高的思维活动过程,其间各种观点碰撞无数,却最终被各种证据逐个"秒杀",只剩下最经得起事实考验的观点。寻找证据的过程不仅是学生证据意识的提升过程,也是学生内在逻辑思维的成长过程。

2. 学生在寻找证据时所选取的材料要尽量减少误差

例如,第一个活动是测量钩码在不同液体中(清水、浓盐水、浓糖水、酒精)的浮力,效果并不十分明显,有的小组得出的数据是一样的。实验操作可能存在以下几种情况:一是几种不同的液体对钩码的浮力相比其重力是非常小的;二是测量中钩码上的钩子有时是露在液体外测量的,有时则是浸没在液体中测量的;三测力计在测量时稍有晃动,这样不利于观察。可以换成用线系着钩码,用测力计进行测量。

3. 教师设计的实验方案要符合学生认知水平

例如,第二个活动是比较同体积的马铃薯、清水和浓盐水的轻重,首先要分别取出与马铃薯体积相同的清水、浓盐水。课堂中教师选择了初中实验材料——溢水杯,比较好地解决了这个问题。虽然溢水杯是初中实验材料,但也符合小学生的认知水平,因此小学生也能很快认可用溢水杯来量取同体积马铃薯的液体。

科学课堂中,基于证据的论证过程加强了学生的证据意识,有利于培养学生在探究活动中保持严谨的科学态度。日常教学中,教师在基于证据的论证时兼顾小学生的形象思维和趣味性是值得大家继续探索的。

教学关键问题3-4 案例示范

教学关键问题 3-5　如何提高学生分析和解释数据的能力？

 教学关键问题分析

科学需要证据,证据包括观察和数据。"搜集证据、处理信息、得出结论"是科学探究重要的构成要素。《义务教育小学科学课程标准》在科学探究总目标中提出："知道科学探究需要围绕已提出和聚焦的问题设计研究方案,通过收集和分析信息获取证据,经过推理得出结论,并通过有效表达与他人交流自己的探究结果和观点;能运用科学探究方法解决比较简单的日常生活问题。"美国《国家科学教育标准》指出,当儿童或科学家探究自然界时,他们要做以下工作：

- 提出关于物质、生命、周围世界的事件等的问题。
- 做出研究计划并做简单的研究。
- 用适当的工具收集和解释数据。
- 运用证据和科学知识构建解释。
- 与他人交流研究方法、数据和解释。①

由上可知,在科学探究过程中,学生通过简单的工具,如温度计、测力计、秒表、米尺、量筒、天平等收集数据,对数据进行深入细致的分析,提取数据中蕴含的有用信息,形成结论,这是一种重要的探究技能,可以说分析和解释数据的能力是儿童重要的科学素养。处于大数据时代,人们每天要面对一大堆数据,善于分析数据的人会发现其中有价值的信息,并为未来决策做出指导。从"教给孩子一生有用的东西"这一理念出发,我们应当重视培养学生分析和解释数据的能力。

 教学关键问题解决

一、获取数据

1. 明确收集信息的目的

数据的质量和数量直接影响研究的结果,所以,我们在分析和解释数据之前必须要考

---

① 阿瑟·A. 卡琳,乔尔·E. 巴斯,特丽·L. 康坦特. 教作为探究的科学[M]. 北京:人民教育出版社,2008:22-23.

虑研究的需求是什么,需要收集什么样的数据,通过什么方式收集。只有目的明确,采集途径正确,才能获得有效数据,得出合理的结论。收集数据的目的通常有两类:一是通过收集数据对已有的假设证实或证伪,比如学生假设摆锤的重量可能影响摆的快慢,那么就要通过收集数据来验证假设的真伪。二是有研究的问题而无假设,此时,收集数据为了想知道一个未知事件中是否存在某种规律,比如凤仙花生长过程中植株的高度变化,通过收集数据学生会发现,开花前凤仙花生长迅速,出现花蕾后生长变缓,开花时植株不再长高,与人类的身高变化相似。明确"要用数据证明什么"这个问题,可以为收集数据、分析数据提供清晰的目标。

2. 确定采集数据的方法

采集多少数据?需要重复测量吗?重复测量几次合理?在大多数科学教材中,一般实验都是重复测 3 次。是否每个实验都是重复测 3 次?重复测量的目的是获得可靠的数据,如果测量一次数据就是可靠的,那么测一次就可以了,如一块石头排开的水量。如果测量误差比较大,就要多次测量,如一定拉力下小车行驶一定距离需要的时间。重复测量的次数也应当考虑是 2 次、3 次,还是更多次。比如,教育科学出版社《科学》五年级下册"时间的测量"单元在研究摆绳长度对摆的快慢影响时,设置了两个长度,每个长度测 3 次。从收集数据的目的出发,教材编写者期望学生通过收集数据发现:摆绳长度影响摆的快慢,摆绳越短摆动越快,摆绳越长摆动越慢。那么取两个长度合理吗?从证据的充分性来考虑,两个长度的实验结果可以得出的结论是摆绳长度不同,摆动快慢不同,但无法充分证明摆绳越短摆动越快,摆绳越长摆动越慢。那就需要设置更多的长度来帮助学生获取充分的证据从而发现规律。对于同样的研究内容,美国中学核心理科教材《科学入门》中的数据采集表设计如表 3-5-1 所示。

表 3-5-1 检验钟摆变量的实验数据采集表

钟摆的摆长				摆锤的质量			
摆长/cm	每分钟摆动次数			摆锤个数	每分钟摆动次数		
	实验1	实验2	平均		实验1	实验2	平均
10				1			
20				2			
30				3			
40				4			
50				5			

长度设置了 5 个值,每个长度重复测 2 次取平均值。同样,研究摆锤质量、摆幅大小对摆动次数的影响也设置了 5 个值,重复测 2 次取平均值。哪一种数据采集方法更科学合理,指向规律的发现?显然,实验设置更多观察,获得更多数据,证据更充分,更易从中发现规律。

3. 权衡数据取值方法

对于重复测量取得的数据,该如何取值?这要考虑数据的合理性。常用的方法是取平均值。在电视节目各类大赛中,取值方法常常是去掉一个最高分,去掉一个最低分,然后取平均值。那么科学实验中的数据取值方法有哪些?主要有取平均数(包括去掉最大最小值后取平均)、取中位数、取众数、取最大值、取最小值等。取什么值要考虑数据收集的目的,要考虑哪个值最合理。比如"拱形的承受力"一课,模拟实验 2 次,测量获得数据为 13 个垫圈和 12 个垫圈,那么作为拱的最大承受力,取哪个值好?让学生思考:如果你是工程师,你通过实验模拟,测出这座桥一次载重 12 吨塌了,另一次载重 13 吨塌了,你会设定允许多重的卡车过桥?学生通过思考与讨论,知道限重应低于 12 吨,且应远远低于 12 吨才能确保安全。所以,研究拱形的最大承受力时,取最小值更合理,这是联系实际、具有工程意识的选择。

二、整理数据

对收集到的数据进行处理,我们常用的方法是建立数据表格,把数据汇总呈现;制成条形图或折线图等,用图表展示数据,使其可视化。设法通过各种图表形式表现出数据中的规律,包括线性的(如折线图)、比例的(如饼图)或其他关系(如柱状图)。

1. 分类整理

比如教科版《科学》五年级上册"力与运动"单元的第 1 课"我们的小缆车"一课,当学生根据自己的假设"拉力越大,小车运动越快"收集到大量数据之后,要进行集体论证。如表 3-5-2 中,8 个组的学生把自己组的垫圈数(个)和小车从起点到终点的时间(秒)汇总到黑板上[①]。

表 3-5-2 "我们的小缆车"全班实验数据(一)

组别	第 1 组	第 2 组	第 3 组	第 4 组
时间/秒	4 ~ 5.04 5 ~ 3.06 6 ~ 2.68	7 ~ 1.8 10 ~ 1.05 13 ~ 0.83	4 ~ 2.73 5 ~ 2.47 6 ~ 1.93	5 ~ 3.00 7 ~ 1.75 8 ~ 1.56
组别	第 5 组	第 6 组	第 7 组	第 8 组
时间/秒	6 ~ 5.04 8 ~ 3.06 10 ~ 2.68	4 ~ 3.04 5 ~ 2.28 6 ~ 1.84	4 ~ 5.34 6 ~ 2.09 9 ~ 1.51	5 ~ 2.68 6 ~ 2.33 7 ~ 2.01

在常规教学中,教师通常会问学生:你们从这些数据中发现了什么?每个组的数据都指向增加垫圈数,小车运动加快。得出结论:拉力越大,小车运动越快,课就此结束。这个

---

① 引自:中国教育学会科学教育分会 2012 年年会暨第二届全国小学科学特级教师论坛,特级教师章鼎儿的报告。

结论的价值有限,因为五年级学生不学也知道"拉力越大,小车越快"。实验只是验证了学生的前概念是对的。如果以这一研究内容为载体,侧重于学生探究能力的培养,例如,根据假设设计实验、收集准确的数据、对数据进行有序整理和有效分析等,那么它的价值就变大了。现在让学生自己来分类整理各个组的数据,结果如表3-5-3所示。

表3-5-3 "我们的小缆车"全班实验数据(二)

垫圈	垫圈1个1个增加			
组别	第1组	第3组	第6组	第8组
时间/秒	4~5.04 5~3.06 6~2.68	4~2.73 5~2.47 6~1.93	4~3.04 5~2.28 6~1.84	5~2.68 6~2.33 7~2.01
垫圈	垫圈2个2个增加	垫圈3个3个增加	垫圈增加数递增	垫圈增加数递减
组别	第5组	第2组	第7组	第4组
时间/秒	6~5.04 8~3.06 10~2.68	7~1.8 10~1.05 13~0.83	4~5.34 6~2.09 9~1.51	5~3.00 7~1.75 8~1.56

分类整理的过程帮助学生理解其他小组的实验方法,观察比较实验结果。相同实验方法测量结果的比较,如都是4、5、6个垫圈,测量结果有什么不同?是什么原因造成的?测量结果有什么相同?不同实验方法中,哪一种实验方法更好?起始拉力,垫圈数有4~7个不等,用多少个更好?这样的整理,把数据同他们的研究过程联系起来,便于进行数据之间的比较,提高设计变量能力。实验数据整理之后,学生会有更多的思考与发现,探究能力会有更大提高。

2. 运用图表

使用图表组织并解释数据是最常用的方法。在科学活动中,一旦通过测量获得了数据,就要组织和解释这些数据。把数据做成图、表格、坐标图是科学探究中的关键步骤。表格以行列的形式展示了数据信息;条形图、曲线图、饼图等提供了数据信息的可视图解。

美国FOSS教材[1]根据图表运用的抽象水平规定了以下三个水平。

(1)具体的:用实物进行比较和提示规律。

(2)表象的:用图代表实物,并提示相关性。

(3)符号的:使用数字或数据提示相关性和进行解释。[2]

用实物直接做成图表以前很少用,适合低年级数据统计。例如,学生在校园内采集到各种植物的叶,按颜色分类贴在黑板上,做成近似的条形图,从而发现绿色叶最多,红色和

---

[1] FOSS 是 Full Option Science System 的简称,FOSS(K-6)教材是美国现行的从幼儿园到小学六年级的科学教材之一。

[2] 阿瑟·A.卡琳,乔尔·E.巴斯,特丽·L.康坦特. 教作为探究的科学[M]. 北京:人民教育出版社,2008:289.

黄色叶较少。按形状也可以制成这样的类似条形图，会发现校园中什么形状的树叶较多，什么形状的树叶较少。这种处理信息的方式以最直观的方式展示出数据呈现的规律，适合低年级学生。在低年级或中年级，用图代表实物是常用的方法，比如在章鼎儿老师的经典课例"橘子的观察"中，学生剥开橘子，数出自己的橘子瓣数，用小圆片代表自己的橘子有几瓣，贴到黑板上的相应位置上（统计表中），结果如表 3-5-4 所示。

表 3-5-4 "橘子的观察"全班数据汇总

橘子瓣数	8	9	10	11	12	13	14

这个表象化的统计表使儿童能够直观地观察到，橘子的瓣数为 9～13 瓣；10 瓣、11 瓣的橘子最多，各有 15 个橘子是 10 瓣和 11 瓣的；9 瓣、12 瓣、13 瓣的比较少，分别是 8 个橘子、9 个橘子、7 个橘子。这其实展示了一个大自然的普遍规律，即正态分布现象，也就是我们常说的中间多、两头少。虽然对于一年级学生，我们不必使用"正态分布"这个名词，但接下来让学生预测：再拿一个橘子，你猜测它可能是几瓣？就是对这个规律的应用，如果学生理解了这个规律，那么他就会把猜测值控制在 9～13，并且知道最有可能的是 10 瓣或 11 瓣。

在小学中高年级，我们采用更多的是直接将数据转换成图表的形式呈现，使数据可视化。常用的有折线图和条形图。例如，在三年级下册"植物的生长变化"中，根据收集到的凤仙花植株生长高度变化的数据，在坐标图中画出不同时期凤仙花植株的高度，制成折线图。观察凤仙花高度变化图可以发现规律：凤仙花在营养生长期高度增长很快，出现花蕾后生长速度变慢，开花后高度几乎不再增加。由此推测凤仙花在未来几周内植株高度将如何变化。

还有的统计图是研究两个量之间的相关性的，例如杭州陈韬老师执教的"液体的热胀冷缩"，采用双口烧瓶，一口插入带有刻度的玻璃管，观察水位变化；另一口插入电子温度计，观察水温变化。让烧瓶受热，每隔 30 秒观察记录水温变化和水位变化。收集数据，把两组数据制成折线图，观察两者之间是否存在相关性。

三、分析数据

分析数据是将收集的数据通过加工、整理和分析，使其转化为信息。分析数据、解读图表，是一种重要的思维能力。PISA 2009 科学素养评估框架把识别科学问题、科学解释现象、使用科学证据的能力作为科学素养评估中的核心要素，而分析数据、解读图表被定义为"应用科学证据的能力"。例如，PISA 样题"温室效应"：

一位叫安德雷的学生对地球大气温度与二氧化碳排放之间的可能关系很感兴趣。在实验室他发现了下列两张图（图 3-5-1）。

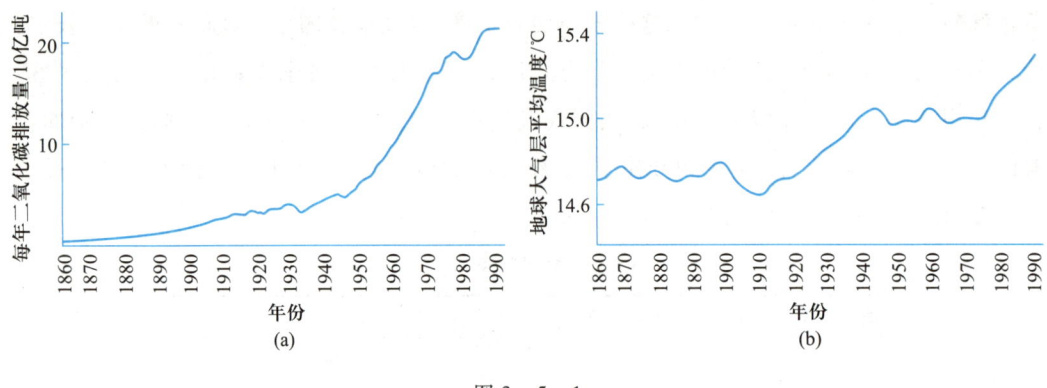

图 3-5-1

安德雷由图 3-5-1 得出结论:"可以肯定地球大气平均温度的增加是由二氧化碳排放的增加引起的。"

【问题1】图 3-5-1 可以支持安德雷的结论是什么?

【问题2】另一个学生珍妮不同意安德雷的结论。她比较两张图后认为图线的某些地方并不支持安德雷的结论。举出一个图中不支持安德雷结论的例子,解释你的理由。①

这两题都指向分析数据、解读图表,是评价学生应用证据的能力。问题 1 是考量学生比较在同一横坐标轴(年代)上,两个变量(二氧化碳排放量与平均气温)的数据变化趋势之间的关系,找出相关性,用共变法的逻辑推理出结论。问题 2 在思维水平上更进一步,它不只是关注大趋势,而是对数据要进行逐个比较、分类与解析,可以发现 1910 年平均气温低于 1900 年,但二氧化碳排放量是增加的;1950 年、1970 年等两个量之间的共变步调也不是非常吻合。可以说,这是一种更为缜密的思维,基于对证据充分性的分析,对结论的有效性进行质疑。

上例是对图进行数据分析。在教学中,我们常做的还有对统计表的数据分析。

1. 先求同,寻找普遍规律

数据分析首先要回到采集数据的目的上去,通常是实验前的假设。"我们的假设是什么,收集到的数据支持我们的假设吗?""观察其他小组的数据,支持我们的假设吗?"先寻找同一性,分析各组收集的数据是支持假设还是否定了假设,从而确定假设的真伪。

2. 再求异,检查数据发现不同

比较各组的数据,看看有什么不同?在这一环节学生需要教师引导和训练,如教师引导学生比较最大值和最小值。例如,教育科学出版社《科学》六年级上册"抵抗弯曲",学生观察汇总数据后会发现,同样是 1 倍宽,有的组测得的抗弯曲能力是"0"。经过交流研讨,学生发现不是测量错误,不是没有抗弯曲能力,可能是抗弯曲能力小于一个垫圈,所以结果呈现为"0"。再来观察最大值。如 3 倍宽时,有的组是 4 个垫圈,有的组是 3 个垫圈。学生对数据做出解释,可能是放的位置不同,可能是材料承受力不同,可能是放的方法不

---

① 蒋德仁. 国际学生评价(PISA)概说[M]. 杭州:浙江教育出版社,2012:117-118.

同。这种有明确指向的数据观察,是对数据分析能力的初级培养。经过几次训练之后,学生自然会去观察最大值、最小值和特殊值等。它的意义是使学生在观察数据过程中对实验过程形成反思:实验方法对吗?不同组的实验方法相同吗?实验材料相同吗?数据采集方法相同吗?等等。

3. 寻找特殊数据,反思与解释

在寻找最大值、最小值过程中,学生很容易发现个别组的数据明显不同于其他组,数据过大或过小,就会对这个数据提出质疑或做出解释,可能是测量出现了错误。这就需要重新测一测,检验数据的可靠性。

数据分析过程是培养学生探究能力的重要环节,也是培养学生科学质疑精神的重要途径。在观察数据的过程中,引导学生反思:数据收集过程是否科学合理?数据采集是否全面充分?数据是否真实有效?数据分析方法是否合理?等等。数据的质量和数量都是质疑的焦点。

四、综合数据形成规律

逻辑学上有句话"没有分析的综合是混沌的,没有综合的分析是破碎的"。有分析就得有综合,如上面"抵抗弯曲"的例子,综合、对比两组数据,形成进一步结论,增加梁的厚度可以大大增强抗弯曲能力;同样的材料增加厚度比增加宽度更能增强抗弯曲能力。将知识进行迁移:一根长方体的木梁,平着放好,还是立着放好?从而把概念拓展到生活应用中。

五、运用规律解释和预测

规律是可以用于解释和预测的。如上例中,学生发现厚度分别为 1 倍、2 倍、3 倍时,抗弯曲能力分别约为 1 个、8 个、24 个垫圈,因而推测:如果厚度为 4 倍,抗弯曲能力会是多少?这是对数据的再次审视,对规律的进一步理解,也是对学生思维能力的进一步训练,有的学生预测是 24 的 3 倍多,有的学生说远远超过 3 倍,理由是增加厚度会大大提高抗弯曲能力。他们会进行自主交流,并且非常迫切地想实证一下。此时的探究,问题来自学生,研究活动完全自主进行。这是探究的魅力,也是数据的魅力。

 案例分析及教学建议

 案例

拱形的承受力

一、"拱形的承受力"蕴含数据教学的要素

数据是证据,在科学研究中经常要收集数据来证实或证伪。"拱形的承受力"要收集

数据来研究怎样做使拱形的承受力更大？通常采集的数据是用 1 块、2 块、3 块积木抵住拱足，发现抵住拱足的力越大，拱的承受力越大。但这个概念是不完善的，学生会误以为外推力只在拱足上，只要抵住拱足的力大就行了。为了帮助学生对拱形结构受力特点有更完善的认识，本设计选择让学生研究不同的木块放置方法，看哪一种最能提高拱形的承受力，并解释其中的原因，从而深入理解拱形结构的受力特点：受压时拱圈的每一处都有外推力。收集三组数据进行数据分析和比较，使学生从不完善的科学前概念走向科学概念的建构。

二、"拱形的承受力"实施数据教学的关键

数据导出是本课数据教学的关键。在学生已有的经验中，数据取值都选平均数，认为平均数是最公平的，选择数据很少与生活实际相联系。本课能提升学生对数据取值的认识，数据取值有多种方法，要考虑实际。"形状与结构"单元数据的选择要与技术工程相结合，从工程角度考虑结构的安全性问题。

三、教学设计

拱形的承受力

【知识点来源】

教育科学出版社《科学》六年级下册"形状与结构"单元第 3 课"拱形的力量"。

【教学目标】

（一）科学知识

知道拱形受到压力时，能把压力向下和向外传递给相邻的部分。抵住拱形的外推力，拱形就能承受更大的压力。

（二）科学探究

1. 自主探究，经历提出问题、做出假设、实验验证、发现、解释、产生新的假设、再实验验证的过程。

2. 根据观察到的拱形受压时产生的形变来推想它的受力情况。

3. 能解释为什么阶梯式比重叠式和平行式结构承受力更大。

（三）科学态度

真实记录，合理选择数据。

（四）科学、技术、社会与环境

感受到科学知识在生活中的应用。

【教学过程】

课前播放纸拱桥(5 万张纸无粘接)承载 4700 斤汽车的新闻。

（一）情境引入

1. 观察古老的拱形建筑物，猜想其保存完好的原因可能与什么有关？

2. 认识拱形结构。

(二) 探究活动1

测试纸拱的承重能力,并想办法增加其承受力。

1. 测试纸拱的承受力,观察纸拱形变过程,用简图记录(图3-5-2)。

2. 想办法用身边的材料增加纸拱的承受力。

【设计意图:探究拱形受压时的特点,自主发现拱形承受压力时会产生外推力。自觉利用身边的物体,如橡皮、书本、文具盒等抵住拱足,发现抵住拱足,拱的承受力会大大增强。从而引发进一步的猜测:抵住拱足的力增大,拱就能承受更大的压力。】

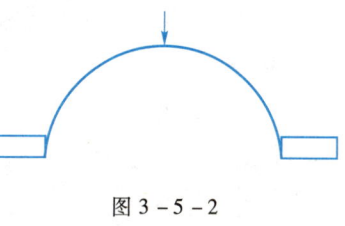

图3-5-2

(三) 探究活动2

验证猜想:用更大的力抵住拱足,拱的承受力会更大。

1. 实验前研讨(研究方法)

小组讨论研究方案,交流研究方案。教师指导,出示6个木块。提问:木块怎么放好?说明理由。提示:现在你就是桥梁工程师,你要找到增加纸拱承受力的最佳方法,并思考为什么这样效果好?(要求:测2次。讨论:作为桥的承受力取什么值最科学?)

2. 学生活动

(1) 测量记录,写出发现。

(2) 统计数据,交流发现。

(3) 整理发现。

实验记录单

怎样做,拱形的承受力更大?

方法1	承受力	方法2	承受力	方法3	承受力

我的发现:

【设计意图:基于学生的已知来探索未知,学生从先前的尝试中发现:抵住拱足,拱形的承受力会增强,且抵住拱足的物体不同,拱形的承受力也不同。学生隐隐觉得,抵住的物体重一点、大一点,拱形的承受力会大一点。当物体重量一样,左右各三块木块时,怎样放能使拱形的承受力大?这是学生未知的,也是本课要建构的重要概念,拱形受到压力时会向下向外传递压力,力会沿着拱圈往下传递,因此拱圈的每一处都会有外推力,只有抵住拱圈,拱形的承受力才会最大程度增加。在实际教学中,很多学生在实验前会认为方法3好,他们认为与桌面的接触面大,不容易被推开。也有许多学生认为方法2好,他们认为这样更重一些。基于学生这样的前概念,这是一个有意思的探究活动。】

3. 研讨

(1) 汇总数据。

(2) 观察数据,跟你的预测一样吗?

(3) 比较三种方法,哪一种方法更好?你能解释其中的原因吗?

【设计意图:对数据做出解释,结合观察到的现象,拱形在受压时,变形最严重的是方法3,在"动手做"中学生理解拱形受力时的特点,从数据中学生还发现方法3放三块木块没有比两个木块承受力增大,或增加不明显,从而再来解释数据,光抵住拱足还不行,得抵住拱圈。没有抵住拱圈,平着再多铺几个木块也没用。】

4. 迁移

分析和理解扬州瘦西湖二十四桥桥拱(圈)上的砖起什么作用,苏州宝带桥连续的桥拱及拱足与拱足之间砌砖的作用。

(四)解释生活,赵州桥设计的优点

1. 解释赵州桥设计的优点(拱形结构、抵住的力)。

2. 推测李春在选择建桥地址时,对河的两岸有怎样的考虑。

(五)体验碎石拱

感知拱形受压时会向下传递压力,碎石拱使桥结合得更紧密、更结实。

四、评述与建议

这一课教材原为"拱形的力量",细思这一课题,拱形有力量吗?没有。拱形具有承受力,拱形结构比直梁结构承受力更强,其承受压力时有特殊性,会向下向外传递压力,只要抵住这个传递下来的力所产生的外推力,拱形的承受力将很大。因此题目改成"拱形的承受力"更科学。怎样才能使拱形承受更大的压力?采集什么数据?本课用三种不同放置木块的方法采集拱形的承受力,指向的科学概念是:用相同大小的力抵住拱足,不同的放置方法影响拱形的承受力,从而深入理解拱形结构的受力特点,当拱形受压时拱圈由上而下每一处都有外推力,而不只在拱足上有外推力。数据采集重复测量几次?拱形的承受力不像小车速度那样不易测准,测一次或两次就可以了。取什么值?在教学有关技术与工程的内容时,教师要站在工程学的立场,数据导出要考虑真实生活问题。总之,采集数据与导出数据都得从实际出发,并考虑学习活动的价值。

教学关键问题 3-5 案例示范

教学关键问题 3-6　如何从低年段开始培养学生良好的科学习惯？

教学关键问题分析

我们常说，良好的习惯是成功的开端，日常习惯如此，学习习惯亦是如此。我们这里所说的科学习惯是指学生在学习科学学科时需要具备的学习习惯。

一、小学科学课程要培养学生良好的科学习惯

小学科学课程承担了培养小学生科学素养的任务，学生科学素养的培养离不开良好的科学习惯，而公众科学素养关乎综合国力，可见，学生在小学科学课程中养成良好科学习惯的必要性。

核心素养指出，我们需要培养全面发展的人，培养全面发展的人包括文化基础、自主发展、社会参与等方面。文化基础中的科学精神，包括理性思维、批判质疑、勇于探究，这些科学精神只有在保证良好的科学习惯后，才能逐步培养和提升。良好的科学习惯是一种规则意识，从长远的角度看，良好的科学习惯有利于学生形成守规则、做合格公民的意识，有助于学生社会责任的担当，促进学生社会参与和全面发展。

二、低年段是培养学生科学习惯的关键期

低年段学生的认知发展处于前运算阶段，缺乏观点采择能力，只从自己的视角看世界，难以认识他人的观点；他们有较强的自我意识，又对周围事物充满好奇；道德认知发展到达他律道德阶段，认为规则、规范是由权威人物制定的，不能改变，必须严格遵守；对行为好坏的评定，只根据后果判断；认为惩罚是客观世界维持道德秩序的手段，赞同严厉惩罚；单方面遵从权威，有一种遵从成人标准和服从成人规则的义务感。

低年段学生的这些特点为科学课堂有序开展带来较大的困难，但也为科学习惯养成提供了一定条件，低年段是培养学生科学习惯的关键期。教师可根据需要提出一些学生能达到的要求作为班级的规则，适时强化和反馈，使学生逐步形成良好的科学习惯。

教学关键问题解决

科学学科是一门基础性、实践性、综合性课程，通常让学生亲历各种实践活动，建构科学概念，掌握科学学习方法，发展科学思维。学生在遵循既定规则的基础上进行探索，容

易获得更多的信息与发现。而低年段的学生往往好动、注意力无法持久集中;以自我为中心、不愿听取别人想法;喜欢争抢、不会谦让……学生的这些特点都为有效开展科学教学带来阻力,所以,低年段如何培养学生良好的科学习惯是我们必须思考和研究的问题。那么,学生需要养成哪些科学习惯以适应科学学习?教师又该采取哪些策略以保证科学教学的有序、有效开展呢?我们可以从以下方面进行培养。

一、倾听习惯

倾听是了解别人的方式,是有效沟通的基础,也是获取信息的重要途径。从低年段开始培养学生良好的倾听习惯,教师首先要学会倾听,努力听懂学生想表达的意思,同时在课堂教学中采取相应的教学策略。

1. 倾听要求

作为一名小学生,认真倾听的具体表现有哪些?第一,在他人说话的时候,能目光注视、静静地听,不说话,不做小动作;第二,能听懂他人说了什么,能复述;第三,能把他人的想法与自己的想法进行比较,思考有哪些异同。第三点难度较大,是区分无意识倾听与有意识倾听的关键,也是教师培养学生养成认真倾听习惯的主要内容。

2. 培养措施

倾听习惯的培养是一个长期的过程,它受家庭环境的影响。要培养学生的倾听习惯,首先要提出认真倾听的明确要求,其次在每节课中落实要求。第一,倾听时,眼睛看着发言者,坐姿端正,保持安静(0级音量)。第二,能重复发言者的内容。第三,对发言者的内容有意见或疑问,等发言者结束发言后,举手表达。例如,用手势表达倾听后的反馈,同意竖起大拇指,不同意大拇指朝下;又如,在全班汇报交流时,边倾听边记录,与自己相同的可在学习单的相应处打钩,与自己不同的则在相应处打问号,这样做不仅促进学生认真倾听,还能提高交流质量,避免重复汇报。第四,教师及时反馈,可以定期、不定期地表扬达到要求的学生,不断给予正面的引导与强化。会倾听的学生能对听到的信息做出思考和判断,将相关信息与自己的想法发生碰撞,良好的倾听习惯可大大提高课堂学习效率。

二、发言习惯

语言是思维的外壳,课堂发言是学生认知水平外显的重要方式。发言需要梳理自己的认识,并运用合适的词汇进行表达,在一定程度上能反映课堂学习的成效,主要涉及的有个人发言、小组讨论和全班汇报,发言习惯也是低年段科学课堂教学中需要培养的重要习惯之一。

1. 个人发言

在座位上起立,面向全班大多数同学,声音清晰地(2级音量)表达自己的观点。一年级学生有时会表达不清,教师可以让学生自己进行解释或请别的同学帮助解释,当其发言啰嗦时,教师可用简练的语言进行概括,再让其重复。

2. 小组讨论

每个学生先进行独立思考,然后小组成员围成一圈,组内小声(1级音量)轮流发言(或者发言少的同学先说),第一轮发言时不打断、不评价,可以做记录。当出现不同观点又有时间时,进行第二轮讨论,教师应引导学生表述自己的理由,说清支持观点的依据,而不是提高音量。如果经过讨论仍不能达成共识,则引导学生尊重他人的观点,也尊重自己的想法,告诉学生人人都有权利保留自己的观点,如果想进一步说服他人,则需要找到更多的证据。

3. 全班汇报

全组或小组代表走上讲台,面向全班同学,站直站定,然后开始汇报。汇报句式:我们小组……对于我们小组的实验(观察)结果,大家有什么意见或补充吗?汇报结束,请有意见或有补充的同学发言。教师需要做好全班汇报的组织工作,关注台下学生是否认真倾听、及时记录;台上汇报学生的站姿、音量及分工;小组汇报结束后学生的互动情况。随着年级升高,教师可以在全班汇报活动后让学生进行归纳与总结,锻炼学生的概括能力,发展学生的高阶思维。

在科学课堂中,我们希望看到这样的现象:第一排或教室两侧的学生站起来发言时,会主动地转身面向大多数学生,大声大方地表达自己的观点及理由。成人一般在公众场合说话会感到紧张,孩子也是如此。若将每节课的发言变成"公众演讲",经历一次次的表达、一天天的积累,学生必然变得大胆、自信。面向大多数学生发言的行为,表达了倾听的对象是课堂中的每一位成员,这是发言者对同伴的尊重,同时也表达随时接受同伴对发言者观点的补充与质疑,有助于生生之间的交流。学期初,教师需要向学生提出明确的要求,同时在课堂中通过语言、动作等有意识地对学生进行引导与训练,帮助学生逐步养成良好的发言习惯。

三、合作习惯

课程标准指出,合作学习是当今非常重要的学习方式之一,科学学习活动往往通过小组合作的方式进行,合作质量的高低直接影响探究活动的效率,因此,合作习惯的培养是科学课堂中至关重要的内容。然而,低年段学生既缺乏合作的心理基础,也缺乏小组有效合作的经验,教师需从理念、规则、实操等方面入手,培养学生的合作习惯。

1. 明确合作任务

首先要让学生知道几位同学组合在一起形成一个小组,小组一旦形成便拥有共同的目标,这个目标就是完成小组的任务或者让小组的成员变得更好,大家要为达成目标而共同努力,这个过程就是小组合作。其次,合作前必须让每位成员明确具体的任务,任务的表述首先要让学生看得懂,要可操作、可检测,它犹如海上的明灯,指引着小组成员朝哪个方向努力。

2. 设计合作活动

培养学生的合作习惯不是靠教师的说教,而是靠巧妙的活动,让学生通过参与活动,体验感悟到只有小组成员心往一处想、劲往一处使,才能达成目标。比如"运杯子"活动,在杯子上套一根橡皮筋,橡皮筋上系着4根棉线,小组的每位成员各拿一根棉线,把杯子从 A 点运到 B 点,若加大难度可以挑战叠杯塔,如图 3-6-1 所示。

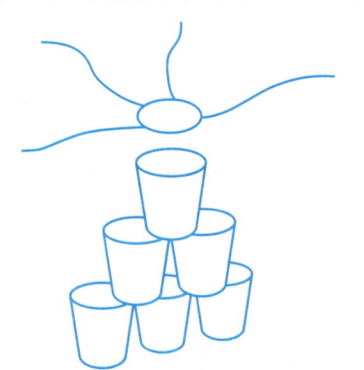 

图 3-6-1 运杯子

在活动设计时,教师要明确小组合作的具体流程,要用学生看得懂的方式进行呈现,指导学生按下面的流程实施(5 分钟内完成)。

(1) 把一只杯子从 A 点运到 B 点。

(2) 小组讨论运杯子的好方法。

(3) 把 6 只杯子从 A 点运到 B 点,搭 3 层杯塔。

3. 明确小组分工

开始进行小组合作时,教师需要根据活动内容、材料充裕度及活动空间位置确定小组人数,有 2 人组、4 人组、6 人组等,尽可能从提高学生参与度的角度进行安排。一般情况,教师在小组分工时会安排组长、材料员、操作员和记录员,教师需要让学生明白每个职位具体做什么、怎么做。一段时间后,小组成员可自主进行职位轮换,目的是让小组内每位成员有多个职位的体验;当小组合作能力较强时,学生可根据内容自主分解及合作分配任务。

4. 注重合作评价

教师要加强小组合作的过程性评价,强化组际间的学习,弱化组际间的竞争。当某小组快速完成任务或任务完成得特别好时,教师不要急着为这些小组加星或给出第几名的终结性评定,而要引导学生反思合作效率高的原因,让其他小组借鉴与学习。教师可以设问:第 × 小组快速完成了任务(任务完成得非常棒),有什么秘诀可以跟其他小组分享? 面对合作能力较弱的小组,教师可以设问:下次进行合作,你们小组可以在哪个方面有所改进?

有时会有较为特殊的学生,他在组内与其他同学格格不入。面对这样的学生,教师需要走近他、了解他,给予他更多的理解与关爱。经过循序渐进地引导与正面强化,学生逐渐养成认真、有序的探究习惯,其领导力也得到锻炼,小组合作的能力得到提升。

四、记录习惯

将自己的发现和疑惑记录下来,是科学课堂教学中经常用到的方式,如实、有序、全面地进行记录是科学素养的一种表现,故教师需要重视学生记录习惯的培养。

1. 人人记录

我们经常看到科学研究课中一个小组一张记录单,记录员忙着记录,其他同学或提供信息或自己动手操作。怎样的记录有利于学生更认真地观察与实验?是人人记录还是小组一份记录单呢?毋庸置疑,人人记录能确保每位学生参与实践活动,因为要记录,他就要认真观察;因为要记录,他就得学习科学术语;因为要记录,他就得抓紧时间。

2. 多形式记录

对于记录,要让学生明白,不管是画、拓印、图表还是书写,形式可以多样,但要如实记录自己的发现及想法,同时要让同伴看得懂,记录是另一种交流沟通的方式。一年级学生会写的字很少,以画为主,当学生学习拼音后,可以用"画+拼音+文字"相结合的方式,记录实验现象及观察结果。刚开始学习记录时,教师可单独设置记录时间,再慢慢向边观察、边记录过渡。为了让学生喜欢记录,珍惜自己的记录本,教师也要不断创新记录的形式,如设计有趣的记录表图让学生记录、裁剪、粘贴成口袋记录书等。

3. 多形式反馈

对于学生的记录,教师要认真阅读,理解学生的想法,并把优秀的记录通过各种方式进行反馈,让个别学生的优秀变成大部分学生的优秀。反馈的形式可以多样,如拍照展示、实物展览、相互传阅、优秀记录展等,最为关键的是教师要让学生了解到怎样的记录算优秀,不仅要有表现性的描述,还需要有实例样本。

教师坚持每节科学课都让学生记录,并给予肯定与表扬,相信学生的记录习惯就会逐步形成,认真记录又会促进观察与思考能力的发展。

五、整理习惯

物品摆放的整洁有序是学生思维有序的表现,思维有序能大大提高学生实践和日后处理事务的效率。学生喜欢科学课,主要原因是课堂中可以动手操作,也因为材料多,课堂秩序难以控制。所以,培养良好的整理习惯在科学课堂教学中显得比较重要。

1. 有序领取归还材料

有结构的材料成就有效的科学课堂,可见材料对科学教学的重要性。同样,细节决定成败,与材料相关的细节处理,会影响科学探究活动的质量。当教师宣布开始领取材料进行实验时,我们希望看到的场景是:不同的小组只有一位学生起立(其他几位学生安静地坐在位置上看学习单或耐心等待),沿着既定路线走到材料摆放区域,轻轻拿起自己小组的材料,回到小组并把材料盒轻轻放到桌子中央,小组先轻声商量然后开始动手实验。同样的,实验结束后,小组成员一起整理实验材料,尽可能按拿来时的样子摆放材料,由专人把材料盒送回既定的摆放位置,然后准备研讨交流。

教师可以在材料桌及材料盒上贴上组号(图 3-6-2),目的是检查各小组归还的材料是否完整,整理是否符合要求。对未按要求整理的小组在课后进行有针对性的指导。

图 3-6-2

2. 实验前后材料整理

为保证学生有效地进行实验,更加专注地进行实验观察,我们希望实验桌上没有其他干扰学习的物品,橡皮、铅笔、记录本、书本等均应放置在规定区域。特别是第一个实验结束,第二个实验未开始时,有的教师没有让学生整理材料便开始交流,个别学生无法抵挡材料的诱惑,时不时地摆弄材料,这样的交流会分散部分学生的注意力,降低课堂教学的效率。所以,实验开始或结束时,及时按要求整理的习惯很重要。教师可通过微课、学生演示、教师示范等方式,让每位学生明确要求、规范操作,持之以恒地做好过程性管理与评价。

六、自主管理习惯

低年段的学生年龄小,自我管理的意识较弱、能力较差。我们倡导长时自主探究,使学生养成较好的自我管理习惯,因此,教师在课堂教学中要有意识地加强该习惯的培养。

1. 时间管理

低年段学生缺乏时间概念,在课堂中经常出现这样的现象:老师提出"我们花 10 分钟的时间进行探究,好吗?"学生表示同意随即开始实验,然后教师拍手示意学生停止实验。10 分钟,学生可以管理实验的进程吗?如果每次实验,都把可视化的计时器投在屏幕上,让学生清楚地看到时间流逝,久而久之,学生不仅能感知 5 分钟、10 分钟、15 分钟分别对应的任务量,还能逐步学会合理规划时间来完成研究任务。

2. 音量控制

我们希望学生在课堂中能静静地做实验,边动手、边动脑。然而,低年段学生自制力差,喜欢大声说话,教师有办法帮助学生养成安静做实验的习惯吗?回答是可以的。开学初,教师向学生解说 0 级、1 级、2 级、3 级音量的用法(0 级:阅读、听讲;1 级:课堂小组讨论;2 级:课堂问答、当众演讲;3 级:科学课堂中基本不需要)。全班达成共识后,实验活动开始前,教师与学生商量使用的音量等级。有的学生在实验过程中可能做不到,但一看到教师的动作提醒,他便会立即调整自己的音量。当然,教室也可以安装传感器,只要声音过响,它便发出信号提醒学生注意自己的音量。通过不断练习与调整,慢慢地学生便形成习惯,享受安静实验带来的专注。

3. 问题解决

在科学课堂教学中,会出现各种情况,教师要引导学生思考分析问题,提出解决问题的方案,同时还要辨析哪个方案更优,以此提高学生解决问题的能力。教师为学生创设安全民主的研究学习环境,允许并鼓励学生提出问题、自主解决问题。如果出现安全事故,如打碎玻璃、弄破手指等情况,应该第一时间告诉老师,由老师解决问题。如果出现诸如打翻水杯、少材料等问题,该怎么办?与学生互动交流后达成共识,能自己解决的问题自行解决,解决不了不要害怕,及时找老师帮助,老师会和你一起解决问题,当问题解决后,要引导学生想一想,下次碰到类似的问题可以怎么办。

当代著名教育家叶圣陶说:"什么是教育,简单一句话,就是要养成良好的学习习惯。"希望在科学实践活动中,学生有分工、有合作,每个学生都能体验多种角色,锻炼多种能力,人人实验、人人记录、人人表达,发展科学思维,提升科学素养。

案例分析及教学建议

案例

谁 轻 谁 重

一、"谁轻谁重"蕴含科学习惯培养的要素

科学习惯是科学学习中需要养成的习惯,良好的科学习惯可以让科学学习更高效,有助于学生科学素养的培养。本节课通过预测、用手掂、用天平、用标准物等方法来比较物体的轻重,通过预测、实验、记录、研讨等方法来解决问题,在解决问题的过程中伴随多种科学习惯的培养与运用,随着问题的深入与推进,凸显良好科学习惯在学习中的重要性,促进学生科学思维的发展与提升。

二、"谁轻谁重"实施科学习惯培养的关键

"谁轻谁重"一课的教学设计,结合学生的认知特点,通过游戏化的任务培养学生的科学习惯,使学生通过实践与体验,获得新知,强化习惯。

低年段学生有着强烈的游戏活动需求,所以该课以游戏挑战贯穿其中。首先,教师出示几个物体,请学生推测谁轻谁重,该过程培养学生倾听、发言的习惯。其次,通过用手掂的方法比较出重量悬殊较大的物体的轻重,但重量接近的依旧无法比较,引出天平与标准

物。在一次次的游戏体验中,解决部分问题,同时产生新问题。整节课学生经历不断解决问题的过程,获得成功感的体验,同时也逐渐养成严谨实验、如实记录、小组合作等科学习惯。

三、教学设计

谁 轻 谁 重

【知识点来源】

教育科学出版社《科学》一年级下册"我们周围的物体"单元第2课"谁轻谁重"。

【教学目标】

(一)科学知识

1. 知道物体的轻重是可以测量的。

2. 理解大小相同、材料不同的物体,它们的轻重可能不同。

(二)科学探究

能用预测、掂量、称重、简易天平、标准重物等方法比较不同物体的轻重,发展科学思维。

(三)科学态度

1. 体验在预测、掂量中发现问题,尝试用科学的方法来解决问题。

2. 体验实事求是比较物体轻重的过程,发展倾听、合作等科学习惯。

(四)科学、技术、社会与环境

意识到天平能给人类的生产、生活带来便利。

【教学过程】

(一)创设情境,聚焦轻重比较

1. 比较两位同学的轻重,面向全体同学说说你的猜测。

2. 出示乒乓球、木块、橡皮,请学生猜测这三个大小相近的物品谁轻谁重,并说明理由。

【设计意图:在科学课堂上,当个人发言时,要求发言学生从座位上起立,不是面向老师,而是面向大多数同学,声音响亮地表达自己的想法和观点。这对发言学生来说,是一次"正式"的、面向"公众"的发言或演讲,具有仪式感,更锻炼了学生的表达能力和勇气胆量,长此以往,可以帮助学生建立自信,以适应今后更多机会的公众发言或演讲。倾听者要眼睛看向发言者,坐姿端正,如有疑问或意见,则等发言结束后再举手提问,这意味着发言者与倾听者是互相尊重的,同时也可大大提高课堂效率。】

(二)用手掂量,引发概念冲突

1. 对三种物体谁轻谁重有不同的猜测,思考:如何比较物体的轻重?

2. 以小组为单位,用手掂量比较物体轻重,按"从轻到重"排序并记录。

3. 学生分享实验结果。

发现:用手掂量,可以知道乒乓球最轻,但无法确定木块和橡皮谁轻谁重。

思考：如何确定木块和橡皮谁轻谁重。

【设计意图：① 在学生分享实验结果时，教师要强调对照实验记录来分享，一来体现科学记录的重要性，二来可以及时反馈学生是否如实、规范地进行实验记录。教师在实际教学中，要有意识地不断强化和积极反馈良好的记录习惯应该是什么样的。

② 教师要重视学生良好的发言习惯和倾听习惯的养成，这有助于提高课堂效率，能有效促进学生的思维发展。对于具有良好的发言和倾听习惯的班级，教师无须过多重复和强调，学生的思维不易被打断，能更高效地得出结论。如果教师没有关注学生发言和倾听习惯的培养，教师的意见主导着课堂，教师联结着发言者和倾听者，这不仅浪费了许多宝贵的课堂时间，也无法突出学生的主体地位，无形中让学生失去了许多锻炼表达和交流的机会，也容易打断学生的思维。

③ 学生实验时，教师关注学生的合作情况和实验进度。在课堂交流时，教师采访实验完成好且快的小组的高效秘诀，由此通过同伴的榜样不断引导学生该如何合作、如何实验，以此来培养学生良好的合作能力和实验习惯。】

（三）用天平比，培养有序思维

1. 用简易天平比较三个物体的轻重

（1）观看微视频，学习简易天平的使用方法（先检查天平左右两端是否持平；被测物体轻放托盘；一边一次一个物体，两两比较；向哪边倾斜，哪边的物体重）。

（2）教师指导，学生小组实验，进行排序并记录实验结果。

（3）学生交流分享：一共比了几次、怎么比较、实验结果。

【设计意图：本实验后，同样引导学生及时整理材料，将托盘放在桌子中间。但在实际教学中，因为学生是第一次接触简易天平，对其有着强烈的好奇心和探究欲，所以在接下来的分享和交流环节中，仍有不少学生会伸手去触碰放在桌子中间的简易天平，甚至玩得不亦乐乎，严重影响课堂纪律，降低课堂效率。因此，教师将其改进为：及时整理实验材料，将所有材料放入托盘中，再将托盘放在地上。由此提高了课堂效率，聚焦科学思维。当然，如果时间和空间允许的话，可以设置学习区和活动区，让学生在不同的区域和环节中更加集中注意力。

教师引导学生完整、规范地表述实验的结果或自己的观点，以锻炼学生科学的表达能力。汇报前，教师关注其他学生是否做好倾听准备，即关注学生眼睛是否看向发言者，是否没有其他动作了。

小组汇报结束后，由汇报者向全班同学提问：这是我们小组的实验结果，大家有什么意见或补充吗？汇报者请举手同学发言并给予回应，最后由教师对整个汇报和交流的学生进行反馈。在这个过程中，汇报者和倾听者之间直接进行交流，提高课堂效率，同时教师引导汇报者主动向倾听者提问的方式，让发言者体会到如何与他人主动、高效地交流。

如果其他学生没有意见或补充，则由教师引导提问"这位同学说了什么？你对他的说法还有补充吗？"以此来及时检测学生倾听的效果。】

2. 用简易天平比较四个物体的轻重

(1) 升级挑战:加入塑料螺母,用简易天平比较4个物品的轻重,并排序。

(2) 学生思考、预设、分享和比较方案,主要有两种方法(图3-6-3)。

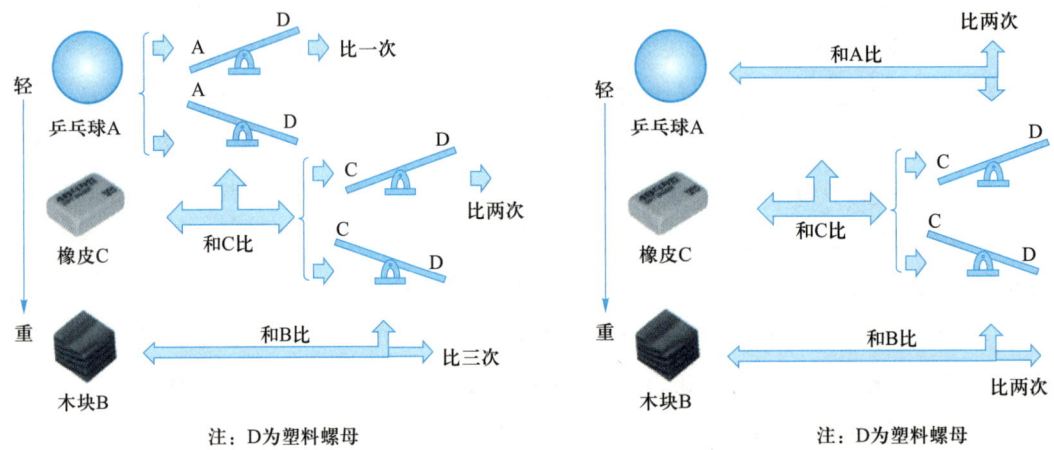

(a) "高风险高回报型"的比较方法　　　　(b) "稳健保险型"的比较方法

图3-6-3

(3) 小组实验,记录并排序。

(4) 交流研讨:谁先和谁比?一共比了几次?实验结果如何?哪个方案更优?

【设计意图:① 动手之前,思维先行。预设需要观察的实验现象或观察到的实验结果,有时比实验操作更重要。这个过程是培养学生有序、高效思维的重要环节,也是为学生思维发展搭建的重要思维阶梯。

② 科学论证是科学实践的重要内容,集体论证前,需要个体论证的前提和支撑,即小组讨论或班内交流之前,每位学生应该有自己的想法,才能在集体讨论时产生观点的触碰、深化、评价和修正,最大限度地发挥交流和讨论的价值。因此,在本课中,班内分享不同方案前,先给学生1分钟左右的独立思考时间,再以小组为单位分享和交流自己的比较方法,要求在组内交流时,每位学生都要表达自己的想法和观点。

③ 本课重点培养学生有序、高效的思维品质,尤其需要学生具有良好的学习习惯。良好的学习习惯是良好的思维品质的基础,反过来,良好的思维品质又可以进一步促进学生良好学习习惯的养成。】

(四) 用天平称,推进思维发展

1. 发现比较问题,进一步引发冲突

(1) 问题:4个物体中木块最重,木块到底重多少?

(2) 学生思考并交流,教师引出"标准物"。

2. 用标准物称,推进思维发展

(1)学生观看微视频,学习使用简易天平,用标准物(垫圈)测量物体的轻重,如图3-6-4所示。

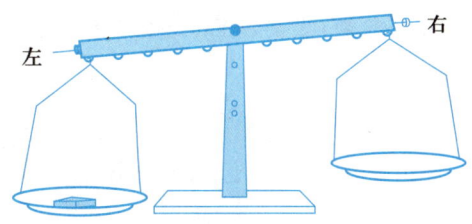

图3-6-4 微视频上的图像

(2)教师指导:标准物的选择(选择重量一样的物体)、记录的规范(如果物体特别轻,一个垫圈就比它重了,则记录为"<1")。

(3)小组实验,记录4个物体对应的垫圈数,并排序。

(4)教师汇总数据,学生观察和比较,并进行交流研讨。

【设计意图:① 这也是学生第一次使用标准物进行测量,因此应引导学生正确使用简易天平,并了解"左物右码"的操作规范。一年级的学生对左右概念尚不明晰,因此微视频中调整了拍摄角度,使视频呈现的左右方向与学生的左右方向一致。在视频播放到"将待测物体轻轻放到左边的托盘"时,配以字幕,同时暂停视频,让每一位同学举起左手,通过动手体验以达到强化左右概念的效果。当然,左右概念对一年级学生仍然是有难度的,因此"左物右码"的操作规范仅作引导,不做硬性要求。

② 教材使用的是回形针作为标准物,来测量这些物体的轻重。但因为回形针较轻,一块橡皮或木块相当于几十个回形针的质量,这无形中给学生增加了两位数计数的难度,也不利于学生实事求是地记录标准物的个数。因此本课用垫圈代替回形针作为标准物,有助于降低计数难度,排除无关的干扰因素,有效培养学生如实记录的科学习惯,使学生的思维发展更有序。】

(五)应用迁移,强化深层思维

1. 思考:如何统一用标准物测量的数据结果。

2. 课外自制简易天平,继续比较和研究5个、6个甚至更多物体的轻重。

【设计意图:课堂中养成良好的科学习惯,让学生保持科学兴趣,将科学研究从课堂延伸至课外,将课堂所学进行应用和迁移。】

四、评述与建议

培养学生良好的科学习惯,要结合具体的教学内容进行,而且要长时间地坚持。根据心理学研究结果,一种习惯的形成,一般需要学生天天训练,连续重复21天才能形成。良好的科学习惯需要从低年级开始培养。"谁轻谁重"这一课的教学过程中,渗透了培养良好的科学习惯的做法。

为了培养学生良好的科学习惯,在平时的教学中有如下几点建议。

(1)发言习惯:面朝大多数同学,声音响亮,尽可能清楚地表达自己的想法和观点,平等交流。

(2)倾听习惯:眼睛看向发言者,坐姿端正,没有小动作,互相尊重。如有意见或疑问,等发言结束后举手提问。

(3)记录习惯:及时、如实地记录实验结果。

(4)时间管理习惯:与学生商议实验的时间,并设置计时器,让学生明晰自己的任务量和实验计划。

(5)小组合作:要设置合作的内容让学生体会合作的重要性。

(6)整理习惯:每一次上课结束,要把器材整理好,放回原处。

科学习惯的培养,要讲究方法,符合学生的学习心理。如小组实验时,将材料放置在桌子中间,所有组员都能接触到或看到。实验后,及时将材料整理整齐,放回原处,表明本小组已完成实验。特别的,要注意实验材料合理的摆放位置和合适的呈现时间,以使学生在课堂上能集中注意力,养成良好的科学习惯,提高课堂效率。

教学关键问题3-6 案例示范

教学关键问题 3-7　如何在不同学段把握对比实验的要求?

 教学关键问题分析

科学课上,学生会做这样的实验:将一些绿豆种子分成两组,分别放在能得到水(保持湿润)和得不到水(保持干燥)的环境里,除了水分条件外其他条件相同,然后观察两组种子的变化,以研究绿豆种子发芽是否必须有水。

像这样,除了一个因素以外,其余因素都保持不变的实验称为对照实验。[①] 设置两个或两个以上的实验组,通过对结果的比较分析,来探究某种因素与实验对象的关系,这样的实验称为对比实验。[②] 即为了探索研究对象的某种性质是否存在或研究某一因素对研究对象的影响效果等,设置两组或多组实验(一般设实验组和对照组),并做到组和组之间只改变要研究的一个因素,将其他因素控制成保持不变或完全相同,最后对产生的结果进行对比分析得出结论,这样的实验称为对比实验。

在不同的书籍和文献中,还有比较实验、公平实验、公平测试、控制性实验、控制变量法实验等提法。虽然称谓和定义有所不同,但其实质都是控制变量法:在其他变量不变的条件下,有意地改变一个变量,观察另一个变量会有什么相应的变化。例如,在绿豆种子发芽实验中,改变水分这个变量,观察绿豆种子发芽情况,从而确定水分这一因素是不是绿豆种子发芽的必备条件。

那么,何谓变量?实验过程中可以变化的因素称为变量。其中,人为改变的变量称为自变量;随着自变量的变化而变化的变量称为因变量。除自变量外,实验过程中可能还会存在一些可变因素,对实验结果造成影响,这些变量称为无关变量[③]。其中,自变量也称操纵变量、操作变量,教育科学出版社《科学》教材中用"两个组不同的条件""要改变的条件""实验组和对照组要控制不同的条件"等方式来表达。因变量也称应变量、反应变量。无关变量也称控制变量、常量。在研究中,为了避免研究结果的混淆,使其保持恒定或者不变化,教材中用"两个组相同的条件""不改变的条件""实验组和对照组要保持相同不变的条件"等方式来表述。

实验是人类探索未知世界的有效手段之一,也是小学生进行科学探究、了解"未知世

---

① 参考:朱正威,赵占良. 生物1(必修)分子与细胞[M]. 北京:人民教育出版社,2004:79.
② 参考:朱正威,赵占良. 生物1(必修)分子与细胞[M]. 北京:人民教育出版社,2004:93.
③ 参考:朱正威,赵占良. 生物1(必修)分子与细胞[M]. 北京:人民教育出版社,2004:79.

界"的主要方法。现行的小学科学教材中安排的科学探究活动,大多数需要进行科学实验,其中有数量众多的对比实验。

《小学科学教育概论》一书认为,对于小学生科学探究素养的形成,科学过程技能(一些最基本的思维方法和操作技能)的培养是其中最根本的基础。科学过程技能既包括观察、推断与预测、分类、测量等基本科学过程技能,又包括确认变量、制表作图、假设、实验、论证、分析结论等综合科学过程技能[①]。对比实验教学的有效开展,是培养学生形成科学探究素养的重要途径之一,在小学科学教学中占据着举足轻重的地位。

然而,在科学课堂中,我们会看到这样一些问题,例如,"停滞不前",即各年级对比实验教学的目标是一样的,包括教师的预设、学生的实际达成;"急功近利",即对学生提出过高的要求,导致学生"跳了又跳"还是"摘不到桃子";"自生自灭",即缺乏对学生的相应指导,仅凭小组讨论及个别组的汇报交流,使学生陷入低效、无序的状态之中。

面向这些问题,我们迫切需要解决这样的困惑:"不同年级的对比实验教学到底应该怎样进行?"

 教学关键问题解决

在对比实验教学中出现的问题,究其原因,关键在于教师未能对一至六年级的对比实验整体把握、形成教学目标的梯度,并缺乏有针对性的指导。只有在教学中准确定位教学要求、循序渐进夯实能力,才能收到好效果。

一、准确定位教学要求,不能拔苗助长

1. 依据课程标准和教材,明确年段要求

《义务教育小学科学课程标准》对科学探究中的"制订计划"这一要素的学段目标如表3-7-1所示。由此可见,对比实验在不同的学段有着不同的要求,我们的教学和评价应提出适切的目标,不能拔苗助长。

表3-7-1

要素	1—2年级	3—4年级	5—6年级
制订计划	在教师指导下,了解科学探究需要制订计划	在教师引导下,能基于所学知识,制订简单的探究计划	能基于所学的知识,制订比较完整的探究计划,初步具备实验设计的能力和控制变量的意识,并能设计单一变量的实验方案

另外,因为教材是编写者基于课程标准的要求、学生的年龄特征、认知规律、学习基础

---

① 郝京华,陈华彬,梁玲编. 小学科学教育概论[M]. 北京:高等教育出版社,2003:130.

和学习内容内在的逻辑关系等撰写的,能较好地体现结构性和进阶性。我们可以通过梳理教材中的对比实验,分析它们的编排规律和隐含的教学要求,从整体把握对比实验教学脉络,明晰教学发展方向。

以教育科学出版社小学科学教材为例,一、二年级只要求学生感受实验的公平,能按教材要求操作实验;三、四年级呈现的对比实验,实验要求多为模仿操作。例如,三年级上册"加快溶解"的活动,完整地给出实验步骤,有时还会以对话的方式提示一些要关注的条件。

五、六年级的要求为理解实质、确认变量,逐步发展到具体控制,即:能确认要研究的条件不一样而其他条件都一样;面对具体的研究问题,能确定要改变的条件(自变量),能尽可能全面地考虑到哪些条件需要保持不变(无关变量);能确定如何具体控制,即如何改变要改变的条件、如何保持不改变的条件不发生变化。除此之外,逐步要求学生能在范例的引领下设计小组的、单一变量的对比实验研究方案:从补白式地填写自变量、无关变量,到如何具体控制,再到包含有研究问题、我们的假设等的完整的研究计划。要求学生在实验设计中形成这样的认识:只改变其中一个条件,其他条件保持不变。

研究显示,从幼儿到五年级学生不能完全独立地制订计划、做实验和解释控制变量实验的结果。他们需要许多研究经历,而且要在教师的帮助下发现变量,进行控制性实验。①

2. 基于学生现有水平,呈现梯度前行

"跳一跳,摘桃子",其中的道理就是维果斯基的"最近发展区理论"。学生独立活动时所能达到的解决问题的现有水平和通过教学后所获的潜力(可能的发展水平),两者之间的差异就是最近发展区。教学应着眼于学生的最近发展区,为学生提供带有难度的内容,调动学生的积极性,发挥其潜能。

因此,教学还可以在了解学段基本教学要求的前提下,基于学生的最近发展区灵活调整,为不同层次的学生设置适合他们的、不同难度的要求。除了在教学预计时设置弹性目标,在课堂教学中还要根据学生的实时发展情况加以调整。如教育科学出版社《科学》四年级上册"怎样加快溶解"的活动二"温度会影响溶解快慢吗",教材上给出了实验方案。如果学生已经明确对比实验的实质,可以"尝试设计对比实验,师生分析、完善方案";如果学生已经尝试过设计对比实验、师生共同完善,那么目标就可以定位为"分小组尝试设计较完善的方案并实践操作"。同样,观察课堂的生成情况,如果发现学生尝试设计对比实验方案困难重重,那么就将目标调整为"师生再次设计较完善的实验方案并实践操作"。

学生完成对比实验的难易程度还受到其他多种因素的影响,例如,完成实验是以群体、小组还是个体学生为单位;教师对学生的指导,是扶(教师指导为主)、半扶半放还是

---

① 阿瑟·A. 卡琳,乔尔·E. 巴斯,特丽·L. 康坦特. 教作为探究的科学[M]. 北京:人民教育出版社,2008:52.

放(学生自主探究为主);学生面对的是与原先学习情境相似的问题情境(研究内容之间保持一定的同一性),还是与原先完全不同的新情境;学生面对的是单一变量的控制,还是教师基于教材前后联系进行活动合并,因而要进行两两相互对照的多个实验群组的研究;学生面对的要求是否为第一次出现,是单一要求还是综合要求;教师提供给学生的实验器材是封闭型的还是需要学生自主选择的开放型的,由此对学生需要考虑到的控制变量要求也会不同。因而,我们要从整体角度把握难易程度,可以把新出现的内容作为对比实验的教学重点,通过多维度因素的相互组合,循序渐进地进行教学,促使学生的学习呈现梯度前行、能力获得螺旋式上升。

二、循序渐进夯实能力,并非空中楼阁

1. 依托具体问题解决,理解对比缘由

处于具体运算阶段的三至六年级学生能进行逻辑推理,但必须凭借具体形象的支持。因此,对比实验教学的自始至终,都要以具体实例为载体。通过一系列具体问题的解决,对独立的对比实验进行分析,然后引导学生进行横向的比较,在比较和归纳中理解对比的缘由:因为只有要研究的这个条件不同,其他条件全部相同或相似,所以不同的实验结果就是由这个不同的条件引起的。对比实验能避免无关因素的干扰,增强实验的说服力。相应的,涉及多个影响因素的研究时,每次只能改变一个因素,其他的因素应保持完全一致,这条对比实验的原则也就能被学生牢记于心了。

2. 紧抓实验环节关键,夯实实验能力

在对比实验活动的各个环节,应紧抓住它与其他实验的不同之处或该环节的关键点开展指导。在假设环节,培养学生对实验中自变量和因变量将呈现什么样的关系进行初步判断并用语言描述。例如,"水温高低会影响食盐溶解的速度,水的温度越高,食盐溶解得越快"。操作方案设计环节,重点关注方案是否正确和具体。"正确"是指准确确定自变量,尽可能全面、详尽地分析需要控制的变量,保证实验组和对照组的不同变化现象只是由于自变量的不同而产生的。"具体"是指设计的方案需要具可操作性,不仅要明确列出自变量和控制变量,还要分析用什么材料、到什么方法改变自变量及控制变量,进而保证对照实验的可行性。实际操作时,学生对无关变量的控制往往会顾此失彼而不自知,需要关注操作是否与方案吻合,可以通过在合作小组设置"操作监督员"和教师巡视纠错来解决。交流讨论环节,要落实交流过程和交流结果并重,这样,如果某个小组的结论受到质疑,则可以反思是哪个环节出了问题:是推理错误,还是实验设计、操作出错? 在初步交流结论的过程中,学生通过倾听和思考可以获得更多信息,对同一问题进行不同的研究、对同一现象进行不同的解释,还可从中获取新的研究内容。

当然,学生对比实验能力的提高不可能一蹴而就。每节课教学时间是很有限的,不允许每个环节都充分展开。这就需要教师循序渐进地确定阶段性培养重点,在一个个具体的活动中具体落实到位。

案例分析及教学建议

案例

谁流得更快一些

一、"谁流得更快一些"蕴含的对比实验教学要素

本课是学生首次尝试对比实验的初步设计,在经历思考和讨论"怎样做才能保证流动比赛是公平的"之后,学生能理解:为了保证公平,除了要研究的液体不同之外,其他条件要全部相同。通过对比实验,对三种液体进行流动快慢的比较,以加深"液体能流动"这个基本属性的认识,知道液体流动快慢受液体黏度的影响。

二、"谁流得更快一些"进行对比实验教学的关键

本课的设计,重点不是想出各种各样的方法,不需要写出完整的方案,而是鼓励学生"基于生活经验独立思考"在小组交流讨论中发表如何做实验、保证实验公平的看法,在全班的研讨和教师的引导下,对原有设计质疑、择优和完善,理解其公平的本质。

三、教学设计

谁流得更快一些

【知识点来源】

教育科学出版社《科学》三年级上册"水和空气"单元第3课"谁流得更快一些"。

【教学目标】

(一)科学知识

知道液体都会流动,流动的快慢受到黏度的影响。

(二)科学探究

能进行预测并用对比实验进行验证;理解为了保证公平,需要保持除变量之外的其他条件相同。

(三)科学态度

认识到公开的、民主的讨论有助于实验的准确性,以及小组内分工合作对开展实验的重要性。

【教学重难点】

重点:简单设计和操作对比实验,尝试解释液体流动的快慢受液体黏度的影响。

难点:简单设计和操作对比实验。

【教学准备】

每组的材料:1小杯水、1小杯油、1小杯洗洁精、1块液滴流动实验槽、3支滴管、1张实验记录表。

【教学过程】

(一) 复习回顾,激发兴趣

1. 复习回顾

设问:在上一节课的学习中大家已经认识了液体王国中的"水和食用油",水和食用油有哪些共同特点?

【设计意图:通过复习回顾液体的共同特点是摸得着、看得见、会流动、没有固定形状等特点,为后续设计液体谁流得更快的对比实验提供铺垫和依据。】

2. 创设情境

教师出示洗洁精,提问:洗洁精属于哪一类物体?

讲述:今天它们聚在一起正在激烈地争论呢!原来液体王国要开展运动会了,它们都接到了比赛的邀请。三名竞争对手互不谦让,都认为自己流动得最快。

【设计意图:比赛是学生最喜欢的活动形式,创设趣味情境,激发学生的好奇心和求知欲,顺利导入新课。】

(二) 亲身经历,主动探究

1. 小组讨论,做出预测

教师用PPT展示液滴流动实验槽(图3-7-1),提问:现在3位选手都已经来到液体王国的比赛现场,你们觉得到底谁流动得比较快,谁流动得比较慢呢?这样猜测的依据是什么?请你们进行小组讨论,并将预测填入记录单中。

图3-7-1 液滴流动实验槽

【设计意图:任何发现和发明都建立在大胆猜想的基础上,教师通过引导学生去观察、比较、思考,说出哪一种液体流动更快及理由,给学生留有思维的空间,激发学生探究热情。充分暴露学生的前概念,也符合学生的认知水平。】

2. 设计方案,完善规则

提问:到底谁快谁慢,今天就公开、公平地比一比。各位小裁判,怎样进行流动比赛才能保证比赛的公平?请先独立思考,然后进行小组讨论。

【设计意图:给每位学生独立思考的方向和时间,再进行小组讨论和交流完善,补充一些不完整的比赛方法和规则,循序渐进,降低对比实验设计的难度。】

引导:学生发表看法,教师做简要的摘记,并且引导学生比较哪种操作方法考虑得更细致、更能做到公平和更容易操作。

(1) 在同一个物体表面上流动——都在液滴流动实验槽的跑道上。

(2) 同样的起点和终点——凹槽的一端为起点,另一端为终点,看哪种液体先到终点。

（3）用同样多的液体——用滴管各滴取一滴。

（4）同时开始流动、倾斜角度相同——先将实验槽平放在桌子上,滴好液体后,轻轻将凹槽底部全部靠在桌面上竖起来,保证倾斜角度相同。

教师出示温馨提示,补充其他注意事项:

（1）滴管不要混用,一支滴管只滴取一种液体。

（2）实验时不要将液体沾到另外的凹槽中,以免影响准确性。

（3）要重复实验。

【设计意图:引导学生思考哪个方法最公平、稳定,进行方法的选择,如用风吹的方法,难以均匀控制各个方向的力度,将影响比赛的公平进行,要排除。在比较和选择中进行优化和完善,做到除三种液体不同之外,其他条件要尽量相同,这样比赛才能在公平公正的前提下进行。】

3. 分组实验,交流研讨

（1）学生实验,填写实验记录单,教师巡回指导。

"谁流得更快一些"实验记录单

第____小组

液体名称		水	食用油	洗洁精
猜测				
实验结果	第一次实验			
	第二次实验			
	第三次实验			
我们的发现:液体流动的快慢主要与它们的_____有关				

注:从快到慢填写1、2、3。

（2）汇报比赛结果。

（3）交流研讨。

提问:同样是液体,流动速度却不同,流动速度和什么因素有关呢?请大家再观察三种液体,尝试解释。

引导:观察时,除了用眼睛看,还可以用手摸一摸。

【设计意图:在学生汇报实验结果时,很自然地形成新问题,带着问题对三种液体进行更加细致的观察,从而做出自己的解释。】

4. 归纳小结,点明关键

我们做实验比较了三种液体谁流得更快一些。为了做到公平比赛,除了液体不同之外,其他条件都相同:在同一种表面上、同样倾斜角度、同样的起点和终点、同样的多少、同时开始流动等。通过实验,我们发现液体流动的快慢受其黏度的影响。

【设计意图:通过归纳、比较环节,点明了对比实验的关键和本课新增知识点。】

(三) 前后联系,固液比较

出示前一节课水和油的维恩图,提问:"洗洁精具有水和油的共同特点吗?"在学生发表看法后,出示液体和固体的维恩图,讨论液体和固体有哪些相同点、有哪些不同点,展示两种物质的区别。

【设计意图:与前一课的联系,研讨液体和固体的异同。】

四、评述与建议

"谁流得更快一些"一课教材分为三部分:第一部分是设计流动比赛,第二部分是比赛与思考,第三部分是液体和固体比较。教师对于对比实验的要求定位准确,并且在情境创设、材料准备、有效引导等方面进行了优化。

1. 创设趣味情境

学生有体育运动比赛经验,通过创设学生喜闻乐见的"液体王国流动大赛"情境,既有效调动了学生的学习积极性,又促进"公平"的正向迁移,利于实验设计。

2. 选用合适器材

用液体流动实验槽代替玻璃片作为跑道,既减少了干扰因素又便于操作,更好地做到实验的公平性和结果的准确性。教师选取黏度有明显区别的食用油、洗洁精,有利于比较实验结果;给每组学生准备的三支滴管贴上标签,有效地防止了实验物品的混用,保证了科学实验的严谨性,将公平规则渗透在方案设计与操作的每一个细节中。

3. 引导循序渐进

教师鼓励学生经历"独立思考—小组讨论—全班完善"的过程,循序渐进,降低公平对比实验设计的难度。不论学生提出什么样的比赛方法和规则,只要能说出道理就应对学生的发现给予肯定和鼓励。对于学生已经想到的对无关变量的控制方法,教师引导他们进行相互比较和择优;对于学生没有想到的,教师用追问的方式引导学生展开设计。如果个别小组出现了不同的实验结果,教师还可以抓住教育契机,让他们讨论实验结果为什么会这样,重新实验后再下结论。

当然,本课的教学对象是三年级学生,不能要求所有的实验设计由学生完成。教师需要根据班级的实际情况确定设计和研讨的空间以控制适宜的难度,在学生遇到困难时及时施以援手。

教学关键问题3-7 案例示范

教学关键问题 3-8　如何运用建模开展地球与宇宙内容的教学?

 教学关键问题分析

"地球与宇宙"是小学科学课程的四大领域之一。《义务教育小学科学课程标准》指出:地球与宇宙中的有关现象、事物和规律,具有时间和空间的复杂性,需要对它们运用实地观察、长期观测、建构模型、模拟实验、逻辑推理等方法进行研究。因此,建构模型(简称建模)是学习宇宙知识的一种重要的科学方法。

模型是人们为了某种特定目的而对研究对象所做的一种简化的描述,这种描述可以是定性的,也可以是定量的;有的借助于具体的实物或其他形象化的手段,有的则通过抽象的形式来表达。[①] 值得注意的是,比较小学科学教学中的建模活动与科学研究中的建立模型,其思维过程在本质上应该是一致的,而目的、背景不完全相同,教学中的建模活动是为了学生更好地掌握科学学习内容而服务的。

对学生而言,模型是原有认知结构和客观事物之间的中介系统。为了能够了解宏观或微观,或难解的暗箱之类的观察对象,我们通过尝试建立反映研究对象本质特征及规律的模型,并借助科学理论和数据不断修正完善,使模型尽可能接近原型,然后展开深入的研讨。正是在这样的建模活动中,学生逐步形成、内化关于宇宙内容的相关概念,体验亲历活动中的思维过程,并感悟模型方法在地球与宇宙科学领域学习中的魅力和价值。因此,模型是认识宇宙世界的一把金钥匙,同时又是通向科学真理的桥梁。

 教学关键问题解决

受儿童个体的认知能力尤其是空间想象能力所限,他们对地球与宇宙方面的前概念比较欠缺,且又受日常生活体验和各种信息渠道的影响,往往还会产生对概念认识的偏差、混淆甚至错误。利用模型建构活动不仅可以化抽象为直观,突破学习难点,而且还可以满足学生与生俱来的好奇心,并通过学习经历和体会人类认识地球与宇宙的过程,激发探究乐趣。具体可以通过以下教学策略达成学习目标。

---

① 朱正威,赵占良. 生物1(必修)分子与细胞[M]. 北京:人民教育出版社,2004:54.

一、实物建模,用雏形结构反映原型本质

一般意义下,实物建模就是引领学生模仿观察对象或者设计产品的形状而制成的雏形。这个雏形根据需要可缩小、可放大也可等比例大小,宇宙内容中的建模以缩小模型为主。在实物建模的过程中,要处理好模型和认识对象(即原型)的几层关系。

第一,相似关系。从理论上说,模型与原型的相似度越高,提供的信息越接近真相,但这在实际建模中显然是有难度的。一个模型的建立往往是为了满足特定的研究目的,也就是说,模型根据特定的需要,能表现出研究指向的主要因素即可。

第二,简化关系。模型是关于原型的简化、抽象和纯化,要求模型一定要比原型简单。① 在构建宇宙内容的模型时,我们只要抓住原型的本质特征,将研究对象简约化、直观化、具象化,以便开展有针对性的探究和学习。

第三,外推关系。建模的目的是利用模型来间接揭示原型的性质和规律,即通过探究模型获得的信息理解原型的一些特征。虽然这种认识是间接的,但显然比直接观察宏观的宇宙世界更容易理解。

二、图像建模,用视听素材训练抽象思维

为了能够让学生直观了解月相变化、日食成因、太阳系等天文知识,教师往往会利用图片或者动画、视频呈现天文现象,搭建概念转化的"脚手架"。这种方法称为图像建模。

图像建模的优点是生动、直观、形象,能展现空间动态,可有效训练学生的抽象逻辑思维。它承载了独有的教学功能,是学生学习宇宙内容的重要方法之一。缺点是学生无法亲历其中,易造成理解上的困难。

图像建模具有显著的优缺点,我们不建议用它完全替代建模过程,但也不要全盘否定。在具体的教学过程中,我们可以把图像建模作为实物建模的有益补充。例如教育科学出版社《科学》五年级下册"地球的运动"单元中,通过多种证据逐步论证了地球和太阳之间的运动关系,如果在合适的教学时机穿插地球自转、公转的相关动画视频,概念建构就会变得更加立体、丰满。图像建模在此处便可以起到画龙点睛的作用。

三、思维建模,用模型方法解决原型问题

实物建模和图像建模都是依托外部资源建构的学习方式,若要真正实现自我认知的建构和知识的可视化,应逐步指向内在思维建模。美国密苏里大学的教育专家乔纳森教授在他的著作《用于概念转变的思维工具:技术支持的思维建模》中指出,思维建模通过思维建模工具帮助学习者具化内部的认知概念模型,促使学习者在建模的过程中积极地调整与修改自我的概念模型结构,并通过多种形式的认知呈现,帮助学习者丰富和拓展内

---

① 刘松涛,李德义. 模型和模型方法[J]. 成都气象学院学报,2000,15(2):145-151.

部的认知概念模型的意义。具体到如何运用思维建模开展宇宙内容的教学中,可重点关注建模过程中的三个节点。

第一,析模。建模任务来自学生的内需。通过教师引导,对需要研究的天文现象(原型)进行分析、抽象和概括,所构想的模型应该能从学生自身疑问出发再现原型的某些本质。

第二,建模。建模过程源自学生的内驱。在前面析模的基础上,对原型做出必要的简化、假设及一般化处理,并用实物、图像等方式再现天体原型的结构、运动关系,建构相对稳定的思维模型。

第三,解模。解模是通过对模型的研讨促进概念的内化。依托已经建构的思维模型,运用模型方法去解释天体之间的一些实际问题,最终达成相关科学概念的内化和逻辑思维能力的强化训练。

一言以蔽之,如果说实物建模和图像建模主要是对知识的获取和识记,那么,思维建模指向的是对知识的理解和应用,乃至迁移。从给予的知识架构到内化的思维架构,这才是在学生走出课堂、走出校园之后,使他们终身受益的东西。

案例分析及教学建议

案例

太 阳 系

一、"太阳系"蕴含模型方法教学的要素

模型方法是一种现代科学认识手段和思维方法,是以研究模型来揭示原型的形态、特征和本质的方法,也是逻辑方法的一种特有形式。它在小学科学宇宙内容的教学中具有广泛的应用价值和意义。本节课通过实物建模、图像建模让学生感受一个建立模型的过程。这些步骤是基于学生发展水平逐层递进的过程,学生在一次次的模型建构中,不断地交流、探讨、质疑,对太阳系真实情景的认识越来越接近、越来越深刻,最后对教材中的太阳系插图提出质疑。这样的教学,主要目的是促进学生科学探究能力和科学思维的发展。

二、"太阳系"实施模型方法教学的关键

心理学研究表明,小学生的思维处于具体形象思维向抽象逻辑思维过渡的阶段,在这一发展过程中,仍是以具象思维占优。这也就决定了小学生的空间观念不强,空间想象能力有限。所以,尽管鉴于小学生的思维特点,将宇宙内容主要分布到小学高年段,但在学习这部分抽象知识的时候一般还是有必要借助直观操作活动。

"太阳系"一课是学生在五年级认识了地球运动的特点、六年级研究了日食和月食之

后,扩展到对太阳系整个天体系统的观察认识。在本课教学中,教师并没有让学生一次性地利用数据建立相对科学的模型,而是先让他们在1米长纸条的第一横格上第一次建模——学生按自己的想法给八大行星排序。而后再引导正确的排序,开展第二次建模,在第二横格上画上太阳系模型。通过师生交流,自然引出八大行星与太阳平均距离这一组数据,并根据最远只能是1米这个有限距离按比例缩小数据(按正常教学进度,六年级学生数学课上刚刚学过比例尺这一内容),进行第三次建模。第三次建模的图形,八大行星的远近比例给学生的视觉带来了极大的冲突。教学基本接近尾声,再开展行星大小数据的研讨,学生深切感悟到,按同比例缩小星球的距离和大小建立模型,很难实现。教师顺势播放视频——美国几位制片人在内华达州的沙漠制作了世界上第一个等比例太阳系模型。

上述基于学生的认知基础而逐层深入开展的三次建模活动,以及最后图像资源的巧妙应用,不仅丰富了小学生的感知,而且让他们亲历了探索、发现天体表象的重要手段和途径,获得了空间观念的积累,逐步形成空间想象能力。

三、教学设计

太 阳 系

【知识点来源】

教育科学出版社《科学》六年级下册"宇宙"单元第5课"太阳系"。

【教学目标】

(一)科学知识

太阳和围绕它运动的行星、矮行星和小天体组成了太阳系。太阳系是一个很大的天体系统。

(二)科学探究

能利用对太阳系的初步认知和按比例处理后的数据,在1米纸条上逐步开展三次建模。

(三)科学态度

1. 认识到收集和整理资料,并进行交流,是科学学习的一种方式。
2. 意识到太阳系中天体的运动是有规律的,并可以逐渐被人们认识。
3. 体验思维建模的过程。

【教学过程】

(一)巧用谷歌地球,引出科学概念

1. 教师连续提供鸟瞰校园的九张照片(拍摄高度从10米变为100亿千米),引出课题,并让学生谈谈感受。

2. 提问:太阳系那么大,它是由哪些天体组成的?

3. 追问:那么多的天体,我们能把它们分分类吗?

4. 小结太阳系概念:以太阳为中心,包括围绕它转动的八大行星、矮行星、小天体组成的天体系统称为太阳系。

【设计意图:利用谷歌地球软件上校园由近及远的实景截图引出课题,从熟知的校园引向太阳系,既让学生感知到我们的家园地球也是太阳系的一部分,也让他们真切地感受到太阳系的庞大。】

(二)三建系统模型,完善认知结构

1. 一次建模,混沌不分

(1)在你的脑海中,太阳和八大行星的位置是怎么样的?请闭上眼睛想一想?

(2)用小圆点表示行星,在记录单的第一栏上画出自己脑海里的太阳系模型(记录单如图3-8-1,长约1米,宽约0.3米,分三栏)。

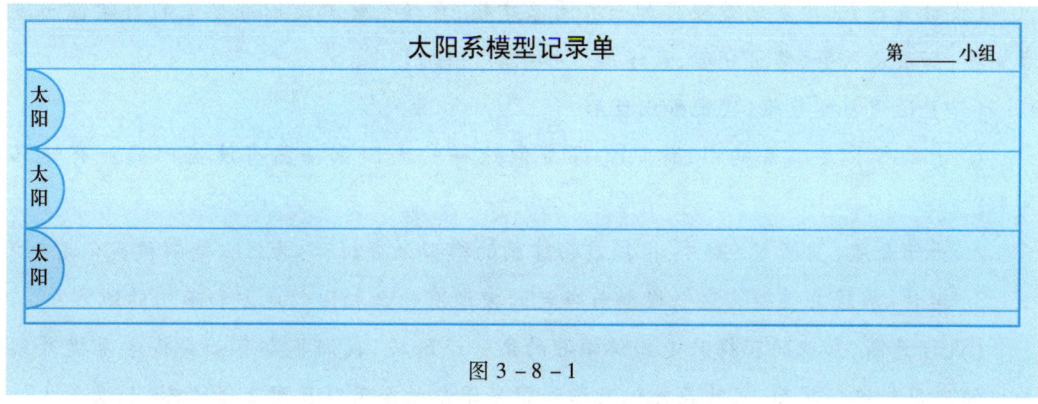

图3-8-1

(3)你认为这个太阳系模型最大的问题是什么?此时你最希望得到什么信息?

【设计意图:战国时期著名哲学家惠施有云:"夫说者,固以其所知,喻其所不知,而使人知之。"要用学生已经知道的东西来解释不知道的东西,这句话也说明了找准学习起点的重要性。2017年4月,在杭州市下城区部分小学中任意抽取若干个六年级的班级进行了一次前概念调查,样本大小为776人。前测结果为:有45.2%的学生知道太阳系中有八大行星,但能完整写出八大行星名称的只有26.8%,而能以太阳为中心从里到外排列出八大行星的仅有11.6%。上述数据足以说明第一次建模的必要性。】

2. 二次建模,厘清排序

(1)提供太阳和八大行星的位置关系图。

(2)请将修正后的太阳系模型画到记录单的第二栏。

(3)对这个模型还有什么新的疑问吗?要使我们的太阳系模型更接近真实,你觉得还需要什么信息?

【设计意图:模型建构不急于求成、一步到位,而是顺着学生的认知发展水平循序渐进。】

3. 三次建模,强调远近

(1)提供八大行星与太阳的距离数据,并按比例缩小,比例尺为1厘米∶4500万千米。

(2)现在你能根据提供的数据在记录单上进行第三次建模吗?动手试一试吧!

(3)如果要进一步修正模型,还需要什么信息?

(4)出示同比例缩小的八大行星赤道直径数据。这么小的数据能在纸上画出来吗?我们该怎么办呢?

【设计意图:在循序渐进中,学生前概念得以充分释放;在不同观点的激烈碰撞中,学生概念建构逐步完善。】

4. 图像建模,整体感知

(1)介绍美国打造的全球首个等比例太阳系模型。

(2)呈现中国相关新闻报道。

【设计意图:三次实物建模再加一次图像建模,自始至终都是围绕模型的科学性而逐步完善,如层层剥笋、擘肌分理,最终抵达知识的内核。】

(三)运用科学建模,实现知识迁移

1. 出示书本太阳系插图,你们觉得类似这样的太阳系插图有没有问题?有什么问题?

2. 出示金星(启明星)图片,根据前面建构的模型来分析,它为什么能够被我们看到?

3. 延伸:草履虫模型。这个模型与今天的模型有什么相同的地方和不同的地方?

【设计意图:知识的获得只是知识学习的第一个阶段,我们非常有必要将学习提升到知识的应用和迁移层面,尤其在知识激增和信息革命的今天。反思上述课例,如果学生能够对今天学习的知识进行应用,也就说明前面的建模活动是成功的,即学生已经在思维中建构了一个相对科学的太阳系模型。】

四、评述与建议

"太阳系"一课教材分为两个部分,第一部分是认识太阳系,第二部分是建一个太阳系模型。通过图文资料的形式初步认识太阳系的构成,应该说不是一件难事。难点是太阳系的真实全貌学生是无法直接观察到的,学生头脑中没有对太阳系的真实理解。因此,非常有必要让学生利用八大行星与太阳的平均距离及各行星赤道直径数据表来建立一个太阳系模型。

在建模活动中,不要通过纯粹分析这些天文数据来理解太阳系,因为数量级太大,学生无法直观感受;更不要脱离数据做模型,否则会造成"以讹传讹"的不良后果。我们要做的是,首先让学生感受到处理数据的必要性,然后根据处理后的数据一步一步地建立模型,将模型逐步趋向真实,并引导学生在模型和原型之间建立良好的认知通道,以便把对模型的观察、分析得到的信息推导到原型上。学生正是在这样的科学实践中逐渐感悟到:八大行星在空间上的分布是十分不均匀的,而且它们的大小差异很大,相比整个太阳系的空间而言,八大行星又显得十分渺小。

经历这样的活动,不仅让学生在头脑中形成了对太阳系清晰、正确的印象,更重要的是培养了学生的空间想象力和理解力,这对他们形成有关宇宙空间概念大有裨益。

诚然,如何用好教材设计教学也是一个见仁见智的过程。除了本课所呈现的教学流程之外,也有教师另辟蹊径从行星的大小切入,要求学生到操场上按缩小500亿倍的距离摆放缩小20亿倍赤道直径的模型(按比例缩小的小球),并给每个行星模型一个"锦囊"。以地球为例,"锦囊"中的内容这样表述:"我是缩小了20亿倍的地球模型,现在的赤道直径大约是0.64厘米。根据操场上这个模型的比例,行星间的距离缩小了500亿倍,所以我也应该缩小500亿倍,约为0.026厘米。亲爱的同学们,你还能找到我吗?"

同课异构,殊途同归,以上两种"太阳系"教学设计都堪称建模教学中的典范之作。

教学关键问题3-8　案例示范

教学关键问题 3-9　如何用评价促进学生的科学学习？

教学关键问题分析

教学评价是依据教学目标对教学过程及结果进行价值判断，并为教学决策服务的活动。"教育评价之父"泰勒在《课程与教学的基本原理》指出，评价的过程，实质上是判定课程与教学计划在多大程度上实际实现教育目标的过程。然而，由于教育目标本质上是描述人的行为的变化，即目标的用意在于使学生的行为类型产生某些期望的变化，因而，评价就是判定这些行为实际发生的过程。《义务教育小学科学课程标准》也提出，通过学习评价确保课程实施的质量，促进学生科学素养的发展。也就是说，评价结果要为教育教学的改进服务，重在促进教师的教学发展和学生科学素养的发展。就小学科学教育而言，激发学生对科学的兴趣，促进学生的有意义学习，要比追求知识的完整性和系统性更重要。

对学生的科学学习进行评价的方式主要有两种：一是学生在课程学习过程中的学习情况的评价，包括课前、课中、课后针对学生的学情及学习表现所进行的评价活动，称为过程性评价；二是学生在学习进行到一个阶段之后，针对学习效果进行检查的评价活动，称为终结性评价。

但是在现实的评价实践中仍然存在一些问题，需要引起大家的关注。

一是过程性评价缺少实施机制。一般来说，过程性评价包括学情诊断，学习过程中教师对学生的评价和学生的自评、互评。很多时候教师对自己的回答和评价思考不多，过于随便或不够缜密，从而造成对学生学习过程的评价不够深入。有时候教师的评价并不能正确引导学生朝着核心问题推进，从而也造成一堂课下来，学生所学、所想、所研究的内容不够全面和深刻。也有很多教师希望用量化评价，遗憾的是，目前我们还找不到一份比较科学有效的"小学生科学学习评价量表"。过程性评价量表难以出炉的关键在于评价学生的科学学习水平不是用几个数字就能概括全面的，很多隐性的指标只能采用质性评价，质性的模糊评价难以操作。

二是终结性评价手段机械、单一。目前对学生学习的评价中，仍然过多地依赖纸笔测验。虽然这种评价手段能基本反映出学生对科学概念的理解，但很难客观反映出学生在科学探究、科学态度等方面的情况。另外，传统的测验考查的重点大多是记忆、理解、简单应用等较低层次的学习目标，较少顾及综合、分析、评价等较高层次的学习目标。

教学关键问题解决

一、过程性评价重点落实在课堂中

现代学习和教学理论强调学生的学习是一个自主建构的过程,教师的作用在于通过与学生的互动来促进和帮助学生的学习。这就要求教师在教学过程中通过多种形式的评价了解学生的学习情况,帮助学生建构自己的知识。通常,学习过程评价方式有教师评价和学生评价。

1. 教师评价

在科学课堂上,教师对学生学习情况的评价往往是即时的,更多地反映在课堂上教师对学生提出问题并对学生的回答做出反馈。当一个探究问题被提出时,实际上教师已经开始了对学生认知基础的评价,再根据了解的情况做出追问,开展观察、实验等活动,引导学生进行更深入的探究。当然在这样提问式的评价过程中,学生需要做出相应的回答,教师便即刻开展了相应的评价活动。这里的评价并不是告诉学生回答的对与错,而是逐步引导学生朝着探究的核心进行思考和研究。

另外,课堂上的教师评价还带有另一层含义,那就是教师对学生做出的相关行为会在第一时间,以最快速度最大限度地影响学生探究活动的开展,因此作为教师一定要关注自己的课堂评价对学生的影响,关注相关评价的有效性与实际价值。评价重点要落实到学生对活动是否感兴趣,学生的思考过程是否合理,学生当前的水平与学习目标的差距,学生学习存在的困难等。课堂是一个生成的过程,教师不能用某一个模板上遍所有课堂,必须根据学生学情和课堂实际做出调整,因此这里的评价并不是固定的某些问题或题目,而是一个不断变化与更新的"题库"。教师需要根据课堂实际和学生学习状态从"题库"中选择相应的问题,再根据学生学习状况及时更新教学引导策略与方式,将评价做得更到位,使评价更有价值。

2. 学生评价

课堂上,让学生进行自我评价和开展相互评价已日趋成熟并被广泛使用。学生评价在一定意义上要优越于教师评价,因为在评价过程中,学生可以弥补当前已取得的成绩与目标之间的差距,矫正学生错误概念和过程的人不是教师,而是学生。通常可以把评价安排在小组活动后,让学生就实验计划的讨论或方案的实施开展自我评价和生生互评,让学生对学习保持强烈的动机和足够的努力,对学习的任务和目标有更清晰的认识,能更好地将各组的研究成果进行比较、整合和探讨。为最终获得大家都认可的结论打下基础。

班内评价亦具有相同的功能,从探究活动的各个环节来看,教师可以组织学生对提出的问题是否有研究价值展开评价,可以让学生对活动方案的设计展开评价,也可以让学生对实验操作过程展开评价,还可以对所得的实验结论是否正确做出辨析。

就评价的作用来看,评价并非纯粹意义上判断对与错、好与坏那么简单的,更多的时候它直接影响探究方向的把控和探究进程的推进。如果教师能全面了解科学课堂评价这两种方式的优缺点,更能科学选择时机介入,为探究目标的达成起到画龙点睛的作用,最终促进学生的各方面发展。

二、终结性评价关注学生科学素养的形成

终结性评价的重点是课程目标的达成度,评价内容应该围绕学生核心素养提升的发展目标。终结性评价的方法是多样的,如纸笔考试、表现式考试及档案袋记录,引导学生注重过程参与、自主发展;可以在一个学习阶段结束后,通过学习总结汇报的形式进行展示性评价,如采用口头表达、才艺展示、模拟表演、实验操作、实验探究报告、调查报告、作品展示、小论文、表演、特长认定等多种形式。

纸笔测试和探究能力考查是小学科学学科终结性评价常用的方法。

1. 纸笔测试

纸笔测试可以让学生了解自己的学习状态,为下一阶段的学习内容与学习方法的调整提供参考;也可以让教师了解学生的学习状态,同时对自己的教学行为做出分析和诊断,以便更好地改进教学。

命题是纸笔测试的基础性环节,也是核心环节。命题的质量和改革方向直接影响教师教学方式的改进和学生学习方式的转变。教师的命题创新能力在很大程度上与教师的课堂情境创设能力、质疑探究能力、任务驱动教学能力、指导学生探究能力密切相关,提高命题创新能力对提高教师的综合素质有积极作用。我们在进行纸笔测试时要注意以下几个方面。

(1)要提高试卷命题的质量。按照科学的命题程序,使试卷的结构和内容与学习目标相一致,注意命题内容的科学性和导向性:引导学生形成科学的思维习惯,引导学生重视科学探究的过程,引导学生树立正确的科学价值观,引导学生养成科学的生活习惯;注意命题内容的适合性:注重考查内容适合学生的生活背景,考查目标适合学生的学习层次,考查形式适合学生的心理水平;通过命题的科学性来提高试卷的效度和信度。

(2)可以借鉴PISA的命题思想,调整科学试卷的结构,尽量减少记忆层次的题目,增加理解、应用、分析、综合和评价等方面的内容。适当增加开放性、论证性、情景性的试题,扩大试卷对科学探究能力、科学态度等方面的评价范围。

(3)每次笔试后,教师必须认真做好分析,挖掘测试中的背景信息,为改进教师的教学方法和学生的学习行为服务。

2. 探究能力考查

探究能力考查以考查学生实验操作为主,以具体的实物操作和实物作品为最终呈现

方式,使学生在实验操作测试过程中,亲历常态下的不确定因素,这种以"解决实际问题的动手操作"为特征的测评方式,凸显了小学科学"观察和实验"的学科特征,也符合小学科学的课程要求。在进行实验考查时要注意以下几个方面。

(1)考查内容的选择。内容选择要具有基础性、经济性和便捷性。基础性是指选题要在当学期的学习内容体系中具有代表性;经济性是指以实验操作为主的探究能力考查要减少不必要的耗费;便捷性是指操作环节清楚,便于评价。

(2)考查时间的确定。可以安排在每学期期中或期末,教师要在开学初明确本学期需要培养学生的主要探究能力,以便在平时教学中落实。在期中或期末进行阶段性考查,以评价学生发展了哪些探究能力。

(3)考查操作的形式。考查分小组和个人两种方式进行,一般三、四年级以个人操作为主,五、六年级以小组合作为主。如果要做分析,可以用摄像记录,便于查证和反馈。

案例分析及教学建议

案例

科学探究能力评价

一、课程标准对探究能力评价的要求

《义务教育小学科学课程标准》提出了几条小学生科学探究能力的主要表现,例如,能否有依据地对所要探究的问题提出自己的猜想与假设;能否独立安排简单的探究计划;是否具有动手动脑实践探究的能力;能否利用观察、测量或其他手段获得有效可靠的数据资料;能否通过对数据资料的分析判断获得科学的结论;能否顺畅地表达自己的探究结果并与他人进行交流讨论。

二、评价的实施

以下是对小学三年级学生科学素养的测试,随机抽取三年级两个班的学生,主要考查学生的观察记录能力和解决简单科学问题的能力。其中,测试学生观察记录能力的内容为"观察描述液体的特点,测出液体多少"和"观察比较两片树叶的相同点和不同点",解决问题的内容为"观察蚂蚁时,发现蚂蚁的身体很小而且到处爬动,很难观察。你是怎么观察的呢?把好办法写下来或画下来"。

_____学年第一学期小学三年级学生科学素养测试题(一)

亲爱的同学,你好!科学是一门有趣的学科,也是一门需要大家认真钻研的学科。今天,你能带着自己的细心和钻研精神解决下面这些问题吗?

期待大家的精彩表现!

1. 观察描述液体的特点,测出液体多少。

(1) 观察你面前的液体,利用感官观察液体,你观察到什么?

(2) 借助空杯、滴管、报纸观察液体,你观察到什么?

(3) 把小组内的液体倒在一起,用工具测出液体的多少,记录下来。

2. 解决问题:观察蚂蚁时,发现蚂蚁的身体很小而且到处爬动,很难观察。你是怎么观察的呢?把好办法写下来或画下来。

【测试说明】

教师准备:2~3组材料。每组材料包括:4杯酱油或醋(总量为200~250 mL,分成4杯)、4个空杯(形状不限)、4支滴管(若不够,每组1支)、4张报纸(每张手掌大小就行)、1块毛巾、1个量筒(或量杯)。在第一次2~3组学生实验操作后,教师马上清洗器材,更换部分材料。

组长工作:每个学生一张记录单,要求独立完成观察记录活动,测完全部收起。如果学生提出感官是什么,教师作解答并记录下来。填写好测试记录表,请另一位调测教师也签好名。

_____学年第一学期小学三年级学生科学素养测试题(二)

亲爱的同学,你好!科学是一门有趣的学科,也是一门需要大家认真钻研的学科。今天,你能带着自己的细心和钻研精神解决下面这些问题吗?

期待大家的精彩表现!

1. 观察比较两片树叶的相同点和不同点。

请把两片树叶贴在空白处,观察后在气泡图中填写它们的相同点和不同点。

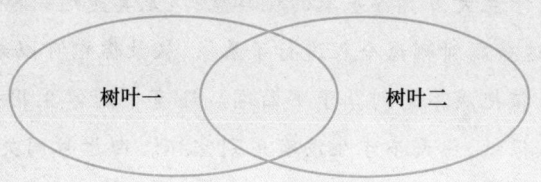

2. 解决问题:观察蚂蚁时,发现蚂蚁的身体很小而且到处爬动,很难观察。你是怎么观察的呢?把好办法写下来或画下来。

【测试说明】

教师准备:同一种树的两片叶子,其中一片落叶、一片新鲜叶,尽量保证叶子的完整性。每组1卷透明胶,4把小剪刀,4把尺子。

组长工作:全班同时做,每个学生一张记录单,要求独立完成观察记录活动,测完全部收起。

三、评价分析

【测试题】观察描述液体的特点,测出液体多少。

这一题提供给学生观察的液体是白醋、红醋或酱油,在测试时分成了以下三部分内容。

1. 利用感官,观察液体

判断标准:通过看,观察到液体的颜色、透明情况,占据空间,会流动;通过闻,了解液体的气味(味道);通过摸,感受到液体的温度、黏度;通过掂,感受液体有重量,无固定形状。

2. 利用滴管、空杯、报纸观察液体的特征

判断标准:会流动,无固定形状;用滴管将液滴滴在报纸上,液体会被报纸吸收、会散开、会渗开。

3. 把液体倒进量筒中,测出液体多少

判断标准:能正确使用量筒,测量时眼睛与液体凹面处相平。

从测试情况来看,学生大多具备基本的观察能力,尤其是运用感官,会看、摸、掂等,这一部分得分率较高。这一题对测试全程进行了录像,从录像中可以看出,学生还没有掌握正确闻的方法,大多直接把液体拿到鼻子下面闻。还有个别学生用手蘸液体品尝。借助工具学生使用了滴管、报纸,但大多学生没有用到空杯。由于时间关系,"测量液体多少"这一项测试大多完成不了。

本次测试还要求学生把观察到的情况记录下来,总体来说,学生审题、记录的能力比较弱,容易出现以下错误。

(1) 描述性错误较多。如描述报纸的吸水性代替液体的特性,要求观察的是液体的特点,却描述报纸的特点,大多学生写成报纸把水吸进去了;还把白色和无色混为一谈。

(2) 用记忆中的知识代替观察的实物,直接把要观察的液体说成是"水"。而实验用的是醋。

(3) 用想象代替观察。例如,有学生记录"观察到液体会被压缩"。

【测试题】观察比较两片树叶的相同点和不同点。

这一题提供给学生同一种植物的两片叶子,其中一片是落叶,一片是新鲜叶。要求学生观察后把两片叶子贴好,并把相同点和不同点记录在图中。

1. 观察比较不同点

判断标准:比较两片树叶的颜色、水分、粗糙程度、软硬程度等不同之处。

2. 观察两片树叶的相同点

判断标准:有叶片、叶柄和叶脉,叶的边缘相同等。

学生容易出现以下错误。

(1) 观察、记录不完整。部分同学只观察了树叶的颜色,以及是新叶还是枯叶,观察方法比较单一。

(2) 描述时概念不清。有学生会把叶子、叶脉描述成茎、脉。

(3) 不理解填图的方法,没有一一对应描述,例如,新叶第一点描述形状,而枯叶第一点描述颜色。

【测试题】观察蚂蚁时,发现蚂蚁的身体很小而且到处爬动,很难观察。你是怎么观察的呢?把好办法写下来或画下来。

这一题旨在考查学生有没有真正仔细观察蚂蚁,是否知道观察动物与植物的方法有

区别，学生会不会运用正确方法观察活动的小动物。

这一题最能测试学生的探究能力，测试中会发现学生之间的差距很大，有的能够按照要求，写出多种设计方法，比如用昆虫盒、水围住等，除了用文字，还会画图表述。部分学生把本题理解为画蚂蚁的身体结构，因此没有根据实际题目来回答。

学科学一定要运用科学方法，动手动脑，亲历探究。教会学生观察的方法，既包括利用感官观察，又包括借助工具观察，而且要求学生会运用观察方法，会记录观察到的现象。

四、评述与建议

1. 教师要树立观察意识

科学课是由一个个观察、研究、认识周围事物和周围环境的探究活动组成的。学习科学，就是要参加、经历一个个的观察、研究、认识活动。没有观察，就没有"研究"，更没有"认识"。"观察"对于小学生科学学习的重要性可见一斑。具体来说，科学观察是科学研究过程中借以获得经验知识的重要手段，它是人们在自然发生的条件下，通过自身感官或借助科学仪器，有目的、有计划地对研究对象进行记载、测定或摄影，以了解其变化过程的方法。它在本质上是一种感性直观活动。观察的四个环节包括观察目的的确定、观察对象的选择、观察过程的展开、观察结果的陈述。

2. 教学中要经常运用正确的观察方法

怎样才是正确的观察方法呢？第一，观察前要做好充分的准备工作，比如准备好观察工具和必备的记录工具。第二，要集中注意力，不放弃任何偶然的目标，不轻易放过那些你觉得毫无关系的现象。只有经过长期训练，才能形成一丝不苟的科学习惯。第三，要反复观察，找出实验阐述的某种现象的原因，透过现象看本质。第四，最重要的一步就是要做好观察后的总结，对观察到的现象和记录的数据进行认真的分析，以便形成概念，建立规律。

同时，教师应明确观察方法并不是孤立的，如果只用一种观察方法贯穿一次观察的全过程，就不可能观察得全面、细致。只有用多层次、多角度的观察方法，围绕观察目的进行观察，才能真正把握事物或现象之间的联系和变化。

3. 重视观察过程中的评价

评价是一门艺术，在科学教学中正确的评价对学生科学素养的形成有促进作用。小学科学课中的观察并非要求学生像科学家那样，必须有重大发现。在观察学习的过程中，教师要引导学生通过对某一事物或现象的观察，知道观察的方法，提高观察的兴趣，养成科学观察的习惯。

在课堂，学生的回答不论正确与否，教师都应及时做出评价，一个赞赏的眼神、一个表扬的手势、一句鼓励的话都能对学生产生巨大的影响，提高学生学习的积极性。通过评选"创意之星""小小科学家"等活动使学生更加踊跃地参与。在科学课堂上，由于经常需要学生亲自动手，课堂有时会过于活跃，这时教师可以适时表扬班里纪律好的学生，避免课堂过于活跃。无论采取什么样的评价，都应利于学生科学素养的形成和发展，将评价贯穿科学教学的全过程,实现全面"提高学生科学素养"的宗旨。

总之,科学教师要在不断实践总结中完善自己,根据小学生的心理特点,设计确实可行的观察教学。在教学中,让学生经历观察的过程,更重要的是让学生在观察中发现、在观察中思考、在观察中体验科学探究的乐趣。教师要在了解小学生观察活动局限性的基础上,保证观察的有效性和科学性。

教学关键问题 3-9　案例示范

教学关键问题 3-10　如何设计兴趣小组或社团活动的课程？

教学关键问题分析

我们要落实立德树人的根本任务，更好地帮助每一位学生实现全面而有个性的发展，仅靠传统的科学课堂教学是不够的。《义务教育小学科学课程标准》指出，不要把学生束缚在教室、实验室这些狭小的空间里，不要把上下课铃声当作教学的起点和终点。我们只有打破以往学习空间和时间的狭隘界定，立足于保护和培养每一位学生的学习兴趣，充分调动每一位学生的学习积极性，开发和培育每一位学生的学习潜能和特长，让每一位学生愉快学习、幸福成长，才能真正实现学生的差异化和个性化发展。在小学阶段，通过开设"五彩缤纷"的科学兴趣小组或社团活动课程，让学生自主选择、自愿参与、自由发展，无疑是一个强有力的抓手。学生只有在"五彩缤纷"的科学兴趣小组或社团活动课程的实践参与中，才能拓宽兴趣渠道，找到自己的兴趣所在，学习自己喜欢的课程，钻研感兴趣的项目，正如科学家探索科学的历程那样，这样的科学学习更凸显科学的特质，促进学生获得长足的发展。

我们发现当前学校的科学兴趣小组或社团活动课程往往处于"零敲碎打"的阶段，主要存在以下短板。

第一，缺乏课程的系统规划。

兴趣小组或社团活动课程建设是一项系统工程，规划架构课程体系格外重要，它包括课程上位目标的思考、课程全套体系的架构、课程基本元素的设计等。

从学校层面来说，目前学校领导更多关注的是学科质量，而非课程建设，很多兴趣小组或社团活动，有其形、缺其魂，在实施中缺乏系统的规划与统领，导致"管理断层"。

从教师层面来说，诸多教师还缺乏系统设计和实施课程的能力，常常是为了应付兴趣小组或社团活动的要求而临时抱"佛脚"，随意找些学习内容凑数。教师只考虑上什么内容、怎么上，而忽略要走向哪里，没有明确的课程目标导向，没有预先的逻辑内容设计，直接造成兴趣小组或社团活动学习内容松散，教学实施好像是"蜻蜓点水"，走到哪里算哪里。

第二，缺乏课程的策略支撑。

兴趣小组或社团活动课程较传统的课堂教学内容更加丰富、形式更加多样。如果教师按照"一问一答"的方式，或是纯粹的"实验研讨"模式来组织教学，已经无法满足有效提升学生科学素养的要求。每个学生都有自己的兴趣点和好奇心，某个主题或许是他的兴趣点,但也有可能不是他的"菜",造成学生感到"喜欢"就投入,感到"无味"就旁观。我们要培养的是全面发展的学生,在兴趣小组或社团活动课程中实施学科学习方式的跨界融合,正是实现这一目标的有效途径。

兴趣小组或社团活动课程需要多样化的策略来支撑学生的学习,实现教师从"业余"管理者到"专业"指导者的转变,学生从"自发喜欢"到"自主探究"的转变。

第三,缺乏课程的评价跟进。

很多科学教师感到平时教学任务重,没有时间进行过程性评价;有的教师上完一节课就画一个"句号",没有任何学习过程和学习效果的评价;有的教师虽然有评价,但是也只停留在轻描淡写地加分、加星等外在形式上,对学生的学习成果没有进行充分展示、实质评析和及时反馈。长此以往,这样的课程容易造成学生学习懒散、积极性降低、学科素养发展缓慢的不良后果。

 教学关键问题解决

兴趣小组或社团活动课程的开设是为了增加学生学习的选择性,促进学生在全面发展的基础上拥有个性特长。因此在设计课程时,要点、面、体兼顾。点是指一个个零散的科学活动分布,面是指一条条逻辑线索铺成的活动领域,体是指一门门鲜活的课程架构。兴趣小组或社团活动课程设计事实上就是串点成线、连线成面、构面成体的过程。在设计课程时,我们要考虑以下几个方面。

一、立足素养提升,确定课程目标

2016年9月,《中国学生发展核心素养》发布,以培养"全面发展的人"为核心,分为文化基础、自主发展、社会参与三个方面,综合表现为人文底蕴、科学精神、学会学习、健康生活、责任担当、实践创新六大素养,具体细化为国家认同等十八个基本要点。对科学教育而言,主要承载着提高学生科学素养的重任,《义务教育小学科学课程标准》提出:科学素养是指了解必要的科学技术知识及其对社会与个人的影响,知道基本的科学方法,认识科学本质,树立科学思想,崇尚科学精神,并具备一定的运用它们处理实际问题、参与公共事务的能力。

小学科学兴趣小组或社团活动首先要立足素养提升确定课程目标,目标的确定必须指向现代社会对学生科学素养提升的新要求,以及对学生持续发展的价值意义。每门课程既要有总目标统领,又要有分课时目标设定,其中课程总目标可以分为远期目标、中期目标和近期目标,分课时目标着力从"科学知识""科学探究""科学态度""科学、技术、社会与环境"四个方面进行定位。课程目标的确定是为了防止兴趣小组或社团活动课程的随意性,使教师有"法"可依,学生有"向"可寻。

二、依据优势资源,架构内容体系

1. 充分挖掘课程资源

一切对课程和教学有用的物质和人力统称为课程资源。在设计兴趣小组和社团活动课程时,我们与其白手起家,不如充分挖掘现有资源,在资源重组中开拓新思路。

思路一:地域特色。教师可以根据不同的地域特色开发兴趣小组或社团活动课程。例如,有的校园内有大面积的闲置场地,可以开垦为植物种植基地、动物饲养基地,在此基础上开发"小农夫俱乐部"课程;有的校园附近有地质公园或遗址,可以开发"地质探险"课程;有的校园位于著名的生态旅游地,可以开发"旅途中的科学"课程等。因地制宜,用足用好现成的地域资源是开发课程的首选。

思路二:学生需求。不同的学生有不同的兴趣爱好、不同的认知水平,依据学生个性差异来开发兴趣小组或社团活动课程,因材施教。例如,有的学生喜欢对花鸟鱼虫等生命现象的观察,有的学生热衷对声光热电等物理现象的探索,有的学生专注对浩瀚宇宙的美好憧憬等,兴趣小组或社团活动课程正是在"百花齐放"的基础上实现学生的"百家争鸣",使学生在广阔天地中各取所需。

思路三:教师特长。每位科学教师都有自己的兴趣爱好或是一技之长,在设计课程时教师要充分施展自己的"拳头产品",把精深的专业知识转化成浅显的科学活动,一位教师带着一群有共同爱好的学生行走在路上,这是一场师生共同成长的历程。

思路四:学校传统。很多学校在办学过程中都有自己的传统特色,教师可以在学校传统特色项目的基础上添加科学元素,以此转化为兴趣小组或社团活动课程。例如,有的学校长期开展模型竞赛,不妨把模型竞赛的宝贵经验加以整理,开发一套"模型创作"课程;有的学校长期开展科技节活动,可以把科技节的系列活动梳理成一套"科普宣传"课程等。

2. 分类创编课程内容

有了优势资源的支撑,兴趣小组或社团活动课程就可以向多元化、纵深处迈进,依托现有教材内容进行拓宽拓深,在课程设计时要注意分门别类地创编,推荐以下几种视角。

(1)趣味实验课程。实验是科学学习的精髓,在兴趣小组或社团活动课程中引入大量生动有趣的拓展性实验,无疑会激发学生的兴趣。趣味实验可以是主题系列化,例如"玩转空气"课程、"玩转材料"课程、"玩转水"课程等;可以是物品拓展型,例如"岩石大发现"课程、"电子工程师"课程等。学生通过亲自参与有挑战性的趣味实验,做中学、玩中思。

(2)社会实践课程。科学与生活是紧密相关的,使学生了解社会,运用科学技术改造社会并服务我们的生活,是小学科学的目标之一。在兴趣小组或社团活动课程中引入社会问题,让学生在亲身经历中学以致用,提升解决问题的能力。例如"寻访河流"课程、"变废为宝"课程、"隧道探秘"课程等。

（3）种植饲养课程。种植和饲养生物是学生接触自然万物，感受生命的有效途径，在现行教材中，种凤仙花、养蚕宝宝、养金鱼等活动无法在课内完成，我们可以把此类活动纳入兴趣小组或社团活动课程，在种植、饲养体验中初步形成人与自然和谐相处的意识，产生珍爱生命、善待生命的情感。

（4）科学思维课程。学科学、用科学，这两者之间的纽带就是学生的科学思维。培养思维需要借助一定的内容载体来实现，我们可以在兴趣小组或社团活动课程中开设诸如"头脑奥林匹克"课程、"创新思维"课程等，有阶梯、有层次地训练思维。

（5）模型训练课程。模型训练课程包括空模、车模、船模、电子百拼等，多种多样的动手动脑项目通过系统性规划也可以成为一门课程。

3. 完整表述课程体系

实施兴趣小组或社团活动课程，我们必须有"本"可依，"本"就是课程体系，一般包括课程名称、课程目标、课程内容、课程实施和课程评价五个方面。这五个方面都要进行完整表述，理清为什么教、教什么、怎么教、教得怎么样。

课程名称要新颖有趣，能吸引学生的眼球，说明学什么；课程目标要具体明确，说明学生要通过什么行为达到什么目标；课程内容要适切丰富、有结构，说明需要用什么来做学习载体；课程实施要条理清晰，说明采用什么方法；课程评价要合理多元，能判断学生的学习效果。

三、坚持以生为本，谋划实施策略

设计兴趣小组或社团活动课程的初衷是增加学生的选择权，促进学生全面而有个性地发展。因此，在设计课程时，我们要以生为本来谋划实施策略。以"三五范式"运作模式为例，让学生经历基础、攀岩、提升三个阶段，每个阶段遵循"组建小组—菜单选择—编审方案—活动实施—成果展示"五步运作模式，如图3-10-1所示。

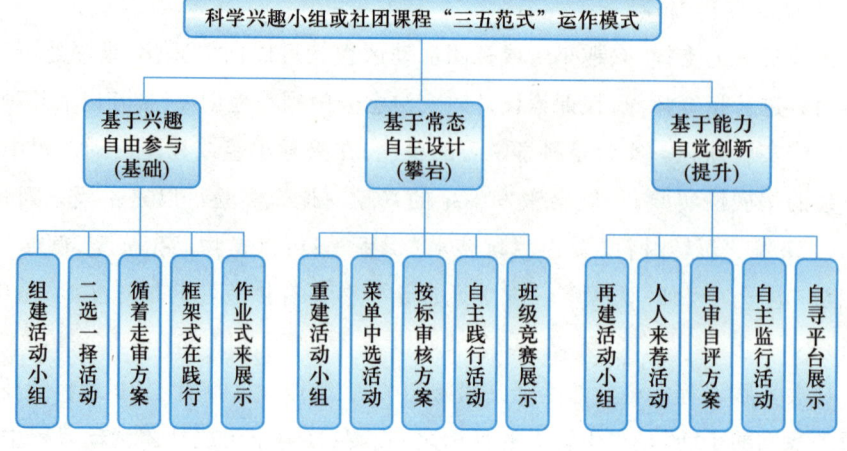

图 3-10-1

1. 基于兴趣,自由参与——紧抓基础点

成功的教学所需要的不是强制,而是激发学生的兴趣。兴趣小组或社团活动课程的选择权在于学生,学生根据自己的兴趣爱好自由选择,化内需为动力,借课程促学习。这是教师规定"动作"的基础学习阶段,课程内容全面开放,面向全体学生。

2. 基于常态,自主设计——寻找攀岩点

兴趣小组或社团活动课程设计采用菜单组合式,允许学生自由选择某个课程,对于此课程中的项目学生可以自己"选菜拼盘"。这是师生共商"动作"的攀岩摸索阶段,课程形式灵活多变,面向部分学生。

3. 基于能力,自觉创新——实现提升点

为促进个别学生更加深入持久地科学学习,兴趣小组或社团活动课程的项目也可以考虑学生自荐与教师推荐相结合,不同能力的学生学习不同的课程项目,从操作层面向创新层面递进。这是学生舒展"动作"的提升创新阶段,课程分层递进,面向学有余力的学生。

四、携手各方力量,促进多元评价

兴趣小组或社团活动课程的评价不是为了辨别优劣,而是为了激励和促进学生的发展。评价的标准是学生是否形成了一种学习力,收获了一种快乐感,获得了一种发展能。因此兴趣小组或社团活动课程评价千万不能只由教师从单一维度用分值呈现,应该由多方人员从多维度用质性评估。多方人员包括教师、同伴、家长、社会人员等,诸多力量要携手拧成一股劲儿,共同参与课程学习过程,共同评价课程学习成效。多元评价包括主体多元、内容多维、方式多样等。

在兴趣小组或社团活动课程评价中,我们尤其要重视以科学为主要着力点,实现多学科的跨界融合、多素养的综合提升。

案例分析及教学建议

案例

"电子工程师"课程

一、"电子工程师"课程的设计理念

"电子工程师"课程是以教育科学出版社《科学》四年级下册"电"单元的内容为基础,围绕常见的电子元件进行的兴趣小组课程。为什么要开设这一课程呢?

1. 电子工程技术在社会发展中应用广泛

如今电子产品已经成为人们生产、生活不可或缺的物品。"电子工程师"课程可以补充科学教材在电子方面的不足,引导学生由干电池、小灯泡等跨入认识电子产品的大门。

2. 电子工程内容在学生发展中意义非凡

(1)电子工程内容契合学生的兴趣。会发光、发声的事物很容易引起学生的兴趣,"电子工程师"课程在会发光、发亮的基础上,加入其他电子元件,极大地激发了学生进一步学习和探究的兴趣。

(2)"电子工程师"课程可以有效克服学生的认知困难,促进学生科学概念的理解。学生对"电"的内容存在很大的认知困难。首先电较为抽象,小学生以形象思维为主,难以理解很多电现象,需要给予再次澄清概念的机会。其次教材内容多且都是递进式的结构,学习进程快,学生来不及理解、内化就进入更高层级内容的学习,导致越学越困难。"电子工程师"课程设置了很多并列式的内容,给学生更多的机会,更长的时间去理解、内化,为下一阶段的学习打下坚实的基础。

(3)"电子工程师"课程可以满足学生个体体验的需求。学生对科学的理解是建立在充分的个体体验基础上的,"电子工程师"课程可以弥补学生在科学课堂中的体验不足,满足他们的体验需求。

二、"电子工程师"课程的设计关键

"电子工程师"课程是一门基于小学科学教材开发的,融入 STEM 理念的科学兴趣课程,目的是促进学生全面而有个性的发展。课程的设计主要有以下几个关键点。

1. 基于教材内容设计课程内容

"电子工程师"课程是基于教材内容的兴趣小组课程,这使得课程接地气、有人气。科学教材是全国专家精心编写的,并且经过了 10 多年的使用,是成熟而又完善的课程,基于这样的课程设计"电子工程师"课程,会使课程具有内在逻辑性,容易形成课程框架。

科学教材"电"单元的内容,一共 8 课时,主要分为四个方面的内容,如图 3-10-2 所示。

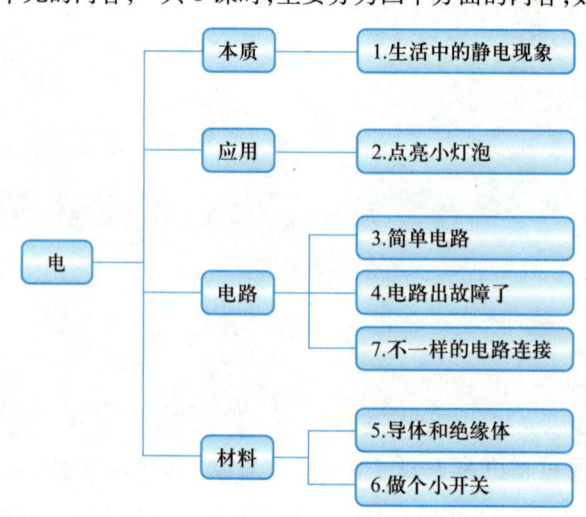

图 3-10-2

自编的"电子工程师"课程,共 12 课时,具体内容如表 3-10-1 所示。

表 3-10-1

课时	内容	课时	内容
第 1 课时	电子拍档	第 7 课时	火眼金睛
第 2 课时	会发光的"魔杖"	第 8 课时	灯光画
第 3 课时	信号灯	第 9 课时	导电神器
第 4 课时	魔戒	第 10 课时	创意盘
第 5 课时	电子谱	第 11 课时	可调灯
第 6 课时	光塑像	第 12 课时	魔盒

电路是本单元的重点，其实也是难点，因此"电子工程师"课程内容把电路内容也作为教学重点，按"简单电路—复杂电路—电路图"的流程与教材相契合。

2. 基于学生实际设计课程结构

从学生"电"单元的学习情况来看，他们抽象思维发展有限，对电的相关知识学习比较困难，相关概念建立、内化困难。基于这样的实际情况，"电子工程师"课程确立了"小步缓慢递进"的课程结构宗旨，具体结构如图 3-10-3 所示。

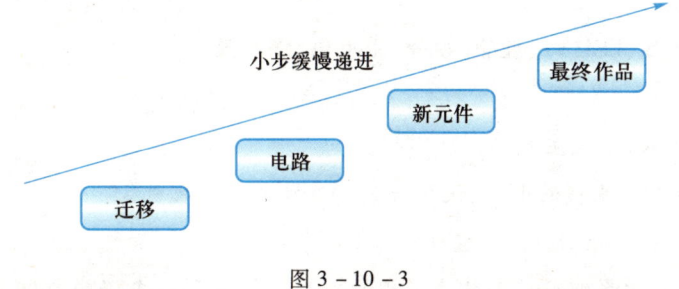

图 3-10-3

3. 切实融入 STEM 理念

STEM 是科学、工程、技术和数学的综合课程，它旨在提升学生的综合素养，促进学生的全面发展。为什么要融入 STEM 理念呢？首先，STEM 课程希望学生能成为可持续发展的人，与围绕核心素养进行教育的目标是一致的。其次，STEM 课程与科学课程有不少相同点，STEM 理念在小学学科中的落地，科学学科是最好的载体。

三、教学设计

会发光的"魔杖"

本课属于自编的"电子工程师"课程中的一节课。"电子工程师"课程是在四年级学生学习"电"单元之后，围绕着二极管等全新器材而建构起来的兴趣小组课程。本课在单元结构中属于第 2 课，第 1 课是引导学生认识发光二极管和纽扣电池这两个电子元件的特点，而后续几节课则是对二极管等简单电子元件的深入研究和应用。整个单元在运用电学知识的基础上，依托新器材的引入，应用 STEM 理念，坚持"一课一作品"的特色，引导学生在动手做和动脑想的实践过程中实现个性化发展。

就本课设计意图来说，表面上是引导学生应用电学知识，制作完成一根会发光的"魔杖";而深层次的意图是通过"魔杖"的制作,引导学生了解到产品制作的基本过程是:设计—制作—评价—改进,并且这个过程是不断循环往复的(这也是整个单元的核心目标),最终指向课程标准中"技术与工程"领域的相关理念。

【教学目标】

(一) 科学知识

电流从正极流出,经过发光二极管流回负极,发光二极管会发亮。

(二) 科学探究

运用电学相关知识,亲历"魔杖"的设计、制作、评价、改进等环节,了解产品制作的基本过程。

(三) 科学态度

意识到设计是开展工程制作的关键,体验工程设计的过程。

【教学重难点】

重点:设计并制作会发光的"魔杖"。

难点:设计会发光的"魔杖"。

【学习材料】

纽扣电池、导线、LED灯、吸管、胶带、指甲钳、绕线器。

【教学过程】

(一) 情境导入,聚焦主题

1. 教师出示哈利波特的图片,说说哈利·波特的神奇之处。

2. 揭示本课主题:会发光的"魔杖"。

【设计意图:以学生们熟悉而又感兴趣的哈利·波特引出本课的教学内容,可以极大地调动学生的学习兴趣,有利于学生集中注意力。】

(二) 明确主题,了解流程

1. 课件呈现项目主题:两人合作完成一个会发光的棒式作品。

【设计意图:以文字呈现一个明确而又相对开放的主题,便于学生明确主题,发挥创造性。】

2. 通过实物与课件相结合,学生认识材料,并说说它们在这个作品中可以用来做什么。

纽扣电池:电源;发光二极管:发光;导线:连接电路;胶带:粘接;吸管:作品框架。

3. 明确了要求,具备了材料,可以动手做了吗?应该先做什么?

4. 设计和制作一个作品,通常要经历以下几个步骤(教师边讲解边板书),如图3-10-4所示。其中最重要的环节就是"设计"。

【设计意图:学生认识材料及其用途,为接下来进行作品设计铺垫,在此基础上学生开展设计才是真正的、有意义的设计。教师边讲解边板书,把工程设计的基本步骤呈现在黑板上,让学生对工程设计的过程加深印象,并为后续学生的参与、体验提供指引。】

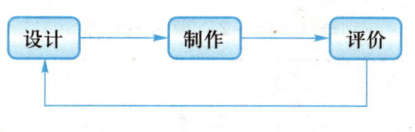

图 3 – 10 – 4

(三) 体验设计,绘制"魔杖"

1. 结合 PPT 介绍设计的基本要求,如图 3 – 10 – 5 所示。

设计:

1. "魔杖"的结构图,标出各部分的长、宽等数据。

2. 特殊要求用文字标注。

提示:要让别人清楚地知道作品的结构和特点。

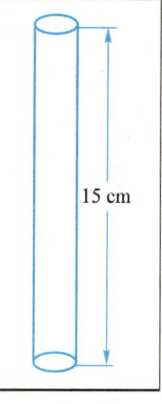

图 3 – 10 – 5

2. 思考:在"魔杖"的设计环节,我们需要考虑哪些问题?

根据学生的回答,随机板书在设计环节,然后整体出现重点问题。

(1) 导线长度怎么确定?

(2) 导线与 LED 灯先连接好再装入吸管,还是先装入再连接?

(3) 纽扣电池怎样固定呢?

(4) 吸管是否要处理?

……

3. 学生开始设计。

4. 交流设计情况,分析存在的问题并改进。

【设计意图:在学生第一次接触设计时,教师有必要明确告诉他们一些基本的要求和方法等,这样才能使设计更有效。设计之后进行全班交流、评价,可以发现学生设计中的共性问题,减少制作的障碍。】

(四) 团队合作,制作"魔杖"

1. 制作要求介绍。

(1) 选择一份设计图,制作"魔杖"。

(2) 完成后进行试验,检验其是否达到项目要求。

(3) 完成项目作品后,填写项目贡献表(表 3 – 10 – 2)。

(4) 整理。

表 3-10-2 项目贡献表

参与者				
贡献度				

【设计意图:项目贡献表的使用,是希望学生能真正开展合作,关注自己在合作中的价值,关注他人在合作中的作用,渗透社会价值观念。】

2. 学生利用材料,两人合作制作。

【设计意图:独立设计,合作制作,在整个课堂中学生既有个体体验,又有合作体验。个体努力,团队合作,是促进学生可持续发展的两个必不可少的方面,是学生核心素养的重要组成部分。】

(五)交流评价,展示"魔杖"

1. 各小组派代表集体展示自己的作品。

2. 学生选择需要特别呈现的作品,结合设计图一起交流展示。

在展示过程中复习电流知识,评价小组合作情况,鼓励创新及个性化。

【设计意图:通过作品展示,让学生感受成功的喜悦。设计图与作品一起展示,可以呈现学生在制作过程中的改进与思考,让学生进一步体会工程设计的基本步骤。】

(六)发现不足,实现延伸

1. 这样的"魔杖",你觉得还有哪些地方需要改进?

2. 根据学生回答延伸到下节课的内容。

【设计意图:"还有哪些地方需要改进?"一方面引发学生的科学思考,另一方面为下节课的学习做铺垫。】

四、评述与建议

学生利用材料,亲历"魔杖"的设计、制作、评价、改进等环节,完成了会发光的棒式作品的制作。本课教学很好地将 STEM 理念融入科学兴趣课之中,是一节典型的 STEM 科学兴趣课。

第一,本课具有浓厚的科学课特性。本课的教学基础是教育科学出版社《科学》四年级下册"电"单元的相关知识,具有明显的基于科学教材延伸的特点。同时,在整个课堂中,学生有科学探究、有科学思辨,充满了浓郁的科学气息,是一堂典型的科学课。

第二,本课包涵了主要的 STEM 理念。本课包含了科学、工程、技术、数学四个要素,以工程设计为主导,让学生在哈利·波特的魔杖这一情境中进行独立设计,开展集体评议,小组合作制作,最终完成了各具特色的会发光的"魔杖"。学科的有效融合、工程设计的主导、学生的主动实践、结果的多样开放等 STEM 理念在本课得到了充分的体现,是一堂典型的"落地"有效的 STEM 课。

对于一堂融入 STEM 理念的科学兴趣课,在教学中有以下建议。

1. 突出工程技术地位,提升学生工程技术能力

一堂融入 STEM 理念的科学兴趣课,要努力践行 STEM 理念,突出技术与工程,而不是突出科学地位。首先,由于本课是学生第一次接触工程,是"一课一作品"特色体现的第一节课,一定要把技术与工程放在突出位置。其次,在学校课程中,技术与工程领域则很少有机会涉及,即使有也是隐含在其他学科之中。学生需要各方面的协同发展,兴趣小组课应在技术与工程方面弥补这方面的缺失。

2. 保证人手一套材料,增加学生个体体验

兴趣小组课是学生自主选择的课,他们是基于个体浓厚的兴趣而来的,它区别于常规的科学课堂,组织活动时要多关注个体活动。活动材料的准备要保证人手一套,人人动手,人人体验。把学生在科学课堂中缺乏的个体体验机会,在兴趣课中加以弥补,以保持他们对"电子工程师"课程的学习兴趣。

教师在实施 STEM 科学兴趣课时,不能脱离科学的基础,不能把它上成劳技课,但是也不要过分强调科学本位,把它上成科学课。这就需要教师恰当处理,把握好其中的度,促进学生全面而有个性地发展。

教学关键问题 3—10　案例示范

教学关键问题 3-11　如何实施简约而有效的课堂教学？

教学关键问题分析

在平时的课堂教学中，教师常会遇到教学时间不够用的情况，尤其是组织自主探究活动的课。如果按时下课，教学任务就完不成；如果要完成教学任务，势必要拖课，或者蜻蜓点水般一带而过，感觉什么都做了，又都没做到位。

出现拖课的原因之一是活动前指导过多过细，占用时间过多。教师总觉得不把要求讲清楚、讲具体，学生就不知道怎么做。可事实上，教师要求得越多越细，学生在动手时就会按部就班地去执行，思维的主动参与就会越少。学生在观察时，也会因过分关注教师强调的内容而忽略要求之外的其他发现，原本是自主探究活动变成了在教师指令下的操作活动。

出现拖课的原因之二是活动项目过多，无法在有限的时间内完成。在一堂课中，我们能够做的事情是很有限的。有些教材内容，在一课时中安排了几个探究活动，如果教师照着教材依葫芦画瓢逐一开展，时间肯定是不够用的。

出现拖课的原因之三是活动环节过多。一个完整的探究活动包括提出问题、提出假设、设计实验、交流计划、观察实验、汇报交流、得出结论、总结运用八个步骤。许多教师认为，开展探究式教学就要把每个步骤完整地经历一遍，而这样做的结果往往就是时间不够用。

教学关键问题解决

如何实施简约而有效的课堂教学呢？我们建议教师转变教学观念，倡导以"学"为中心，采用"导入活动—主要活动—交流研讨—总结运用"的教学模式开展探究式学习。精减教学步骤，将有限的时间用在主要活动和交流研讨上。

一、导入活动简洁明了

导入活动通常 3~5 分钟，主要解决好两个问题，一是清楚"做什么"，二是思考"怎么做"。

清楚"做什么"就是引导学生完成主要探究问题的聚焦。教师创设教学情境，在较短的时间里，引导学生发现问题、提出问题，形成核心问题，从而完成主要探究问题的聚焦。

对小学生而言,一个核心问题就是一节课,问题的切入口要比较小,适合小学生进行研究。如果一节课含有几个探究活动,那么教师要对教材活动进行整合,围绕教学目标形成一个核心活动。

明白"怎么做"就是指导学生清楚接下来要进行的主要活动。通常来说,低中年级学生因缺乏探究经验,教师的指导会相对细致一些;五六年级学生已经具有一定的探究经历,教师的指导不宜过多。指导的形式有多种方式,比如语言指导、温馨提示、材料呈现与回收、记录表指导、发任务单等方式。指导不仅要让学生清楚怎么做,而且还要把一个个小的探究活动整合成一个完整的较长时间的探究活动。

要在3~5分钟的时间里解决好这两个问题,难度是比较大的,建议教师在备课时,不断提醒自己"我只有3~5分钟的时间,我该讲什么,怎么讲?我该做什么,怎么做?"将导入活动控制在较短的时间里,可以为后面学生的主要活动和交流研讨预留充足的时间,既达到课堂简约而有效的目的,又达到"以学生为中心"的目的。

二、主要活动持久深入

主要活动的目的是让学生通过亲身参与的观察、操作和记录,发现实验现象,获得相关证据,得出初步结论,为接下去的交流研讨做好充分的准备。这是一个以学生自主探究为主体的、时间相对比较长的活动。

持久,就是学生的活动时间要有保障。通常一个主要活动要安排15~20分钟,在这段时间里,教师尽量不要打断学生的探究进程。

深入,就是要让学生的活动有价值,每个学生都要参与活动并有所发现、有所收获。在主要活动阶段,教师要尽可能做到几点:一是呈现的材料要有较好的结构性,要有利于学生进行一个较长时间的探究活动,并且活动材料要充足,要让每一位学生都有机会亲自动手进行实验探究,而不是作为观众参与活动。二是尽量让每一位学生都进行记录。记录不仅是收集证据的过程,而且从另一个侧面督促每位学生认真参与实验过程,记录自己独特的发现。三是每位学生都应基于自己获得的证据形成自己的初步结论。在此基础之上,学生再进行小组内交流,达成共识。

要做到学生的主要活动持久深入,教师在备课时必须从学生"学的角度"来设计学生的活动进程,即学生主要学习活动的设计。只有设计好学生的主要活动,学生才有可能在主要活动中有自己的发现,为接下来的交流研讨做好准备。

三、交流研讨求同存异

求同,就是在交流研讨的过程中形成一致的认识。如果说主要活动环节是学生通过自主探究获取证据形成自己结论的过程,那么交流研讨环节就是全班同学呈现自己的证据,在接受或质疑他人的证据、结论的过程中,逐渐完善和修正自己结论的过程,形成全班同学一致认可的解释或结论,是和主要活动同等重要的环节。这个环节通常要完成两部分内容,一是小组观点呈现,包括小组成员观察到的现象、获得的数据、小组的解释;二是在小组观点呈现时或呈现后,各小组之间进行质疑、解答、补充,逐步达成共识。

存异,就是允许学生提出不同的看法。教师不要代替学生匆忙下结论,尽可能让学生自己去解释、质疑、解决他们观点上的分歧。质疑过程往往会催生出更有价值的需要进一步研究的问题和想法。此时,教师可以根据情况决定是否需要增加补充实验。为了师生、生生互动的需要,交流研讨环节一般应安排10~15分钟。

四、总结运用巩固发展

巩固,就是帮助学生理清在本节课的学习收获。可以让学生静静思考半分钟,通过这一节课的探究研讨,总结自己最大的学习收获是什么。

发展,就是尽可能地把学生在课堂中的学习和学生的生活联系起来,让学生明白生活处处有科学,科学和生活密切相关,把课堂中形成的浓厚的探究兴趣、方法、思维和技能运用到生活探究之中。

总结运用环节一般根据学生探究主题和交流研讨情况安排3~5分钟。

简约的课堂不是简单的课堂,而是高效的课堂。其背后的思想内涵,体现了以生为本的思想,关注学生如何学习。我们的课堂往往过多考虑的是教师怎么教,而忽略学生怎么学。因此,我们应该充分考虑学生的学习时间和活动空间,力求让学生有充裕的自主学习机会进行探究活动。简约的课堂,更要有以生为本的教学理念和高超的教学手段与之配合,才能达到理想的教学效果。

案例分析及教学建议

案例

电磁铁转动的秘密

一、学生学习活动设计是促进简约而有效的课堂教学的前提

简约而有效的课堂的主体应该是学生,科学课的教学应该是以"学"为主,而不是以"教"为主。因此,学生学习活动的设计成为促进学生学习科学的前提。

"电磁铁转动的秘密"一课中学习活动的设计有以下三个。

活动一:对电动机模型的观察与电磁铁的检测。这个活动是师生共同参与的活动,目的是初步认识电动机的构造,提出中间的转子是电磁铁的假设,并用检测的方法证实。同时,这个活动为下一步学生自主探究为什么模型一通电,转子就连续不停地转动进行任务驱动。

活动二：探究并解释电磁铁持续转动的原因。这是本课的主要活动，是学生自主探究的活动。学生在活动中逐渐认识到：电磁铁在转一圈的过程中磁极是会发生变化的，变化是有规律的，磁极的变化是由于电流方向的改变；由于电磁铁磁极的变化，电磁铁和两边磁铁的磁极相互作用（相吸和相斥），使电磁铁持续不停地转动下去。这个认识，是学生在自主活动中不断观察、检测、记录、解释和组内交流的过程中形成的。

活动三：交流研讨。章鼎儿老师在《走向探究的科学课》这本书中说："交流研讨是学生探究活动后的信息处理与加工，是一个共享与分析、整理主要活动中获得的信息，包括整理各种发现、想法、问题的过程。从某种意义上说，前面的主要活动是为交流研讨做准备的。"因此，本课的交流研讨活动设计，让学生充分地表达他们在观察与检测中的发现，利用电动机模型和记录表充分地把他们的发现与解释表述清楚，分三步进行：一是交流电磁铁磁极的变化，让学生在展示台上检测模型和交流记录表；二是交流电磁铁磁极变化的原因——电流方向；三是聚焦认识轴上的两个铜片——换向器。通过交流学生认识到：电磁铁在转动的过程中不断地改变磁极；磁极的改变是由于电磁铁的电流方向改变；换向器是改变电磁铁电流方向的关键装置。

从学生的角度来设计学习活动，无疑把课堂探究的时间和空间都还给了学生，学生在自主探究与交流的课堂中，才能学得更有效。对教师而言，这样的课堂无疑也是简约的。

二、简约的课堂应能促进学生的思维发展

学生在探究活动中，要经历"提出问题—猜想与假设—制订计划与设计实验—进行实验和收集证据—分析论证和解释"的过程。这个过程应该是学生思维发展的过程，而且是学生自主发展的过程。

在"电磁铁转动的秘密"一课中，学生检测了中间的电磁铁通电后有南北两极，与两边的磁铁相作用，由于异性磁极相吸而转动。当电磁铁由垂直位置转到水平位置时，由于异性磁极相吸，电磁铁应该是不动的，然而实际看到的情况是电磁铁持续不停地转动，此时激发学生的思考：为什么会持续转下去？学生提出自己的假设：可能是电磁铁磁极发生了改变，由异性相吸变成了同性相斥。这个假设需要通过检测去证实，并且以证实的检测来解释持续转动的原因。在接下来的一系列观察、检测、记录、解释和组内交流活动，就是学生自主探究和思维的发展过程，而且是学生自主发展的过程。

简约的小学科学课堂，不是教师教给学生多少科学知识的课，而是在教师的引领之下，通过有目标指向的学生学习活动，让学生经历和体验一般的科学探究过程，经过同伴之间的交流和引发新的思考，让学生真正体验到科学探究活动的乐趣，从而培养学生实事求是的科学质疑精神和实证的思想。

三、教学设计

电磁铁转动的秘密

【知识点来源】

教育科学出版社《科学》六年级下册"能量"单元第5课"神奇的小电动机"。

【教学目标】

1. 观察电动机模型装置，猜测转子是电磁铁并证实，知道电磁铁的转动是由于磁极的相互作用。(100%学生知道)

2. 用指南针检测磁极的方法检测转子在转动一周的过程中磁极的变化，认识到转子连续转动是由于磁极的变化造成的。(90%学生知道)

3. 通过装置再次观察，认识到由于换向器的作用，改变了电流的方向，造成电磁铁磁极的连续改变。(80%学生知道)

4. 在交流过程中把意思表达清楚，善于倾听和质疑，懂得要用证据来证明自己的观点。(100%学生清楚)

【教学重难点】

重点：解释电磁铁为什么会转动。

难点：理解换向器的作用。

【学习材料】

每个小组2节干电池，2块磁铁，1个指南针，1个电动机模型，1个小开关，导线3根，记录纸1张。

【教学过程】

(一) 观察装置，提出问题

1. 投影展示电动机模型并提示：打开开关，把中间的转子拨到垂直位置，合上开关，放开手，看看能看到什么现象？看到后，断开开关，你有什么问题产生？

预设：为什么会转起来？(师：今天我们就来研究这个问题。)

2. 怎么研究这个问题？

预设：仔细观察。(师：我们的研究就是从仔细观察开始的。)

3. 在不通电的情况下，给你半分钟的时间观察，你有什么发现？

预设：两边有两块磁铁，中间是一个电磁铁。(师：两块磁铁是怎么摆放的？)

教师演示：中间的转子拨到中间，放手；再拨到中间，再放手，为什么会始终到水平这个位置就不动了？

4. 你认为中间是电磁铁，怎么去检测证实它？

预设：用指南针去靠近它。(师：你怎么想的？)

检测时，为了防止旁边的磁铁对检测产生干扰，要把磁铁拿下来。请大家用指南针检测一下中间的转子是不是电磁铁？

5. 黑板上出示模型：两边是两块磁铁，中间是一个电磁铁，通电后它产生了南、北两极(在模型上贴N、S)，它会怎么运动？(学生上台演示)转到水平位置时，还能在继续转下去吗？为什么？我们刚才看到的现象是什么？猜猜看，是什么原因让它继续转下去的？

【设计意图：一是观察的指导，让学生能够对电动机模型装置进行细致的观察，对观察到的现象做出初步的假设，并用实验证实自己的假设；二是快速聚焦研究问题，指向中

间的电磁铁为什么会持续转动,对学生进行深入观察与检测探究的任务驱动。】

(二)主题探究,证实猜测

1. 先不放上两边的磁铁,用指南针去检测中间的电磁铁,把检测结果记录下来,然后进一步思考,怎样解释中间的电磁铁一通电就转起来的问题。

2. 下发记录单,学生开始活动。

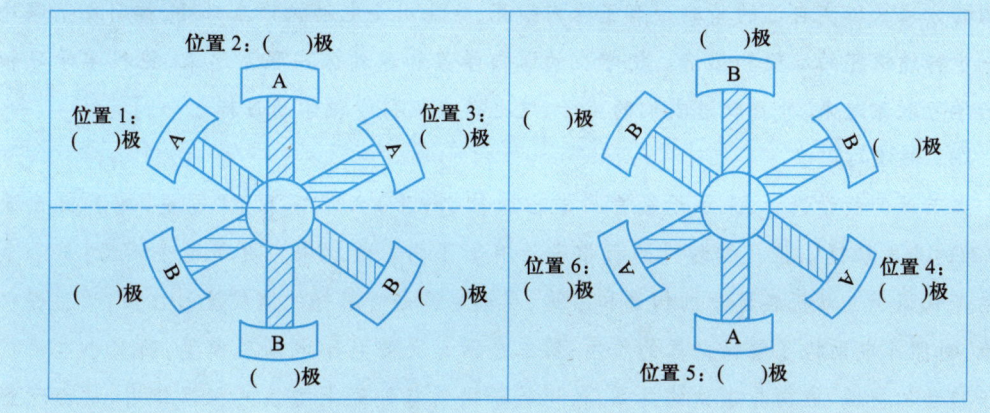

记　录　单

检测电磁铁的磁极

　　用指南针检测电磁铁在不同位置下的磁极,并记录下来。思考一下:磁极改变了吗?为什么磁极会发生变化?

【设计意图:一是让学生检测中间的电磁铁转一圈的过程,发现其南北极发生变化,而且变化是有规律的,寻找电磁铁南北极发生变化的原因。二是把中间电磁铁的南北极变化和两边磁铁磁极的相互作用相联系,解释中间的电磁铁一通电就持续转动的原因,这个解释是建立在学生检测实证的基础上的。】

(三)交流研讨,形成认知

1. 交流电磁铁的磁极变化

(1)学生在展示台上演示检测电动机模型中转子的磁极变化。

(2)展示记录单,解释电磁铁持续转动的原因。

(3)其他组的发现与补充。

2. 交流电流方向的改变引起电磁铁磁极的改变

(1)学生在展示台上用电动机模型演示交流电磁铁转一圈的过程中的电流方向。

(2)全班用1分钟时间观察电磁铁转一圈的过程中的电流方向。

3. 认识换向器

(1)哪一部分的装置实现了电磁铁电流方向的改变?

(2)根据它的作用取一个名字。

【设计意图:在交流研讨的过程中,让学生充分表达他们在观察与检测中的发现,利用电动机模型和记录表把他们的发现与解释充分地描述出来,使全班学生都认识到:电磁

铁在转动过程中不断地改变磁极;磁极的改变是由于电磁铁的电流方向在改变;换向器是改变电磁铁电流方向的关键装置。】

（四）活动小结，拓展认知

1. 揭题：我们今天研究了电磁铁转动的秘密（板书）。

2. 实际上，这个装置就是一个电动机模型，生活中的电动机一通电就能转起来，我们的这个装置还需要把转子拨到垂直的位置，你有办法改进它，不需要把它拨到特定位置就能使它转起来吗？（出示小电动机：回去拆开来观察，看它是怎么改进的。）

【设计意图：学生的课内研究是为了形成对问题的思考和学会研究方法。本节课，学生研究了二极电动机，知道了电动机转动的原理就是磁极之间的相互作用，更认识到要用检测的方法来证实自己的猜测。有了课内研究，学生对小电动机产生兴趣，就引发了课外进一步持续探究的欲望和热情。把学生的课内学习和课外探究联系起来，把科学学习和生活学习联系起来，并且改进我们的生活，这也是我们科学教学的目标之一。】

四、评述与建议

本节课的教学设计，来源于教育科学出版社《科学》六年级下册"能量"单元第5课"神奇的小电动机"，但又和教材的教学设计有所不同。教材中主要是两个活动：第一个活动是认识小电动机各部分的构造和名称，观察电流沿着怎样的路线流过线圈，通过资料阅读，对照小电动机了解换向器的作用；第二个活动是安装小电动机模型，研究小电动机转子转动的快慢、方向与磁铁的关系，认识转子磁铁与外壳上磁铁的相互作用，从而理解电动机的工作原理。

对学生来说，小电动机的研究是建立在电磁铁研究基础之上的。教材中的研究，虽然能使学生明显地看到磁铁与转子电磁铁之间的相互作用，认识到小电动机的转动源于磁与磁的相互作用，但是，由于小电动机太小，学生对换向器作用的认识，通过资料阅读的方式，难以观察和检测证实电流方向的改变引起转子电磁铁南北极的改变，后续的研究又是建立在这不被证实的基础之上，因此认知难度很大。本课的研究设计介于电磁铁和电动机之间。从电磁铁到电动机，要解决的关键问题是对换向器的认识和理解。本课的设计有以下优点。

一是降低了学生的观察难度。从电磁铁到三个电磁铁的小电动机，学生的观察和认识是有难度的。因此，本课的设计采用两个电磁铁的电动机模型来取代小电动机，且模型体积较大，便于学生观察和认识，便于学生检测和证实转子电磁铁南北极的改变。

二是强化了学生的实证意识。电动机中转子电磁铁电流方向的改变引起南北极的改变，以及电磁铁与外壳磁铁的相互作用，学生是通过现象去猜测和认识的，学生很难用检测的方法予以证实。本课中，学生不仅能很清楚地看到电流流经换向器和转子电磁铁的方向、路径，而且可以用指南针方便地检测到转子电磁铁南北极的改变，把不易观察的现象变为容易观察的现象，把假设变为证实，培养了学生的科学实证意识。

对于此部分内容的教学建议可以归纳为以下几点。

1. 设计学生的主要学习活动

简约的课堂是以学生活动认知和探究、交流为主的课堂,教师的作用体现在学生的学习活动设计和教学组织之中,因此,从学生学习的角度、思维认识发展的进程来设计学生的主要活动,变教师教(讲授)的过程为学生学(主动探究)的过程,是简约而有效的课堂的核心。

2. 注重学生实证意识的培养

科学学习很重要的一个精神就是实证意识的培养。基于实证,学生的认识才会更清楚,质疑和证据意识才会更强;基于实证,学生在观察中也会更仔细,测量也会更细致;基于证据提出的解释才会使学生更信服。

3. 加强学生的交流和研讨

交流和研讨是学生对前面的主要活动进行整理,提出各种发现、想法和问题的过程,是培养学生倾听习惯、质疑和反思精神的过程,是趋同认识、提升认知的过程,是学生在课堂中最主要的学习活动。因此,教师在课堂中要给足学生交流和研讨的时间,以师生、生生之间的交流和研讨,让学生的主要活动的成果最大化,让学生的科学探究学习、科学思维发展的成果最大化,让简约的课堂更有效。

教学关键问题 3-11　案例示范

教学关键问题 3-12　如何设计自制教学具促进教学？

教学关键问题分析

科学探究受到许多国家教育者的重视，例如，英国《国家科学课程标准》中的科学内容标准第一条就是"科学探究"。20世纪80年代，我国对小学科学教育进行了一系列的改革，强调"科学探究"。科学探究活动必须要有相应的活动材料做基础，好的活动材料才会产生好的结果，没有材料就无法进行探究。尽管现在很多小学的教育设备在逐步改善，但是现有的教学具所提供的材料是远远不够的，还是满足不了科学探究活动对教学具的需求。这就需要我们大力改进、开发出更多更好的教学具，从而促进小学科学教育的发展。如果自制教学具能够灵活应用于科学实验教学中，将会弥补教学设施的不足，促进小学生对科学知识的理解，进一步培养小学生的观察能力、动手能力、创新能力，激发小学生对科学探究的兴趣。

自制教学具，顾名思义，就是教师或学生利用简便易行的方法，就地取材，自己动手制作的能够满足实验教学目标的实验材料。根据研究对象不同，自制教学具的作用主要可以分为两方面：一方面是对教师的作用，另一方面是对学生的作用。对于科学教师而言，自制教学具是科学教师进行实验教学的辅助与补充。教学的顺利开展，需要满足实验要求的更精细化的学具。这就需要教师根据实际问题去制作相应的教学具，不但能帮助学生积极理解，而且能及时解决当前教学器材不足的问题。此外，自制教学具的研究也可以成为科学教师的科研项目，提高教师的职业技能，培养教师的职业情感。

对于学生而言，兴趣是最好的老师，兴趣能够激发学生的学习动机，促使他们主动学习，保持对科学探究活动的热情。生活中充满着各种各样丰富的科学知识，教师巧妙应用生活中的材料，就地取材，自制的教学具能够拉近学生学习科学与生活的距离，从而培养良好的学习习惯。当然，学生自己动手制作学具，也可以锻炼他们的动手操作能力，提高他们的创新能力。

教学关键问题解决

自制教学具不仅是对现有教学资源的一个补充，更是教师结合自身进行的一项创新，它有助于优化科学实验教学，提高课堂教学效率。小学科学教师应关注与探究实验器材相关的新科技产品，同时扩大实验材料的收集范围，尝试将其改造、整合、替换、精选等，自制出适合小学科学探究实验需要的教学具,从而提高科学探究实验教学的有效性。

一、改造实验装置,简化实验操作

在实验教学中,教师准备的教学具是为了让学生操作、观察和思考。因此,实验装置应该方便学生操作,让学生在简单的实验操作中节省时间、提高效率。

例如,做电和磁实验时,线圈里放指南针,线圈位置不好固定,而且指南针的固定也是一个问题,用手拿很难让指南针的指针停下来,这些增加了学生做这个实验的难度。可以设计一个支架让这个实验易于操作(图3-12-1)。

又如,"简单机械"单元的"斜面"一课,工具箱没有配套的器材,材料比较难找,学生带来的木板长短不一。用普通的木板实验,斜面角度也比较难控制。采用多角度斜面装置可以有效解决上述问题(图3-12-2)。

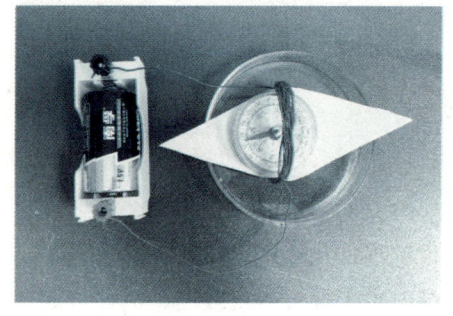

图3-12-1

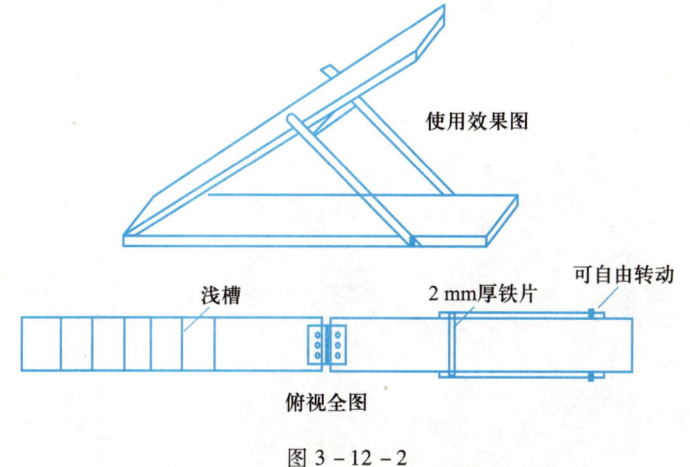

图3-12-2

二、整合实验装置,放大实验现象

课程标准指出,探究成为科学课的核心,在小学科学课堂中处处都是探究活动。但是在很多情况下,学生在探究活动中并没有观察到什么,在实验结束后脑袋里还是一片空白。自制教学具的开发可以从整合实验装置入手。

例如,教育科学出版社《科学》五年级下册第二单元第5课"金属热胀冷缩吗"中第二个活动"观察钢条的热胀冷缩"的实验装置(图3-12-3)。使用这个实验装置除了实验时间比较长外,实验时很难观察到实验效果。把钢的热胀冷缩这种肉眼难以观察到的细微变化转换成电信号,当钢条受热膨胀伸长后,电路闭合,小灯泡发光;当钢条受冷缩短后,电路断开,小灯泡熄灭。这个装置通过电灯来显示金属条的热胀冷缩(图3-12-4),使学生很容易就能观察并理解。

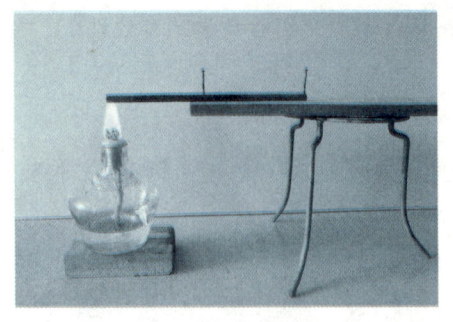 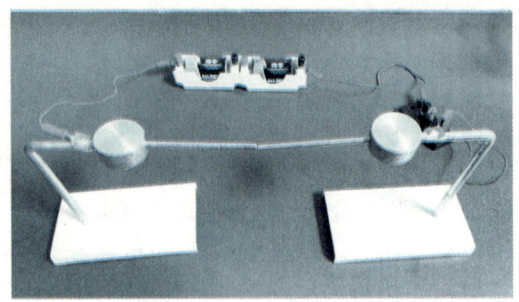

图 3-12-3　　　　　　　　　图 3-12-4

又如，教育科学出版社《科学》五年级下册第三单元第 3 课"用水测量时间"中第二个活动"滴漏实验"的实验装置。即使学生使用滴管滴加或直接倒水的方式进行补水操作，也很难维持水位稳定，测得的数据缺乏说服力。学生在观察活动之后，能回答古代的人是怎样保持水钟里的水以固定的速度往下流这一问题吗？显然这是很牵强的，因为学生通过实验，只能看到水位高时水流速度快，水位低时水流速度慢。根据这一现象来推测要让水流速度保持稳定，必须要让水位保持不变，却始终不能进行实际的操作体验，来控制水匀速滴下。因此，滴漏实验的最终目的未能有效达成。针对以上缺陷，我们对实验装置进行了改进（图 3-12-5）。

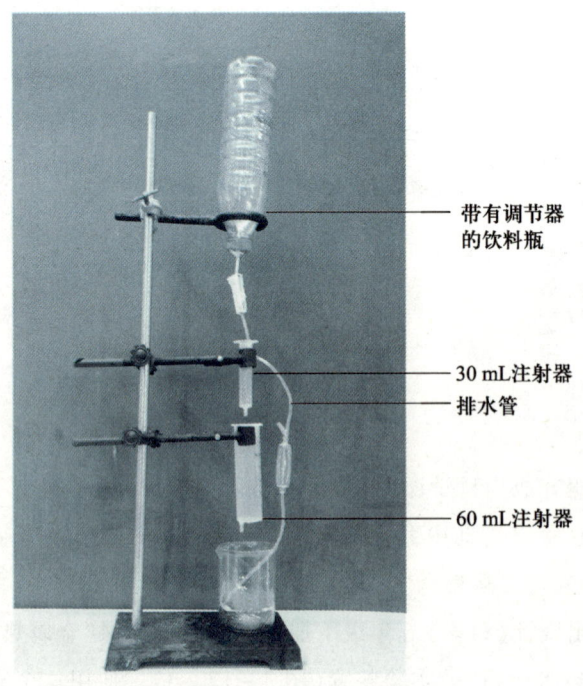

图 3-12-5

（1）增加"补水操作"装置，充分理解水钟计时原理。

（2）增加调速器，使学生方便补水操作，以稳定漏水注射器中的水位。

让学生在调速过程中感受水钟在工作时,进水口、出水口、滴水口三者之间存在的水流速度关系。

将滴漏实验装置进行改造后,实验现象更明显、本质更突出,学生操作更简便、思维更开阔。

三、升级实验装置,提高数据精度

科技的发展推动了人类文明的进程,科技改变世界,也改变了我们的生活。《义务教育小学科学课程标准》在课程内容上增加了技术与工程领域的内容,在课程目标部分新增了"科学、技术、社会与环境目标",提到科学技术与日常生活的联系,明确指出学生要了解科学技术对人类生活方式和思维方式的影响。科技在日新月异的发展,小学科学教学也应该充分应用现代科技,使测得的数据误差比较小,测得的实验数据更精准,最终使实验结论更科学。

例如,教育科学出版社《科学》五年级上册第二单元第6课"怎样得到更多的光和热"中"物体的颜色与吸热"的实验装置(图3－12－6),直接将纸袋放在地上会受到地面温度的影响;温度计读数不方便、误差比较大。这两点会导致实验测得的数据出现较大偏差。教师对实验装置进行改进,自制教学具如图3－12－7所示。

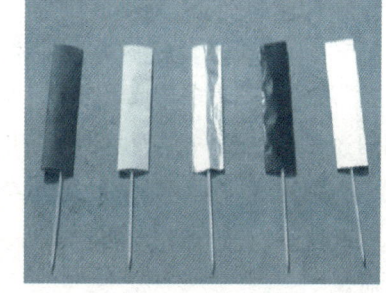

图3－12－6

(1)温度传感器代替普通温度计。它有配套的专用软件、数据采集器、数据线和USB连接线。

(2)浴霸专用灯泡代替太阳。它的温度和光照都比较充足。用灯泡代替太阳可以在室内进行实验,上课不受天气因素的影响。

(3)塑料盆起到保护眼睛的作用。不管学生从上面观察还是从侧面观察,都可以起到保护的作用。塑料棚下面放一个三脚架留出一定的缝隙。这一条缝隙就是学生观察的小窗口,满足学生的好奇心。

(4)将各种不同颜色的纸张放入带盖的瓶子,代替不同颜色的纸对折做成的纸袋。温度计可以插入瓶子,而且连接得比较紧密。

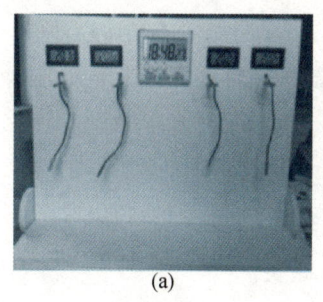 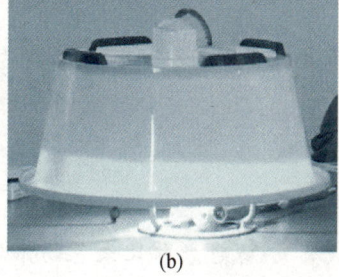 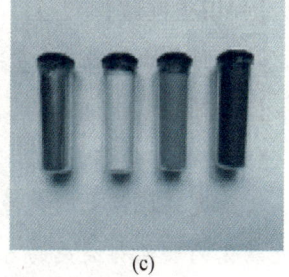

(a)　　　　　　　　(b)　　　　　　　　(c)

图3－12－7　自制教学具

总之,教师要依据教学目标及现有的实验材料,研发自制教学具,将科学实验的教学价值最大限度地发挥出来,进一步激发学生的探究热情,引导学生用教学具经历活动,用活动带动思维,用思维改善活动,使探究活动层层推进、有序进行。这样的科学课堂才能使学生的思维发展更有效,使课堂教学更高效,教学具也彰显出更大的价值。

案例分析及教学建议

案例

怎样得到更多的光和热

一、从教材和学情出发审视探究活动的价值

"怎样得到更多的光和热"一课内容紧接着上一课的内容,研究怎样才能得到更多太阳的光和热。上一课学生知道了用多面镜子把光投射到一点,以及用凹面镜和凸透镜都可以会聚光线。本课是从物体本身的属性,以及物体受阳光照射的角度来进行探究的。本课教材分为两个部分,第一部分是"物体的颜色与吸热",第二部分是"阳光直射、斜射与吸热"。

对于"物体的颜色与吸热"这部分内容,大部分的学生知道颜色较深的物体吸热本领强,但究竟强多少,与浅色物体比较相差多少,学生可能没有具体的概念。本课要让学生利用自制教具"数显式温度比较仪"进行探究。

对于"阳光直射、斜射与吸热"这部分内容,学生的前概念存在较大争议,有的认为阳光垂直照射时物体吸热快,也有学生认为斜射时物体吸热快。因此,我们需要测量精确、操作简单的学具来突破教学难点。

经历这样的活动,学生不仅对物体吸热形成清晰、正确的印象,而且对怎样更加有效地利用太阳能,也在头脑中有了明确的方向。

二、教学设计

怎样得到更多的光和热

【知识点来源】

教育科学出版社《科学》五年级上册"光"单元第6课"怎样得到更多的光和热"。

【教学目标】

(一)科学知识

太阳是地球最大的光源和热源。

物体的颜色与吸热的本领有关,深色物体比浅色物体吸热快。

阳光照射角度与物体的吸热本领有关,阳光垂直照射比倾斜照射物体吸热快。

（二）科学探究

1. 使用数显式温度比较仪探究物体的颜色与吸热本领的关系。

2. 使用数显式温度比较仪探究物体吸热与阳光直射、斜射的关系。

（三）科学态度

在实验中能严格按照实验要求进行操作,实事求是地记录观察实验。

（四）科学、技术、社会与环境

认同科技的发展能促使人们更好地利用自然资源和自然规律的观点。

【教学过程】

（一）导入

太阳是地球最大的光源和热源,人类只利用了太阳能量的很少一部分,还有大部分的光和热没有被充分利用。同学们除了知道利用凹面镜和凸透镜能会聚阳光外,还知道有什么其他的办法能得到太阳更多的光和热呢？它们存在于生活的哪些方面？（学生自由发表意见。）

（二）探究物体的颜色与吸热的关系

1. 提出问题

夏天我们穿黑颜色的衣服,在太阳下晒着为什么会感觉特别热？

这是因为物体的颜色与吸热有关吗？你还能举出例子吗？（学生回答并举例。）

2. 认识学具"数显式温度比较仪"并设计实验

刚才大家举例说明物体的颜色与吸热是有关系的,但有的同学仍然认为它们之间没有关系。现在请同学们通过小组合作、合理分工动手来做一个不同颜色纸的吸热试验,证明颜色与吸热是否真的有关系。（请学生自学课本上的要求。）

3. 对比实验的注意事项与实验步骤

除了纸的颜色,其他条件如摆放的地点、方式、时间等尽量保持一致。

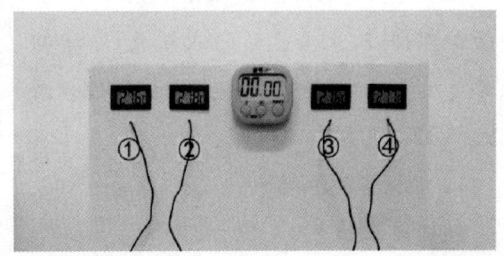

图 3-12-8

4. 学生实验并记录

学生实验使用教师自制的教具"数显式温度比较仪"（图 3-12-8）测试,将白色、浅蓝、紫色和黑色四种不同颜色的纸对折成纸袋并分别插上温度计探头,并记录实验数据,填写表 3-12-1。

表 3-12-1 物体的颜色与吸热本领记录表(单位:℃)

纸袋颜色	初始温度	2分钟	4分钟	6分钟	8分钟	10分钟
白色	23.3	29	30.2	30.5	31.1	31.3
浅蓝色	23.3	29	30.4	30.8	31.3	31.6
紫色	23.3	30.2	32.1	32.9	33.7	34.1
黑色	23.3	31.4	33.8	35.1	36.3	36.6

5. 分析数据,得出结论

结论:深色比浅色升温快。刚开始温度上升得快,后来逐渐减慢,最后温度不再上升。

【设计意图:采用数显式温度比较仪,持续十分钟测量物体颜色与吸热本领的探究活动,要比使用普通玻璃棒温度计读数更简便、数据更直观,温度测得的数据可以精确到0.1℃,减少了因温度计的差别造成的误差,同时避免了每次读数时因为温度计刻度被纸袋遮挡而需要将温度计拿出来读数的困扰。】

(三)探究物体吸热与受阳光直射、斜射的关系

1. 提出问题

在阳光下水平放置、直立放置,以及与阳光垂直放置的物体,哪个升温更快?

2. 动手做一做

做实验进行对比,哪种情况升温更快?

3. 对比实验的注意事项

把三个同样的黑色纸袋分别按水平、和地面垂直、与阳光垂直的方式摆放,除了摆放时角度不同外,其他条件应尽量保持一致(图3-12-9)。

4. 学生实验并记录

数据记录如表3-12-2所示。

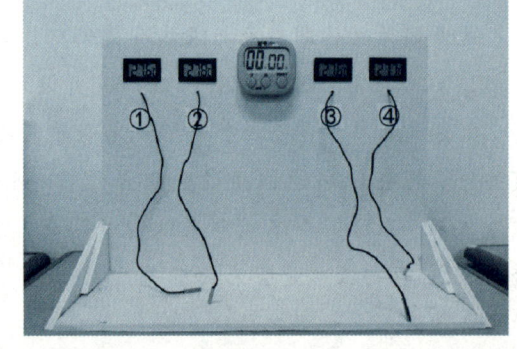

图 3-12-9

表 3-12-2 阳光直射、斜射与吸热本领记录表(单位:℃)

纸袋摆放情况	初始温度	2分钟	4分钟	6分钟	8分钟	10分钟
与地面水平	26.9	33.1	36.1	37.2	38.1	38.5
与地面垂直	26.9	33	35.5	36.2	37	36.1
与阳光垂直	26.9	35.9	39.6	40.2	40.2	41.1

5. 分析数据,得出结论

与阳光垂直角度摆放的纸袋升温最快,与地面垂直升温最慢。温度开始上升得快,后来上升得慢,最后不再上升。

教师总结学生的回答思路,启发学生通过生活经验来理解自然规律。如引导学生回忆清晨和中午哪个时间段阳光强。

【设计意图:对于阳光照射角度与吸热的这部分猜测,学生是有争议的,利用数显式温度比较仪,可以清晰地测出物体表面与阳光垂直照射时吸热最快,物体表面与地面垂直时吸热最慢。学生观察液晶屏上的数字变化,避免了玻璃温度计读数时因遮挡阳光造成的误差。】

三、评述与建议

本节课通过自制教具"数显式温度比较仪",进行"怎样得到更多的光和热"的两个探究活动,与传统实验室里的玻璃棒式温度计相比,数显式温度比较仪具有以下几点优势。

(1) 数据更加直观,读数更加方便、准确。

(2) 温度测量范围更广,从原先的 0 ℃ ~ 100 ℃ 拓宽到 −50 ℃ ~ 110 ℃。

(3) 测量数据更加精确,数显式温度比较仪精确到 0.1 ℃,液晶显示屏上的数字每 2 秒刷新一次,等到数字不再变化,显示的数值就是被测物体的温度。

(4) 它采用热敏电阻传感器,只要把不锈钢探头放入被测的物体中,不需要学生长时间手持温度计。探头有 1 米长的延长线,伸缩自如,使用方便。

(5) 操作更加简单方便,读数更加直观准确,嵌入式电子正倒计时器,解决了学生不能熟练使用秒表的问题,内置的提示音让学生不再错过数据记录。

(6) 计时器与温度计一体化的设计,便于教师做实验准备。

另外,此教具还可用于三年级下册"测量水的温度",连续十分钟测量自来水、温水、烫手的水和热水瓶里的热水等温度变化的探究活动;"冰融化了"持续 5 分钟测量冰块融化时的温度变化;"水结冰了"轻松测出零下温度。六年级上册第四单元"谁选择了他们"一课,用此教具研究"同一种生物,愈冷的地方个体就愈大,身体愈接近圆形"这一观点清晰明了。

教学关键问题 3-12 案例示范

教学关键问题 3-13　如何提高教师的教学实践能力？

教学关键问题分析

随着课程改革的不断推进，尤其是中国学生发展核心素养研究成果的正式发布，"核心素养"已经成为一个热点词。"核心素养"在教育实践中需要从三个方面落实，即"课程改革""教学实践""教育评价"。其中，"教学实践"又是落实核心素养的核心环节，它支配着教师的日常教学行为，需要教师具有良好的素质、较高的专业水平、丰富的实践经验来支撑。这也就意味着一线教师需要不断提高自己的教学实践能力，以保障核心素养更好地落实在教育教学中。

教学实践能力是教学主体将自己的教学行为与当时当地的教学情境相结合的知识与能力、素质与理念的综合体现，是理论知识与实践行为内化的过程，是能力与意识在教学活动中的具体反映。简而言之，教师教学实践能力，是指教师有目的、自觉地解决教学中实际问题的能力，是可以实现育人作用的能力。教师教学实践能力包括多方面的能力，就一线教师而言，主要具备的教学实践能力包括课程开发能力、教学设计能力、课堂教学能力、教学评价能力等。

随着课程改革的不断推进，"知识核心时代"将真正走向"核心素养时代"，教师要关注课程的价值，即从关注知识点的落实转向关注学生素养的养成，从关注"教什么"真正转向学生"如何学"和"学到了什么"。

一线教师在课程改革的浪潮中，课改意识已经不断增强，但随着"核心素养"的倡导与推进，很多一线教师明显感觉"力不从心"，往往是"心向素养，而行动上却不知道该如何落实与推进"。因此，一线教师需要不断提高自身的教学实践能力，才能将核心素养真正落实到教育教学中。

教学关键问题解决

教学实践能力的形成是理论知识与实践行为内化的过程，是意识与能力在教学活动中的具体反映。教师的教学实践能力支配着教师的日常教学行为，教师的教学实践能力可以通过教师自身教育教学实践、教师教育培训、各级比赛、教研活动来提高。

一、创设氛围,激发意识,提高教师课程开发能力

浙江省首次把义务教育课程分成基础性课程和拓展性课程两类,前者指国家和地方课程规定的统一学习内容,后者指学校提供给学生自主选择的学习内容。在这样的课程改革大背景下,自上而下积极开发课程的良好氛围能更好地激发一线教师课程开发的热情,促使教师创新设计与有效实施新课程,对基础性课程在培养学生核心素养方面进行补充。

如某校在区级"精品课程"评选活动中,积极参与,全力开发拓展课程"趣味科学",教师从课程理念、课程背景、课程目的、课程内容、课程实施、课程评价等各方面详细论述,并通过具体实践不断改进和完善。借助课程评选的契机,教师对课程开发有了更大的动力,也势必对课程开发的各个环节精益求精,这也必将提高教师的课程开发与实践能力,更好地发展学生科学素养。

二、转变理念,提升素养,提高教师教学设计能力

基于学生学情,如何更好地整合教学资源,开发出更符合当前课程改革与教育理念的教学设计,是一线教师开展课堂教学的重要前提。

(一)搭建理论框架,帮助教师提升教学设计

随着核心素养的大力倡导,教师的原有学科专业素养势必随之不断提升。尤其是教师的PCK(学科教学知识)需要不断更新与丰富,只有明确"应该教什么?怎样教?学生应该怎样学?"才能更好地适应当前教育改革趋势。

为此,教研室等研训部门应该开展课堂转型的各类教师培训,从理论角度构建更有利于教与学的教学设计新模式,帮助一线教师更好地把握课堂转型,提升教学设计能力,从而提升课堂效率。

(二)组织教案评比,鼓励教师创新教学设计

学校或教研室通过组织说课比赛、教案评比,督促教师通过比赛的平台,在亲身经历与体验中,不断完善自己的教学设计,提高教学设计能力。

例如,开展新教师关于实验教学的说课比赛,目的是促进新教师积极开展实验教学的探究和研究,鼓励新教师对实验方法和教学设计进行改进创新,在教学中为学生创设更加丰富、科学的实验情境,呈现直观清晰的实验现象,增强学生对科学知识的感性认识和探究性体验,培养学生的创新意识和创新精神,提高学生分析问题和解决问题的能力,提升实验教学的水平。类似这样的评比,是教师不断创新教学设计、提高教学设计能力的外在动力。

(三)开展课例研究,促使教师打磨教学设计

课例研究是揭示课堂教学改进背后的原因和变化,是为了解决教学实际问题,是改进教学的手段。教师团体一起开发课例,以备课、说课、上课、观课、议课等教学活动为研究内容。

课堂教学的飞跃和转变在于设计的转变。因此,经过多轮"设计—修改—反思—完善"的备课过程循环,可以让一线教师,尤其是青年教师有效提高教学设计能力。

以小学科学为例，通过课例研究，可以深化教师对"学为中心"教学理念的理解，更好地把握"核心问题引领下的探究性学习"的教学结构，加深对科学课程知识结构、科学方法、教学方法、科学教材的理解，使其在备课过程中，更加突出设计性，体现规范性和创新性，能针对教学实际问题，构想出解决问题的方案，变日常教案为教学设计，切实提高教学设计能力。

三、立足课堂，开展教研，提高教师课堂教学能力

课堂是教学的主阵地，课堂教学能力是教师实践能力的核心要素，是培养学生核心素养的关键环节。实践出真知，只有让一线教师真正参与到实践教学研究中，不断磨砺，才能成长。

（一）开展多样化的教研活动，帮助教师提高专业素养

教研员精心策划的区级及以上教研活动对一线科学教师具有示范引领作用，而且是最直接和最有效的。

1. 专题教研

在小学科学课中，分类是整理各种实验数据、科学资料的常用方法，但是，小学科学教材对分类、观察、推理等科学方法没有进行专门的指导和训练，因此，开展以"聚焦分类"为主题的小学科学课堂教学专题教研活动，可以为一线教师的教学指明方向，使教师就分类这一概念对各年级的目标、要求和操作有更加明确的认识。

2. "卷入式"教研

"卷入式"教研，即通过活动转变教师的教学观念，从"上课、讲座、测试"走向"参与式和体验性"的教研，从而提升教师的实践能力。如通过活动前问题引领，带着问题研讨，改变传统、单一的评课方式。从课前参研教师分组、自选观察主题到课后的观察报告、交流互动，改变以往活动中只参与、不动脑思考的教研，体现了新课程改革中科学课堂所提倡的分享观点的要求。

3. "下水"教研

所谓"下水"教研，即教研员走进课堂，与教师一起研究课例，研讨教育教学工作中的实践问题。教研员带头执教展示，这样的活动不仅可以展示新课改的发展方向，而且能够使教研员和一线教师对本学科的理解、想法进行深刻的分析、交流与探讨。"下水教研周"活动，不局限于上展示课的教师，而是通过交流、研讨汇集每位教师的想法，进一步提升一线教师的素养。

4. 网络教研

网络给教师创造了一个人人都能参与的平台，可以利用网络开展教研活动，在活动前教师就对教研活动有了解、有想法，带着问题参加教研活动，在活动后有反思、有提升，真正做到"一个都不能少"。

此外，学校教研组也要根据教研室整体安排，确定主题，制订计划，有效组织校级教研

活动的开展。

（二）深入挖掘课例研究活动,使教师在实践中成长

课例研究是理论与教学实践相结合的良好媒介,能促进教师对自己的教学实践进行反思,有利于教师不断提高自己的教学实践能力,改进教学行为。课例研究的核心活动是研究小组的各位教师共同致力于"研讨课",目的是展现教师课堂教学的过程,通过课堂教学的微格分析,提高教师的课堂教学实践能力。

1. "先承接,再提高"诊断活动

"先承接,再提高"是针对教师教学中存在的问题,教研员给教师提供各种示范课,发动教师展开讨论,明确解决问题的方法。先要求青年教师带着问题跟随教研员全程听课和参与完成课程教学全部环节,然后青年教师提出自己的改进意见,教研员从专业角度加以指导,使年轻教师能够在一个较高的台阶上起步,从而能够达到更好的培养效果。

2. "走出去,请进来"发展模式

充分借助外界力量,包括邀请各级教研人员、专家来指导青年教师的课堂教学,提升青年教师的教学水平。其中,"走出去"包括选派青年教师去校外听课、培训,"请进来"主要包括邀请校外特级教师、名师、骨干教师来学校讲学、指导。这些措施能够助推青年教师的快速成长。

（三）鼓励教师投身教育科研,反思课堂教学实践

当前,一线科学教师素养水平偏低,在教学实践中问题意识不强,缺乏教学反思和教育研究的能力,缺乏专业自主开发意识和专业进取精神。因此,教研室应该大力倡导教师开展课题研究,将课堂中出现的问题进行科学分析,并将课题研究成果在课堂教学中体现出来,让课题研究走进课堂、引领课堂创新、促进课堂改革、推广课堂经验。

开展教育科研,对教育实践经验进行总结,不仅为构建教育理论积累了丰富的题材,而且为一线教师提供了理论指导与实践操作的范例,是一线教师提供经验交流的有效平台。例如,尽管科学课程标准比较详细地阐述了相关概念和操作方法,但是一线科学教师在实践教学中,仍然会遇到各种各样的问题,不能迅速地把课程标准所倡导的教育理念应用到实践中。因此,一线科学教师只有踏实实践,不断反思教学中出现的问题和不足,积极开展课题研究,用教研促教学,才能有效提高自身的理论水平和实践能力。

四、创新评价,引领方向,提高教师教学评价能力

传统的书面测试的评价方法能够检测学生对知识的理解和掌握情况,但难以检测学生的综合技能,只以书面考试为手段的学科评价方法已经不能适应课程改革的发展。这就需要教研室牵头,以教研组为单位,组织开发评价新体系、新方法,引领教学评价新方向。

例如,在小学科学课程评价上,要以"科学素养和活动探究能力"为主要组成部分,关注学生科学探究精神与科学世界观、价值观的形成。因此,"操作性任务"评价形式应运而生。学生现场作业,教师通过现场观察、行为记录等定性评价方法,有重点地考查学生

的动手操作、科学探究和创新制作能力,全面评价学生科学素养的发展,从而进一步反馈出一线教师在教育教学中的实践操作,更进一步指导一线教师的教学实践。以"磁铁的两极"概念测试为例,下面是传统书面测试和实验操作测试的对比。

传统书面测试	实验操作测试
【判断题】磁铁有指示南北方向的作用。(　) 【填空题】磁铁具有同极____、异极____的性质。 【选择题】一块条形磁铁摔断成A和B,那么(　)的说法是正确的。 ① A是其中一个磁极:南极或北极 ② A和B都同时具有南极和北极 ③ 无法确定 【简答题】请你写出两种以上的方法,判断一块条形磁铁的磁极。	【材料】 一个没有标明南北极、有颜色区别的小磁针 一个可以支撑磁针转动的支架 一块较大的条形磁铁 两张小贴纸 【要求】 请利用已有材料,判断条形磁铁的南北极,并说明理由; 将磁极标注在贴纸上,贴到条形磁铁的相应位置。

实验操作测试不只是学生对知识概念的识记和回忆,也不只是以文字为主要方式的认知重现,它更加强调用实验操作的方式来展示和表达学生对知识、概念的理解,以及综合运用的能力,更加关注学生应用科学知识和概念解决实际问题的能力。操作性任务评价体系聚焦于新课程改革的理念,即培养学生的科学素养,同时进一步引领教师的课堂教学实践。

总之,在倡导与落实"核心素养"的推进过程中,一线教师的教育教学实践能力尤为重要,发展核心素养是未来课堂教育教学的风向标,教师教学实践能力的提高有助于发展学生的核心素养。因此,一线教师要有提高自身教学实践能力的意识和主动性,而各级各类研训部门和学校要从多角度、多途径激发教师内部动机,施加外部动力,促使教师教学实践能力不断提升,以保障"核心素养"在课堂教学中真正落实。

 案例分析

 案例

一次"卷入式"教研活动

传统的教研活动大都以说课、评课和专家理论讲授为主,再新颖的理论通过讲授的方式传授给教师,也容易令人感到枯燥乏味,这和学生上课其实是一样的。让学生在科学实践中发展科学素养,先要教师体验和发展教学实践能力。教师学会提问的最终目的是让学生学会提问。"卷入式"培训通过系统的准备,让全体参训教师参与其中。

一、问题引领,全体卷入

提高教师的教学设计能力,有两条路径:一是通过教学观念和技术更新。在理论和实践中寻找,掌握更多的课程设计理念和案例,知道更多的教学理论新范式,并了解其优缺点和适用范围。二是通过教育观察。深入课堂,带着问题、带着目标任务去观察、认知、理解学生的能力。这条路虽然曲折漫长却非常有价值。

教研活动之前要提前在网上发出通知,以便参训教师做充分的准备。

具体活动安排如表3-13-1所示。

表3-13-1 教研活动安排

序号	上课时间	上课内容	组织者	上课班级	地点
1	9:05-9:45	测试反应的快慢	东栅中心小学 张轶	二年级	
2	9:55-10:35	探秘橄榄形磁铁	北师大实验小学 王佳丽	三年级	
3	10:45-11:30	课堂研讨	阮翔		报告厅
4	12:30-13:10	机械摆钟	余新镇中心小学 金志华	五年级	
5	13:20-14:00	物质发生了什么变化	新丰镇中心小学 鲁一清	四年级	
6	14:10-16:30	课堂研讨	阮翔		

本次教研活动安排了四节研讨课,来自教研员的前期调研,结合了小学科学名师工作室的活动。在自主报名的基础上,先在小范围内进行听课活动研讨,教师自行做出教学反思,结合听课者的建议,提高教师课程设计的能力。

执教者有了比较清晰的教学路径后,形成"学与导"教学设计修改版,由教研员发布在全体小学科学教师研讨群中,并布置以下具体任务。

请各校教研组选择上述四节课中的一节课,开展校本研修活动,根据4位上课教师提供的教学设计(教学设计发在微信群),主要讨论以下问题,并形成书面材料。

(1)本课可以培养学生哪些方面的科学素养?

(2)在课堂上如何对上述科学素养加以影响?

(3)教学设计中对科学素养的培养还有哪些不足之处?

(4)如果你来上课,你会做哪些改进?

在活动前用问题引领的方式,以学校教研组为单位进行"学与导"教学设计的研磨,将全区科学教师卷入前期研讨。全区科学教师根据各自教研组的选择,开展校本研修,有的学校还进行了试教,把本来一天听课、评课的活动从时间上拉长到两个星期。把听课教师由旁观者转变为观察者、体验者、分享者。

"测试反应的快慢"一课的课前研讨

(钧儒小学科学组)

本课是二年级下册"我们自己"单元的第4课,属于生命科学领域。在前面三课的基础上,学习运用多种感官参与完成身体对外界的反应测试。主要分为三个活动:一是比一比谁翻拍手的次数多;二是抓反应尺;三是比一比谁的得分多。第一个活动让学生初步感受游戏的玩法;第二个活动是通过游戏的方式测试眼和手的初步配合;第三个活动是在能抓住尺子的基础上尽量抓到高分区。

我们认为本节课堂上主要的关注点有:这三个活动的衔接,对实验的客观描述,对实验数据的分析。

一、本课培养学生的科学素养

1. 通过多种感官的参与,体验反应,提升反应的速度。
2. 对活动过程客观的描述,按规则去实验和叙述。
3. 活动后对数据的分析比较,来体验反应快慢的变化。

二、课堂上对上述科学素养加以影响的策略

1. 在课堂上通过循序渐进地抓"反应尺"任务,调动学生的多种感官,对学生"感官参与"这一科学素养加以影响。

2. 在课堂交流中,教师要强调用严谨、负责的态度进行科学实验,引导学生记录真实的数据,对"客观描述"这一科学素养加以影响。

3. 数据的背后都隐藏着科学知识,教师要引导学生通过量化的对比,有效地分析和利用数据,得出测试反应快慢的规律,对学生"数据分析"这一科学素养加以培养。

三、不足之处及改进

在第一个环节翻拍手后,说说获胜的翻拍手次数,并说说获胜的感受。我们觉得不妥,应让学生说说获胜的窍门和方法,其中用到了哪些器官,光说感受失去了科学意义。说明教师对学生科学素养的关注度不够,对导入的深层次作用理解不够,这个活动导入是让学生知晓反应的快慢是需要各种感官参与,为后面的深层次活动做铺垫。

我们认为第二个环节不够完整,缺少活动后的交流和研讨。让学生反馈经验,怎么抓最有效和有用,增加交流次数,让做得好的组说说成功的经验,也让做得不好的组说说失败的原因,为下一个活动改进方法做铺垫。

总体说来,本课设计的三个活动是循序渐进的。因此,教师要求学生在每个活动后进行交流,是一个层层递进的过程。

教学设计和调整阶段,教师的决策既需要把握教学目标,又需要结合学生的实际情况,确定教学内容和学教方式。通过这样的"卷入式"教研,共同研讨教学目标是否合适,教学内容和方式是否合适,是否还有更佳的方案,一些未尽的问题和新发现的问题怎样通过后续的设计和实践得到解决、改善,等等。

二、教学展示，主动参与

在全区各校教研组对教学设计进行研磨之后，全区小学科学课堂教学研讨活动在东栅中心小学开展。全区近100位科学教师聚集一堂，为期一天的科学探究展示活动采取预先研讨、课堂观摩、课后点评三结合的形式，共同探讨了课堂教学中如何对学生科学素养进行有效培养。各校教研组根据研究的课题分为四个研讨大组，每所学校的教研组都事先研讨和交流了关注点，教师在教研组长的引领下，课堂观察从无意识转变为有意识。

三、课后研讨，各抒己见

课后研讨是教研活动的主要环节。传统的教研活动一般都是在听课后，先是教师发表自己的观点，再由教研员做总结和点评。本次活动的课后研讨交流和以往有所不同。每一位参加教研活动的教师都事先对展示课的教学设计进行了仔细研究，在听课过程中就会有不同的感受。研讨分上午、下午两次进行，每两节展示课结束后，事先研究过这两节课的教研组长和上课教师被请上讲台。先由上课教师说课，再由事先选择这节课进行研究的教研组长，结合自己学校的校本教研和现场听课，发表自己的观点和见解。没有事先研究过展示课教学设计的其他教研组长和听课老师，也可以根据现场展示课，充分表达自己的观点。

平时教师对学生学习状况的观察和评估很容易简单武断，比如"×××上课总是不专心""×××上课爱讲话""他做题目总是很马虎"……对学生的表现只停留在感觉层面，缺乏有意识的梳理提炼，并基于这样的提炼去优化教学设计。专家的听评课常常也是从某一个具体的指标去衡量，给出的建议和意见存在一定的片面性。"卷入式"教研活动则要求教师人人参与，教师对学生的观察和评估是贯穿始终的，有意识地观察和评估学生的表现，然后在此基础上对教学设计和实施进行优化。

 案例

一次"蓄谋已久"的培训活动

一、培训缘起

一般来说，一线科学教师对地球运动和宇宙部分的内容在教学上总感觉有些"力不从心"。主要原因是教师不具备这方面的专业知识，很多教师对课堂上要给学生讲到的最常见的一些星，如北斗七星、北极星等，自己都不认识，更没有见过。

2009年，恰逢国际天文年，而且2009年7月22日，长江中下游地区有百年一遇的日全食奇观。为了弥补科学教师在天文方面知识和实际观察方面的不足，了解2009国际天文年的一些活动情况，掌握日全食观察的方法和注意点，浙江省嘉兴南湖区教研室结合教研室的工作计划，举办了本次培训活动。

二、精心准备

关于天文知识培训,除了要掌握一些天文基础知识之外,我们还要认识一些常见的星星和天体等,对培训的时间、地点及天气情况都有一定的要求,所以对天文知识的培训有别于其他学科的培训。

1. 培训地点的选择

为了让教师能够看到夜空的星星,我们考察了嘉兴市的多个培训地点。最后,我们决定把培训地点选在湖州安吉县天荒坪,那里远离城市,是浙北地区光污染较小的理想观星地,再加上有近千米的海拔高度,受雾气的影响比较小。

2. 培训时间的选择

有了理想的培训地点,如果培训时间的选择不恰当,同样会使培训大受影响。夜间天文观测主要是受月相和天气情况的影响。因为我们要认识星座和观察其他一些天体,所以培训的晚上月亮不能太亮,月亮太亮就会影响对星座的观察。但是,没有月亮又不行,我们要观察月相和通过望远镜观察环形山,这是教材中的重要内容。所以培训时间选在农历正月二十左右是比较理想的,农历二十左右月亮从东方升起来的时间大约为22点,可以先认识星座和其他一些天体,等月亮升起来后,就观察月相和环形山。实际上,由于天气的原因我们的培训整整推迟了一个月,培训时间最后定在农历二月二十,提前四天把计划发到各学校,我们已经掌握了天气情况。这也正是我们这次培训"蓄谋已久"的主要原因。

3. 培训合作单位的选择

2008年,上海市天文台在安吉县天荒坪建立了天文科普观察基地,基地内陈列有各种科普展品和一台大型天文望远镜,主要面向"长三角"地区开展科普教学活动。我们和上海市天文台科普部取得联系,得到科普部汤海明老师的大力支持。因为参加培训的科学教师有近40位,为了解决培训用天文望远镜数量不够的问题,我们又先后和苏州信达望远镜制造公司、杭州星特朗天文科技有限公司取得联系,两家公司答应在我们培训期间,保证能够让参加培训的教师每两人使用一台天文望远镜。

三、培训过程

2009年3月16日12点30分,开始第一场培训。培训前我们对科学教师的天文知识进行简单的前测,并且明确告知,在培训活动结束时还有后测。第一场培训的内容是"天文望远镜的认识和使用",主要让教师了解目前常用的天文望远镜,学会常用天文望远镜的使用。因为有望远镜生产厂家的帮助,参加培训的教师每两人就有一台天文望远镜,参训教师们很快就学会了望远镜的使用方法。

14点30分,参观天文科普基地。基地内的各种展品、天文模型等让参训教师大开眼界。

15点30分,开始第二场培训"天文知识和四季星空"。主要内容是天文基础知识,四季星空的主要特征和认识。

19点30分,仰望星空。天一黑,教师对照活动星图,轻松地找到了冬季主要星座——猎户座、大犬座、金牛座等,看到了北斗七星、北极星、冬季银河等,通过天文望远镜看到了M42、M45等深空天体。随着时间的流逝,春季星空和月亮也慢慢从东方升起,大家又观察了春季星座、月相和环形山。

3月17日9点30分,开始第三场培训"日全食知识"。主要内容是日全食形成的原理、日全食发生的主要过程和如何正确观察日全食。

全部培训内容完成后,全体参训教师进行了培训后测。

四、培训活动反思

1. 任务驱动,教师收获不小

在培训活动前,全体参训教师进行了前测。虽然只是一些简单的天文知识点,但是因为参训教师没有系统地学习过天文专业知识,再加上有些知识点没有在日常的教学中出现过,所以普遍得分率不高。比如在前测中有一题要求"画出猎户座主要亮星的大概位置",能够正确画出的只有12.5%。我们明确告诉参训教师,在培训活动结束时还要进行后测,教师们带着这样的"任务",参加了三个讲座、一次参观和一次观察星空的培训活动。在培训结束的后测中,不管是猎户座亮星的主要位置,还是日全食主要过程,以及其他的一些天文基础知识,大家均已掌握,得分率在96%以上。

2. 精心挑选,时间安排恰当

本次天文知识的培训,主要目的是指导教师认识星座,我们通过查询天气预报挑选天气晴朗的日子。在培训日的晚上,我们迎来了难得的好天气,使教师能够清楚地看到星空和银河。另外,我们把培训定在3月16日,那天是农历二月二十,天一黑就能看到冬季星座,带领教师认识冬季的主要星座。随着时间的流逝,冬季星座慢慢西移,春季星座从东面升起,又可以观察到春季星空。参训教师真切地观察到了"斗转星移"的情景。一直到23点左右,月亮升起,我们又可以观察月相和环形山了。

3. 多方合作,资源利用合理

本次培训得到了上海市天文台天荒坪天文科普基地的大力支持,使我们很好地利用了科普基地的各种展品和基地内的大型天文望远镜,这些资源为我们的培训添色不少。在两家望远镜制造公司的慷慨帮助下,使参训教师认识了各种常见的天文望远镜,并且在培训现场两位参训教师能够使用一台天文望远镜,给培训带来了很大的便利。

五、后续活动

1. 开展日全食知识培训和观察活动

根据天文预测,2009年7月22日,长江中下游地区将发生罕见的日全食现象,嘉兴南湖区教研室组织南湖区各小学在暑假前对在校学生进行日全食知识的培训,帮助学生了解日全食知识,特别是要指导学生安全观察日全食;并且要求各小学制订《南湖区小学生2009年日全食观察科普活动初步方案》,能够带领学生在暑假开展日全食观察活动。2009年6月9日,嘉兴南湖区教研室在南湖区凤桥镇中心小学举行了"宇宙"单元教研活动,各校交流了2009年日全食科普活动方案,为即将到来的日全食做好了充分的准备。虽然由于天气的原因,没有观测到日全食,但是科学教师在暑假前对在校学生进行了日全食知识的培训活动。

2. 参加浙江省2009国际天文年评比活动

2009年是国际天文年,再加上发生了日全食这样罕见的天文现象,浙江省教育厅教研室举办了浙江省2009国际天文年评比活动,嘉兴南湖区组织了区内多所小学参加评比,最后1人获得小学生组观察日记一等奖,1人获三等奖;2人获天文摄影作品一等奖,2人获三等奖;辅城教育集团贝会祥、秀城实验教育集团沈国萍、区教研室阮翔被评为优秀天文观测指导教师;秀城实验教育集团获得天文观测活动优秀组织奖。

参考文献

[1] 中华人民共和国教育部. 义务教育小学科学课程标准[M]. 北京：北京师范大学出版社，2017.

[2] 刘恩山. 义务教育小学科学课程标准解读[M]. 北京：高等教育出版社，2017.

[3] 钟启泉. 读懂课堂[M]. 上海：华东师范大学出版社，2015.

[4] 钟启泉. 课堂研究[M]. 上海：华东师范大学出版社，2016.

[5] 陈华彬，梁玲. 小学科学教育概念[M]. 北京：高等教育出版社，2003.

[6] 张红霞. 科学究竟是什么[M]. 北京：教育科学出版社，2003.

[7] 温·哈伦. 科学教育的原则和大概念[M]. 韦钰，译. 北京：科学普及出版社，2011.

[8] 理查德·I.阿兰兹. 学会教学[M]. 丛立新，等译. 上海：华东师范大学出版社，2005.

[9] 徐敏. 浅谈小学生科学探究的实证意识培养[J]. 上海教育科研，2009(4)：79-80.

[10] 邵锋星. 小学科学课堂教学中学生实证意识的培养[J]. 小学教学参考，2011(9)：91-92.

[11] 汤金娥. 让质疑精神常在——谈小学生批判性思维的培养[J]. 江西教育，2001(11)：51.

[12] 伍远岳，谢伟琦. 教育研究与实验. 问题解决能力：内涵、结构及其培养[J]. 2013(4)：48-51.

[13] 叶敬军. 课堂教学中培养学生问题解决能力的策略[J]. 才智，2015(36)：96-97.

[14] 任俊娜. "问题解决"教学模式及其在高中化学教学中的应用[J]. 教育教学论坛，2013(45)：92-93.

[15] 林国栋，潘友兵. 运用模型方法解决生物学问题[J]. 中学生物教学，2007(10)：11-12.

郑重声明

高等教育出版社依法对本书享有专有出版权。任何未经许可的复制、销售行为均违反《中华人民共和国著作权法》，其行为人将承担相应的民事责任和行政责任；构成犯罪的，将被依法追究刑事责任。为了维护市场秩序，保护读者的合法权益，避免读者误用盗版书造成不良后果，我社将配合行政执法部门和司法机关对违法犯罪的单位和个人进行严厉打击。社会各界人士如发现上述侵权行为，希望及时举报，我社将奖励举报有功人员。

反盗版举报电话　　（010）58581999　58582371
反盗版举报邮箱　　dd@hep.com.cn
通信地址　北京市西城区德外大街4号　高等教育出版社法律事务部
邮政编码　100120